OF 03/03

Histoires extraordinaires de la mer

Robert de la Croix

Histoires extraordinaires de la mer

EDITIONS L'ANCRE DE MARINE
4, rue Porcon-de-la-Barbinais
SAINT-MALO
35400
FRANCE

Du même auteur
chez le même éditeur

Navires sans retour.

Histoire de la piraterie. Couronné par l'Académie Française

ISBN 2-84141-102-8
Imprimé en France

Réédition de l'édition de 1982

L'histoire de la mer est souvent à la mesure — ou plutôt à la démesure — de celle-ci. Elle dépasse les limites du croyable et même de l'imaginaire. Un étrange théâtre : décors d'écume et de nuages, acteurs qu'habitent tour à tour l'héroïsme et l'angoisse, la folie et le courage, et qui se haussent au niveau d'événements inouïs. Des morts ressuscitent ; des naufragés survivent quatre semaines dans la mâture d'une coque engloutie ; des épaves échappent au contrôle de l'homme et accomplissent des navigations de légende ; des fantômes de navires passent dans un sillage de brume ; des équipages disparaissent sans trace. Le moindre incident s'enveloppe de mystère et le plus humble marin devient un héros d'épopée. Des capitaines hallucinés déchiffrent le secret des tempêtes et des rescapés balbutient des histoires extraordinaires qui se situent hors de toute logique, hors de toute raison.

Voici quelques-unes de ces histoires extraordinaires. Elles ont été reconstituées à partir de témoignages, de rapports de mer, d'enquêtes. Elles nous font pénétrer dans un univers à la fois terrible et magique qui ne cessera jamais de nous intriguer et de nous fasciner.

I

Quand les épaves se donnent rendez-vous

Sur les eaux calmes de la rade de New York, le brick avançait sous ses voiles basses. Terne et écaillée par endroits, la peinture de sa coque témoignait qu'il avait passé de longues semaines en mer. A ses drisses battait le pavillon G, jaune à bandes verticales bleues : il demandait un pilote.

Un petit cutter, à la grand-voile marquée de la lettre P et d'une ancre noire, manœuvra pour s'approcher du brick. Un quart d'heure plus tard, lorsque le pilote Frank Boyd monta à bord de celui-ci dont il avait lu le nom à la poupe : *F.J. Merryman, Boston,* il éprouva un vague sentiment de malaise. D'abord, il n'arborait aucun pavillon comme si on avait voulu dissimuler sa nationalité américaine. Et puis le pont désert dégageait une atmosphère bizarre, indéfinissable.

Le capitaine, un homme de quarante-cinq ans, grand et bien découplé, avança vers Boyd, la main tendue.

— Bienvenue à bord, dit-il.

Le pilote le regarda avec surprise. Le capitaine de ce navire américain s'exprimait en anglais, mais avec un fort accent tudesque. Autour d'eux, des matelots avaient surgi et s'interpellèrent. Ils parlaient allemand.

— Allons sur la dunette. Vous donnerez vos ordres au timonier, dit encore le capitaine.

Le pilote eut un moment d'hésitation. Il demanda.

— Excusez-moi. Vous êtes le commandant de ce bateau ?

— C'est moi qui m'excuse. Je ne me suis pas présenté : Hans Hoffscheid.

— Vous êtes américain ?

— Non. Allemand.

— Et vous commandez un bâtiment américain ?

— Par la force des choses, oui.

Boyd haussa les sourcils. Que signifiaient ces mots : « par la force des choses » ?

Hoffscheid sourit.

— Je vois que vous êtes étonné.

— Je l'avoue. Ce que je ne comprends pas...

Hoffscheid interrompit le pilote.

— Vous ne comprenez pas comment je commande ce bateau ?

— Oui.

— C'est une affaire assez compliquée. En réalité, je suis le capitaine du *Frederic Scalla,* de Stettin.

— Où donc est le capitaine du *F.J. Merryman* ?

— Il est mort.

— Et votre bâtiment ?

— Il a coulé.

Boyd indiqua un cap au timonier.

Il réfléchissait. Il imagina d'abord une obscure histoire de piraterie. Mais pourquoi ce présumé pirate se serait-il mis à la merci de la police new-yorkaise ?

Boyd se tourna vers Hoffscheid.

— Votre bâtiment a coulé ? Comment ?

— La tempête. Un dématage. J'ai pu sauver mes hommes.

— Je vois. Et le *F.J. Merryman* vous a recueillis ?

— Pas exactement.

Une légère irritation perça sous le ton du pilote.

— Enfin, vous êtes bien à son bord ?

De nouveau, Boyd imaginait une série de meurtres dont l'équipage du *F.J. Merryman* aurait été victime. Cela s'était vu.

— Le brick était abandonné, répondit Hoffscheid.

— En bon état ?

— Oui. En bon état. Mais l'équipage était mort.

— Mort ?

— A l'exception de trois hommes : un gabier, le maître d'hôtel et le cuisinier. Ils étaient incapables de manœuvrer seuls le bâtiment, bien entendu.

— Vous avez donc pris le commandement du *F.J. Merryman* ?

— Je vous l'ai dit : Il n'était plus qu'une épave dérivante. En bon état, mais épave quand même.

— Comment sont morts les hommes du brick ?

Hoffscheid hésita avant de répondre à la question. Enfin il dit, très vite.

— De maladie.

— Quelle maladie ?

— La... la fièvre jaune.

Le pilote recula d'un pas.

— N'ayez aucune crainte, dit Hoffscheid. Depuis quinze jours que nous sommes à bord, aucun de nous n'a été contaminé.

La voix du pilote monta d'un ton.

— Vous êtes en infraction. Vous auriez dû signaler que vous avez des malades contagieux à bord.

— Je vous répète que tout l'équipage va bien, y compris les trois hommes du *F.J. Merryman.*

— C'est égal. Je vais vous conduire au lazaret. Il est à craindre que le service de santé ne vous mette en quarantaine.

Le pilote n'était pas entièrement satisfait des explications de Hoffscheid. Cette histoire de fièvre jaune n'avait-elle pas été inventée pour masquer une prise de possession par la force du *F.J. Merryman* ?

Le pilote se trompait. Il ne s'agissait pas d'une affaire de piraterie déguisée. C'était un des épisodes de la vie mystérieuse des océans, un de ces événements devant lequel butent notre raison et notre logique : le rendez-vous secret de deux épaves.

★

Le 3 octobre 1884, une scène étrange se déroula dans l'Atlantique, à 500 milles au nord des Açores. Deux navires étaient en vue l'un de l'autre. Le premier était désemparé. Manifestement, il avait été démâté au cours d'une tempête. Le second était un trois-mâts en apparence intact. Bien entendu, l'équipage de ce dernier allait mettre à l'eau un canot pour visiter l'épave et sauver les naufragés s'il y en avait ? Non : personne ne se montrait à son bord.

Une même houle balançait les deux navires silencieux sur la mer déserte.

Une énigme.

★

Dix jours auparavant, le trois-mâts allemand *Frederic Scalla,* capitaine Hoffscheid, avait appareillé de Stettin, le port de la Baltique, pour Charleston, avec une cargaison de 1 500 tonnes de sel.

Le 29 juillet 1884, le bric *F.J. Merryman,* capitaine Nickerson, cinglait de Boston vers Bathurst, en Gambie, pour aller chercher un fret de pelleteries.

Deux navires, comme il y en a tant sur les mers, deux navires dont les routes, les destinations, étaient différentes, et qui allaient pourtant, à l'insu de leurs commandants, à un mystérieux rendez-vous.

Le début de la traversée du *Frederic Scalla* se déroula normalement. Après avoir quitté l'estuaire de l'Oder, tiré par un remorqueur, le voilier embouqua le Sund, contourna le Jutland et, après avoir franchi le Kattegat et le Skagerrak, mit le cap à l'ouest. Hoffscheid avait choisi d'entrer dans l'Atlantique, entre les Shetland et les Orcades, craignant de rencontrer des vents contraires dans la Manche. Il avait la réputation d'être un « souqueur de toile ». Il tenait à garder son image de marque. Il se vantait d'effectuer des traversées moins longues que celles des vapeurs, ces maudits « tournebroches » dont les capitaines de voiliers commençaient à craindre la concurrence.

Voici maintenant le *Frederic Scalla* dans l'Atlantique, le cap au sud-ouest. Sous une bonne brise, il filait neuf, dix nœuds. Hoffscheid, quand il levait les yeux vers les voiles gonflées, aux manœuvres bien étarquées, éprouvait la satisfaction de tout capitaine qui tire le maximum de son bâtiment.

Au même moment, le *F.J. Merryman* avait quitté Bathurst et faisait route à l'ouest nord-ouest. Nickerson, son capitaine, était, lui, inquiet. Les deux semaines précédentes avaient été pour lui un cauchemar dont il avait craint de ne jamais sortir.

Le voyage d'aller s'était passé sans incident. Ce fut à terre que ses malheurs avaient commencé. D'abord, en arrivant à Bathurst, l'agent qui devait assurer le chargement lui avoua, la tête basse, que la cargaison de pelleteries n'était pas arrivée. Il parlait d'un retard de dix jours. Ce n'était pas de sa faute. Les fournisseurs de plusieurs villages riverains de la Gambie n'avaient pas tenu les délais promis.

Nickerson explosa de colère. Un navire au port coûte cher. Il menaça de réclamer des indemnités à l'agent. Celui-ci lui promit d'envoyer un employé auprès des fournisseurs pour hâter l'expédition des pelleteries. Cette promesse n'apaisa pas l'irritation de Nickerson. Mais que faire d'autre qu'attendre ?

Il fit décharger sa propre cargaison de marchandises diverses puis, l'amarrage au wharf étant incertain, il alla mouiller à un mille de la côte, bien décidé à se rendre souvent à Bathurst pour harceler l'agent.

L'équipage ne se réjouit pas de ces vacances forcées. Les plaisirs à Bathurst étaient rares. Chacun tua le temps comme il le pouvait, s'adonnant aux multiples travaux du bord et jouissant, avantage quand même appréciable, de « nuits franches ».

Deux jours plus tard, le maître d'équipage vint prévenir Nickerson qu'un matelot était tombé malade. Il gisait sur sa couchette, transpirant et tremblant de fièvre. Nickerson l'examina. Ce pouvait être un accès de paludisme. Ce pouvait être aussi quelque chose de plus grave.

On donna de la quinine au malade. Son état ne s'améliora pas.

Il se plaignait de douleurs le long de la colonne vertébrale et à la tête. Puis il vomit des substances noirâtres. Et le second présentait les mêmes symptômes !

Plus d'illusion : les deux hommes étaient atteints de la fièvre jaune, du terrible *vomito negro,* maladie qu'ils avaient sans doute contractée au cours du débarquement des marchandises au wharf. Un médecin fut appelé, mais trop tard. Les malades moururent. L'officier de santé de Bathurst, prévenu par le médecin, interdit à Nickerson d'inhumer les corps et lui ordonna de les immerger au large. En outre, il n'autorisa pas le *F.J. Merryman* à revenir au port.

Nickerson protesta.

— Et ma cargaison ?

— Vos hommes risqueraient de propager l'épidémie, répondit l'officier de santé. Je ne peux pas prendre ce risque.

— Mais si j'appareille sans certificat de libre pratique, on me refusera l'accès d'autres ports. Où voulez-vous que j'aille ?

L'officier de santé fut inflexible.

Pour tenter de sortir de cette situation en apparence inextricable, Nickerson prit contact avec des pêcheurs qui acceptèrent, moyennant finances, de transporter les corps au large. Ils accomplirent leur funèbre tâche et regagnaient Bathurst lorsqu'un bateau se dirigea vers eux. Le son nasillard d'un porte-voix s'éleva. Un policier interdisait aux pêcheurs de revenir à terre avant d'avoir subi la quarantaine. Où cela ? Là d'où ils venaient : sur le *F.J. Merryman.*

Nickerson dut se résoudre à les embarquer. Après tout, c'était son équipage qui était contaminé, et non les pêcheurs.

L'attitude des autorités lui laissait pourtant un certain espoir. Puisqu'on autorisait les Noirs à revenir à Bathurst dans quarante jours, on lui accorderait aussi, à l'expiration de ce même délai, la permission d'embarquer les pelleteries qui, entre-temps, seraient sûrement arrivées. Et ce fut de nouveau l'attente sous un soleil de plomb.

La chaleur n'améliorait pas l'état sanitaire de l'équipage. Deux, quatre, puis cinq hommes furent atteints du terrible mal. On leur prodiguait les soins et les médicaments prescrits par le médecin. En vain. Toujours les mêmes symptômes : forte fièvre, céphalée, douleurs rachidiennes, vomissements foncés.

La mort emporta les malades un à un. Les deux Noirs se chargèrent encore de l'immersion des cadavres. A bord du *F.J. Merryman,* personne n'osait évoquer la maladie. La menace de celle-ci suscitait à la fois résignation morne, panique silencieuse, terreur diffuse. Chacun guettait sur ses camarades la teinte jaunâtre de la peau, symptôme de la maladie. On se retournait dans les couchettes, croyant ressentir les premiers frissons de la fièvre. Chaque matin était comme une victoire sur la mort.

Quinze jours s'étant écoulés depuis le premier décès, on reprit courage et espoir. Le médecin avait dit que la période d'incubation était de trois à six jours. Tout danger paraissait maintenant écarté.

De fait, la période de quarantaine s'écoula sans nouvelle victime. Nickerson parlementa alors avec l'officier de santé. Celui-ci accorda enfin au capitaine l'autorisation de s'amarrer au wharf, juste le temps d'embarquer sa cargaison et de faire des vivres et de l'eau.

Le capitaine Nickerson chercha à recruter des remplaçants pour les sept hommes décédés. Personne ne voulut embarquer sur le navire contaminé. Seul un des Noirs qui avaient subi la quarantaine forcée à bord du brick accepta de s'enrôler.

Le *F.J. Merryman* appareilla, comme on prend la fuite, le 22 septembre 1884.

★

A cette date, le *Frederic Scalla* continuait à tracer sa route à belle allure. Le vent avait forci, mais Hoffscheid avait fait garder toute la toile de son bâtiment qui avait la réputation non seulement d'être le plus fin, mais le plus solide des grands voiliers de Stettin.

Il examinait le ciel. Des cirrus qui s'effilochaient, un couchant empourpré avec, très loin, la masse épaisse de nuages annonçaient un changement de temps. Peut-être une tempête. Une tempête que Hoffscheid ne craignait pas. Il prétendait qu'il savait l'apprivoiser et s'en faire une alliée.

Dans la nuit, il fut réveillé par le choc violent de lames cognant la proue. Il se leva et monta sur la dunette. Le souffle des rafales le fit suffoquer. D'un coup d'œil, il jugea la situation. Son bâtiment gîtant un peu trop, le franc-bord était noyé par intermittence. Hoffscheid fit appeler une bordée pour serrer les voiles hautes. La manœuvre terminée, il regagna sa cabine.

Il ne dormit pas longtemps. L'aube se levait à peine lorsque le *Frederic Scalla* vibra de la quille à la pomme des mâts pendant qu'un grondement sourd roulait sur l'océan. La tempête tournait à l'ouragan avec une soudaineté inouïe. Le voilier se cabra, tomba en travers des lames, se coucha, se releva lentement, trop lentement pour échapper à une formidable colline liquide qui l'écrasa.

Ce fut une de ces scènes si terribles que jamais marin n'osa jamais en imaginer de semblable. Dans un déluge d'écume, les superstructures furent attaquées, disloquées, rasées. Le *Frederic*

Scalla resta engagé, les vergues plongeant dans l'eau. Les rafales s'acharnaient sur les mâts qui ployèrent, puis se brisèrent dans un même craquement. Les manœuvres arrachées sifflèrent et s'enroulèrent autour des tronçons de mâts qui disparurent dans les tourbillons liquides harcelant la coque.

Les hommes s'étaient réfugiés dans la dunette qui émergeait encore. Ils s'étaient cramponnés à un cordage, à une rambarde, suffoquant, trempés, les yeux agrandis de frayeur, étonnés d'être encore en vie et balbutiant des prières qui durent être exaucées, car le *Frederic Scalla,* ou plutôt ce qu'il en restait, se releva et s'éleva mieux à la lame. Allégé de ses mâts, il donnait moins de prise au vent.

Il est des moments où, devant un événement qui nous dépasse, devant la manifestation d'une force supérieure, on sent que toute action est inutile. L'équipage du *Frederic Scalla* resta terré dans la dunette. Tous attendaient. Quoi ? La mort ou un miracle.

Le premier, Hoffscheid réagit. Il ne croyait pas, lui, aux miracles. Comme la mer, après avoir donné le paroxysme de sa violence, se calmait, il affirma à ses matelots qu'ils avaient une chance de s'en sortir s'ils gardaient leur sang-froid et s'ils étaient courageux. La coque pouvait encore flotter de longs jours. Ils avaient une chance d'être recueillis par un navire.

Il fit dégager les tronçons de mâts qui pendaient encore le long de la muraille. Le maître d'équipage sonda les cales. Plusieurs brèches s'étaient ouvertes dans la coque et l'eau envahissait lentement les fonds. Il ne semblait pas toutefois que, dans l'immédiat, le navire fût en danger.

— Tous aux pompes ! ordonna Hoffscheid. Et ne faiblissez pas ! Notre salut dépend d'abord de nous-mêmes.

Et l'épave du *Frederic Scalla* continua de dériver sur l'océan qu'agitaient encore les derniers soubresauts de la tempête.

★

A une centaine de milles au sud, un autre navire se métamorphosait lui aussi en épave, mais pour une autre raison. Ce navire, nous le connaissons. C'était le *F.J. Merryman.*

Nous l'avons quitté lorsqu'il appareillait de Bathurst, au grand soulagement de Nickerson. Celui-ci croyait s'être échappé de l'enfer. Il se trompait : il y retournait.

Pendant quelques jours, la navigation se déroula dans une sorte d'euphorie, malgré l'absence des six hommes qu'on n'avait pas pu remplacer à Bathurst. Le vent étant bien établi, l'équipage n'avait pas à manœuvrer. Celui-ci ne pouvait pas savoir qu'il était en danger de mort et que ce danger-là ne venait pas de la mer.

Un matin, Nickerson se sentit faible et fiévreux. Il imputa ce malaise à une séquelle du paludisme dont il avait souffert naguère ou à une intoxication alimentaire, les vivres qu'il avait pu se procurer à Bathurst n'étant pas de la première fraîcheur.

Après son quart, son malaise persistant, il s'étendit sur sa couchette et ordonna à un matelot d'appeler le second. Le matelot revint, la tête basse : le second était lui-même malade, incapable de se lever.

Coïncidence ? Peut-être. On n'osait pas penser à une résurgence de la fièvre jaune. Quelques jours plus tard, le doute, hélas ! n'était plus permis. Les symptômes que présentaient les deux hommes étaient caractéristiques : température élevée, douleurs dorsales, vomissements sombres et faciès jaunâtre.

Le mal empira rapidement. Nickerson délirait. Dans un moment de lucidité, il fit réunir l'équipage dans sa cabine. Il le savait : il allait mourir ainsi que son second. La situation était d'autant plus grave qu'à part ces derniers, personne à bord n'était capable de faire le point. Nickerson laissa pourtant des instructions à celui qui semblait le plus capable de prendre la responsabilité du navire : un mulâtre nommé Vianello, un homme intelligent qui naviguait depuis quinze ans.

Le surlendemain, Nickerson et son second moururent. Ils furent immergés par l'équipage consterné.

Vianello maintint le cap à l'ouest nord-ouest. Il espérait pouvoir atteindre Boston si le temps restait maniable.

Espoir vain. Trois jours après, le drame recommençait. Des matelots gisaient dans le poste, atteints du terrible *vomito negro.* Ils moururent rapidement.

Une semaine plus tard, le *F.J. Merryman* était devenu un navire errant. Les trois hommes qui vivaient encore à son bord — pour combien de temps ? — : Vianello, le cuisinier et un gabier étaient impuissants à diriger le bâtiment. Leur science de la navigation était courte et, en outre, ils étaient malades à leur tour. Ils restaient prostrés dans le poste d'équipage, reprenant parfois conscience pour examiner la mer, guettant un navire, leur seule chance de salut.

Un matin, Vianello, qui résistait mieux que ses camarades à l'attaque de la maladie, se leva en titubant pour essayer de garder le bâtiment dans le bon cap. Il se plaça devant la roue du gouvernail et, à peine avait-il commencé à la manœuvrer, qu'il poussa un hurlement. Il lâcha la roue et, avec des gestes de dément, courut vers ses camarades en criant : « Un navire ! Un navire ! »

Tous se traînèrent sur le pont. A l'horizon était apparue la masse noire d'une coque. Elle était encore trop loin pour que

Vianello s'aperçût que cette coque ne portait ni voiles ni mâts. C'était une épave. Celle du *Frederic Scalla.*

★

Sur le navire allemand, les hommes luttaient farouchement contre l'eau qui, insidieuse, mais implacable, noyait les fonds et alourdissait la coque. Ils se relayaient aux pompes, les muscles endoloris, le visage crispé sous l'effort, les larmes aux yeux, s'efforçant de ne pas penser que, peut-être, ils souffraient pour rien : ou l'eau serait la plus forte et l'épave coulerait ; ou l'épave serait maintenue à flot, et ils mourraient d'inanition.

Car les vivres étaient rares. Ils devaient se rationner. De la cambuse noyée on avait réussi à sauver des quartiers de viande salée, des biscuits et quelques tonnelets d'eau. De quoi tenir, au mieux, une dizaine de jours.

Le sentiment d'être prisonniers de l'épave, d'être conduits par elle vers une mystérieuse destination, minait, en outre, le moral des hommes. Si un navire apparaissait, ils ne pourraient pas se diriger vers lui. Et puis l'équipage d'un éventuel sauveteur ne verrait peut-être pas cette épave basse sur l'eau. Hoffscheid avait bien fait hisser un lambeau de toile au bout d'un espar, mais ce misérable signal serait-il aperçu ?

Toutes les heures, on sondait les cales. Bientôt, on ne put même plus sonder. Le pont était noyé, inaccessible. Seuls émergeaient encore le gaillard d'avant et la dunette sur laquelle se serraient les naufragés. Les uns essayaient de trouver l'oubli dans le sommeil ; les autres rabâchaient des souvenirs de navigation et d'escale pour s'étourdir ; d'autres encore restaient silencieux, paralysés par la peur.

Hoffscheid tentait de réconforter ses hommes. Il affirmait que l'air comprimé dans les cales empêcherait l'immersion complète de l'épave et que celle-ci dérivait maintenant sur la route des bâtiments traversant l'Atlantique.

On guettait une voile ou une fumée.

La mer restait déserte.

Une autre nuit passa, lugubre, oppressante. De la coque montaient des bruits de clapotis, des craquements, des gémissements de bois torturé par l'eau, bruits qui suscitaient chez les naufragés une angoisse indéfinie.

Le soleil était levé depuis longtemps lorsque Hoffscheid qui arpentait la dunette s'arrêta de marcher. Il mit les mains en abat-jour en fixant un point sur l'horizon.

Il saisit sa longue-vue.

Sa bouche s'ouvrit. Il se retourna vers ses hommes, une expression de joie démente sur son visage. Il leva le bras et cria d'une voix tendue par l'émotion : « Une voile ! Une voile ! »

Tous se levèrent. Même les malades qui s'appuyèrent sur le dos d'un camarade ou sur la lisse.

Ce n'était pas une illusion. C'était bien un navire. Un grand brick dont les deux mâts gréaient une voilure bien établie, un brick qui se dirigeait vers l'épave.

— Nous sommes sauvés !

Les hommes riaient, sanglotaient, se serraient dans les bras, trépignaient, poussaient des hourras.

— Dans une heure ou deux nous serons à bord, dit Hoffscheid. Dieu a entendu nos prières.

Le brick approchait.

— Ils doivent déjà armer une embarcation, ajouta le capitaine.

On pouvait le supposer lorsque, à un mille de l'épave, le brick ralentit et remonta au vent. Les voiles faseyèrent.

— Il va mettre en panne, murmura Hoffscheid. Mais pourquoi si loin de nous ?

Le brick évoluait. Il se présenta de trois quarts et tourna sa poupe vers l'épave.

Hoffscheid fronça les sourcils.

— Mais... Que fait-il ?

On aurait dit un mauvais rêve, un rêve absurde. Et pourtant, c'était bien la réalité : le brick, au lieu de s'approcher de l'épave pour recueillir l'équipage de celle-ci, le brick s'éloignait !

La stupeur écrasa les naufragés. Les uns s'effondrèrent en gémissant et en pleurant ; les autres crièrent de rage en tendant le poing vers le voilier inconnu, le voilier fuyard, le voilier criminel qui les condamnait à une mort certaine, l'épave étant sur le point de couler.

Hoffscheid tentait de garder son sang-froid. Il cherchait une explication à l'incroyable fuite du voilier. Il crut l'avoir trouvée : le capitaine du brick n'imaginait pas qu'il y eût des rescapés à bord de l'épave et il avait jugé inutile de perdre son temps.

— Oh ! Regardez, commandant ! lança un des matelots.

Le brick évoluait lentement et changeait de cap. Il revenait vers le *Frederic Scalla.*

Les naufragés s'imaginaient déjà à bord du brick, réconfortés, soignés, réchauffés, bien nourris. Ils guettaient le canot qui allait se détacher du brick, venir vers eux pour les sauver.

Un quart d'heure plus tard, ils se lamentaient de nouveau : le brick s'éloignait !

Les naufragés avaient connu la peur, l'angoisse, les tortures de la faim et de la soif. Maintenant, ils étaient en proie à la folie. Ils en étaient sûrs, oui, ils devenaient fous. Ou alors ils vivaient un cauchemar atroce. Les yeux écartés, la bouche ouverte, ils regardaient le brick évoluer devant l'épave, tantôt s'en éloignant, tantôt s'en approchant, participant à une sorte de ballet énigmatique dont la signification leur échappait.

Ils ne savaient pas, ils ne pouvaient pas savoir que ce brick, comme leur propre navire, était devenu une épave qui, délivrée des hommes, accomplissait une mystérieuse navigation.

Le *F.J. Merryman,* après avoir tourné autour du *Frederic Scalla,* s'approchait dangereusement de celui-ci.

— Il va nous aborder !

Le cri courut de bouche en bouche. Cette fois, c'était la fin. Ce bateau, présumé sauveteur, qui se métamorphosait en abordeur, ce bateau dont on attendait la vie et qui allait leur donner la mort, tout cela obéissait à une certaine logique de l'absurde qui dépassait leur entendement, mais qu'accablés, ils avaient fini par admettre.

Hoffscheid tenta de ramener le calme.

— Il avance lentement, dit-il. Nous pourrons sauter à bord. Tenez-vous prêts !

Le brick n'était plus qu'à une encablure de l'épave.

— Mais... Il n'y a personne à bord, murmura Hoffscheid, stupéfait.

Ainsi, ce brick était un navire abandonné ! Et pourtant ses voiles étaient établies. Il ne présentait aucune avarie. Quelle que fût la cause de son abandon, il constituait une chance pour les naufragés, à condition de pouvoir monter à son bord.

La distance entre les deux navires diminuait encore. La proue du brick allait aborder l'épave par le travers arrière. Près de la dunette, précisément.

— Allez garçons ! cria Hoffscheid. Préparez-vous !

Encore quatre-vingts mètres... Cinquante mètres...

Et brusquement le brick changea de cap une fois encore. Il se plaça parallèlement à l'épave et s'immobilisa contre le vent, les voiles faseyantes.

— Ah, si nous avions encore un canot ! dit Hoffscheid.

Le salut était là, tout proche.

— On peut nager jusqu'à lui, capitaine, suggéra un matelot.

— Faibles comme nous sommes, on risque d'y rester. Oh ! Regardez ! Un homme !

Un fantôme d'homme plutôt, aux jambes et aux bras maigres, au visage halluciné, venait de sortir péniblement d'une écoutille. Il contemplait, ahuri, l'épave.

— Oh ! du bateau ! hurla en anglais Hoffscheid avec son porte-voix, qui êtes-vous ?

L'homme, un mulâtre, demeurait immobile et muet.

— Nous coulons ! continuait Hoffscheid. Envoyez-nous un canot !

L'homme étendit les bras, en signe d'impuissance ou d'incompréhension.

— Combien êtes-vous à bord ? demanda Hoffscheid.

Cette fois, l'homme parut comprendre. Il leva trois fois de suite la main droite.

Hoffscheid s'étonna.

— Trois seulement ? dit-il.

C'était suffisant pour mettre à l'eau le canot qui était à l'arrière du *F.J. Merryman* et que Hoffscheid lui désignait avec insistance. Le mulâtre s'approcha du canot, esquissa un geste las et disparut.

— Il s'en va ! murmura-t-on. Il n'a donc rien compris ?

Il y eut quelques minutes d'attente insupportable. Enfin, le mulâtre revint, suivi d'un autre homme. C'était le gabier. Tous deux allèrent vers le canot et tentèrent de le dégager hors de son chantier.

Le canot ne bougea pas.

Ils firent un nouvel essai. Sans résultat.

Ils s'éloignèrent en titubant et s'assirent sur le pont.

— Ils ne vont quand même pas renoncer, s'exclama Hoffscheid.

Autour de lui, ses matelots trépignaient d'impatience. Et d'autant que le brick s'éloignait lentement de l'épave.

Les deux hommes se relevèrent enfin. Ils firent tourner les portemanteaux. L'avant du canot décolla vers l'extérieur.

Les naufragés lançaient des encouragements aux inconnus du voilier. On devinait ceux-ci tremblants de fatigue, couverts de sueur, les muscles engourdis sous l'effort. Ils parurent découragés, s'étendirent sur le pont pour reprendre souffle, étirant leurs bras maigres. Enfin, ils se relevèrent péniblement et recommencèrent leur tâche désespérée.

Au bout de plusieurs minutes, le canot fut à demi dégagé, mais pas assez pour être mis à l'eau.

— Qu'ils se dépêchent, mon Dieu ! Nous coulons ! dit quelqu'un.

C'était vrai. L'eau affleurait maintenant la dunette.

Là-bas, c'était toujours le même manège : quelques instants d'efforts et de longues minutes de repos.

Enfin, le canot sortit de son chantier. Il était suspendu audessus de l'eau, relié aux portemanteaux par les garants. La manœuvre la plus délicate allait commencer. Si les deux hommes lâchaient trop rapidement les garants, comme leur faiblesse pouvait le faire craindre, le canot se plaquerait sur l'eau ou bien il apiquerait, précipitant ses occupants à la mer.

La gorge sèche, les naufragés suivaient la descente du canot. Lente, elle s'accélérait par à-coups, dangereusement. Parfois, elle s'arrêtait. La quille n'était plus qu'à cinquante centimètres de l'eau lorsque les hommes, épuisés, lâchèrent les garants. Le canot se plaqua sur la mer dans une gerbe d'écume et il s'éloigna du voilier.

— Où va-t-il ? murmurèrent les naufragés.

Le canot ne se dirigeait pas vers l'épave. Il s'en éloignait !

Très vite, Hoffscheid comprit le drame : les deux hommes étaient trop faibles pour tirer sur les avirons. Et le canot partait à la dérive, poussé par le vent et les lames !

— Ils vont réagir, dit Hoffscheid pour rassurer ses hommes.

Ils réagirent, en effet, après quelques minutes. Ils prirent les avirons et tentèrent péniblement de diriger le canot vers l'épave. Les avirons ne plongeaient même pas en cadence dans l'eau. Le canot zigzaguait, pivotant sous les rafales, reprenait péniblement son cap.

Au bout d'un quart d'heure, il fallut se rendre à l'évidence : la distance entre le canot et l'épave restait la même. Fréquemment, les deux hommes devaient se reposer et la dérive les ramenait au point où ils avaient commencé à ramer.

— Ils n'y arriveront jamais, gémirent les naufragés accablés.

Les sauveteurs étaient eux-mêmes en perdition.

Le drame se déroulait depuis une demi-heure maintenant. Un drame qui semblait sans issue.

Alors, il se passa ceci : le brick qui était resté parallèle à l'épave évolua. Il tournait la poupe à cette dernière. L'épave dérivait maintenant perpendiculairement à la marche du canot, protégeant celui-ci du vent. Les deux rameurs saisirent cette chance. Ils avancèrent cette fois plus aisément et arrivèrent à proximité du brick. Un moment, on craignit qu'ils n'eussent la tentation de remonter à bord et d'abandonner leur tentative. Ils longèrent la coque, semblant hésiter.

Soudain, ils piquèrent vers l'épave avec une énergie démente, se levant de leurs bancs pour mieux tirer sur les avirons, le visage grimaçant de souffrance. Ils sentaient qu'il fallait en finir maintenant ou jamais.

Les naufragés hurlaient encore des encouragements et déjà préparaient une amarre qu'ils lanceraient aux rameurs. L'un de ceux-ci s'arrêta, sans doute pris d'étourdissement, et lâcha son aviron. Son camarade le saisit et continua la nage.

Le canot était maintenant à cinq ou six mètres de l'épave. L'amarre fut lancée. Elle n'atteignit pas son but. Elle fut halée rapidement et lancée de nouveau. Le rameur tendit des bras tremblants, la saisit et l'enroula autour du banc. Le canot fut tiré vers l'épave pendant que l'homme tombait évanoui au fond de la coque.

Une heure après, tous les hommes du *Frederic Scala* étaient à bord du brick. Il était temps. L'épave, complètement submergée, coulait.

— Pourquoi n'êtes-vous plus que trois à bord de votre bâtiment ? demanda Hoffscheid au mulâtre.

— La maladie, répondit ce dernier.

— Quelle maladie ?

— Le *vomito negro*. La fièvre jaune.

Les rescapés se regardèrent, effarés. Ainsi, ils avaient échappé à un péril pour tomber dans un autre péril.

— Vous-mêmes, en êtes-vous atteint ?

— Je le crains.

— Depuis combien de temps ?

— Dix jours à peu près

Hoffscheid réfléchit. Un malade atteint de fièvre jaune connaît parfois une longue période de rémission. C'était sans doute le cas de ces trois hommes qui, d'ailleurs, pouvaient souffrir d'une autre affection moins grave et non contagieuse. Quoi qu'il en fût Hoffscheid n'avait pas le choix. Après tout, le risque de la maladie n'était rien auprès des risques que son équipage avait encourus depuis le dématage du *Frederic Scalla*.

Hoffscheid prit le commandement du *F.J. Merryman* qui était bien gréé et pourvu de vivres. Il fit aérer les cales et nettoyer les postes. Le lendemain, après avoir fait le point, il fit route vers New York.

Chaque jour, il surveillait l'état sanitaire de ses hommes. Cet état restait bon. Les trois marins du *F.J. Merryman* se rétablissaient lentement. Les vents étaient favorables. A bonne allure, le brick cinglait vers New York.

★

L'extraordinaire histoire du *Frederic Scalla* et du *F.J. Merryman* fut rapidement connue. Le *New York Times* consacra une série d'articles aux deux épaves. Des journalistes demandèrent à des experts l'explication de la surprenante dérive convergente des deux coques désemparées.

Les experts — des marins, des hydrographes — interrogèrent d'abord les rescapés, notamment les trois hommes du *F.J. Merryman*.

Les réponses furent décevantes. Apeurés ou malades, préoccupés de leur survie, ils avaient été à la dérive comme leur bateau et ne purent donner aucune indication utile.

On étudia alors la carte des courants et des vents dominants de l'Atlantique. Pour certaines parties du trajet des deux épaves, ces vents et ces courants expliquaient la dérive de ces dernières. Mais, à un certain moment, leurs routes ne pouvaient pas, ne devaient pas coïncider si l'on s'en tenait aux cartes hydrographiques. On imagina sautes de vent, déviations du courant. Tout cela était du domaine de l'hypothèse et non de la science. Il y avait là une énigme, un irritante énigme que les hydrographes étaient impuissants à résoudre.

On demanda l'avis des capitaines qui pratiquaient l'Atlantique. Ils n'avaient pas connaissance de cas semblables à celui des deux épaves. Mais eux qui avaient longtemps navigué, eux qui avaient assisté à des naufrages bizarres, à des prodigieux sauvetages savaient bien qu'on était en présence d'une manifestation des puissances mystérieuses de la mer, manifestations qui échappent à toute logique et à toute science.

Le capitaine Hoffscheid ne semblait guère préoccupé par cette énigme. Il avait des soucis plus prosaïques. Il se présenta aux bureaux de l'armateur du *F.J. Merryman*, Robertson. Celui-ci le remercia d'avoir ramené à bon port son bâtiment.

— Ce fut un sauvetage, dit Hoffscheid.

— Sans doute. Un sauvetage réciproque, répondit Robertson.

— J'ai sauvé votre navire.

— Et celui-ci vous a sauvé.

— Ce n'est pas exactement comme cela que je vois les choses, dit encore Hoffscheid.

Et il expliqua à l'armateur stupéfait qu'il réclamait une prime de sauvetage.

Hoffscheid insista.

— La réglementation en cette matière est formelle. J'ai droit à une partie de la valeur du navire et de sa cargaison.

— Mon navire vous a sauvé aussi, je vous le répète.

— Ce n'est pas pareil, rétorqua Hoffscheid.

Robertson brisa là la discussion. Il demanda à réfléchir, encore qu'il ait déjà réfléchi. Il adressa dès le lendemain une lettre de non-recevoir à Hoffscheid.

Celui-ci porta l'affaire devant la justice. La cour lui donna tort, estimant, comme l'avait fait remarquer Robertson, que le *F.J. Merryman* avait, lui aussi, sauvé l'équipage du *Frederic Scalla*.

L'affaire en resta là. Pourtant, six mois plus tard, un événement analogue sembla justifier les prétentions de Hoffscheid.

Le trois-mâts anglais *John Blake* fit naufrage, au mois de septembre 1885, au large de Cuba. Les naufragés, embarqués dans deux canots, se dirigèrent vers la côte. Ils désespéraient de rejoindre celle-ci lorsqu'ils aperçurent un grand voilier à l'horizon. Ils réussirent à l'atteindre et constatèrent qu'il était échoué sur un banc de sable, abandonné par son équipage pour quelque mystérieuse raison. La coque comme le gréement étaient intacts et la cambuse était pleine.

Les hommes du *John Blake* réussirent à déséchouer le voilier et mirent le cap sur leur destination primitive, l'Angleterre.

A Londres, ils réclamèrent une indemnité de sauvetage. Contrairement à leurs collègues américains, les juges anglais firent droit à leurs prétentions.

Quant au *John Blake*, on ne sut jamais si le bâtiment avait été abandonné après son échouage ou avant celui-ci et si l'épave n'avait pas effectué seule une de ces traversées fantastiques qui mettent en déroute l'imagination, comme celle du *Governor Parr*.

Le 3 octobre 1923, le quatre-mâts *Governor Parr*, désemparé à la suite d'une tempête, fut abandonné par son équipage qui fut sauvé par le cargo américain *Schodack* devant l'île de Sable, au large de la Nouvelle-Ecosse.

Le capitaine du voilier négligea de saborder son bâtiment, persuadé qu'il coulait. Il eut tort. Il aurait dû savoir que les épaves ont parfois la vie — ou plutôt la mort — dure. Une semaine plus tard, on signala, à une vingtaine de milles de l'île de Sable, un grand quatre-mâts dérivant vers le nord-est. D'après les descriptions qui furent données de celui-ci, ce ne pouvait être que le *Governor Parr*.

D'abord, on ne s'inquiéta pas. Le voilier, pensait-on, ne tarderait pas à couler. On se trompait. L'épave fut signalée plusieurs fois au mois de novembre et au mois de décembre. Il fallait agir. Elle risquait de devenir un danger pour la navigation. On envoya à sa recherche le garde-côte *Tampa*.

Son capitaine ne partait pas à l'aveugle. D'après la carte des courants de ces parages, on estimait qu'à la vitesse de deux nœuds, l'épave gisait à 480 milles de sa dernière position connue, le 23 décembre.

La chance ne favorisa pas le *Tampa* qui lutta contre un gros temps d'ouest. La visibilité était mauvaise, l'horizon étant souvent voilé par d'épais rideaux de pluie. Les guetteurs fouillaient l'horizon de leurs jumelles, s'efforçant de découvrir l'épave entre deux vagues. Ils reposaient leurs instruments, essuyaient les objectifs voilés par les embruns, reprenaient leur veille. Ils hochaient la tête. Une tâche difficile que celle de repérer une masse noire, basse sur l'eau, sous cette lumière grise.

Le capitaine du garde-côte s'inquiétait. En huit jours de cette navigation harassante, il avait épuisé la plus grande partie de son combustible. Les soutes de son bâtiment contenaient juste de quoi rentrer au port, et encore à la vitesse économique, lorsqu'un guetteur poussa un cri : il croyait voir une épave à un demi-mille.

C'était bien le *Governor Parr.* On contemplait ce fantôme de navire, noyé par les lames, roulant lourdement, disparaissant sous l'eau, mais remontant toujours à la surface.

Le *Tampa* tournait autour de l'épave. On s'interrogeait. Comment frapper une remorque sur cette coque secouée par les lames et à demi immergée ? Mettre un canot à l'eau ? Impossible sur cette mer creusée par de violentes rafales. Atteindre l'épave avec un canon lance-amarre ? C'était possible, mais il aurait fallu plusieurs hommes pour tourner l'amarre à bord de l'épave. Alors détruire cette dernière ? Mais avec quoi ? Le *Tampa* ne disposait ni d'artillerie ni d'explosif. Attendre une embellie ? Le capitaine du garde-côte le souhaitait, mais, on l'a vu, il était à court de combustible. Il se résigna donc à rentrer à Halifax. Alertées, les autorités canadiennes envoyèrent un destroyer pour couler l'épave. Il la rechercha pendant une semaine sans succès.

Elle avait donc été engloutie au cours de la tempête ? On l'espéra et on voulut le croire. Et d'autant que, dans les mois qui suivirent, aucun bâtiment ne signala plus le *Governor Parr.*

En juin 1924, un pêcheur portugais rencontra un grand voilier à la dérive à vingt milles au large de Ponta Delgada, de Saint-Michel des Açores. On se contenta d'aviser les navigateurs de la présence de l'épave dans ces parages. En juillet, une autre épave fut repérée au nord du cap Finisterre. Un torpilleur appareilla pour la détruire et ne la retrouva pas. En revanche, le cargo anglais *Zaria* faillit l'aborder au large de Lisbonne. Le capitaine résolut de la couler. Il envoya quelques hommes dans un canot afin de mettre le feu à l'épave.

Les hommes en firent d'abord le tour, fascinés par cette coque mystérieuse qu'ils identifièrent sans peine : à la poupe, on lisait distinctement son nom : *Governor Parr.* Le *Governor Parr* qui naviguait seul depuis neuf mois et qui avait traversé l'Atlantique !

Les marins du *Zaria* se hissèrent à bord de l'épave. Ils marchaient avec précaution sur le pont pourri par l'eau et qui parfois s'enfonçait sous leurs pas. Un sentiment proche de la peur les saisit, comme s'ils avaient été en présence d'un revenant de l'enfer marin. Ils se hâtèrent de verser des bidons d'essence, jetèrent une étoupe enflammée et sautèrent dans leur canot qui déborda rapidement.

Le *Zaria* resta en vue de l'épave en feu pendant une heure et s'éloigna.

C'en était fini, cette fois, du fantôme marin ? Non. Le 13 août 1924, celui-ci fut encore signalé par un paquebot. L'épave semblait avoir triomphé du feu. Ni flammes ni fumée. La coque, toutefois, était rongée et calcinée. Depuis cette date, le *Governor Parr* disparut.

Il coula ? Selon toute probabilité. Encore qu'on ne sache jamais avec les épaves flottantes, ces derelicts qui nous intriguent et même nous inquiètent. On avance, certes, des explications pour justifier leur existence et leurs errances fantastiques. Pour le *Governor Parr*, c'était la cargaison de bois qui assurait sa flottabilité exceptionnelle. Le jeu des courants et des vents avait fait le reste.

Mais n'y avait-il pas une autre vérité, celle qui se cache derrière le mur d'ombre entourant le mystérieux univers marin ? Une question que nous allons nous poser à propos de la double épave du *Picardie*.

II

Le mystérieux sauvetage du *Picardie*

— Je suis heureux de vous accueillir à mon bord.

Jamais Jacobs Olsen, commandant du cargo norvégien *Samuel Burke,* n'avait prononcé ces banales paroles de bienvenue avec autant de sincérité, autant de joie. Sur le visage du marin se lisaient la fatigue, l'angoisse de ces heures de recherche et de lutte pour sauver ces naufragés, ces prisonniers d'une épave dérivant sur une mer houleuse, hachée par les rafales, et dans une nuit noire que les projecteurs arrivaient à peine à percer.

Les naufragés gravissaient l'échelle de corde, le ciré luisant de pluie et d'embruns, les yeux fiévreux, le geste las. Ils serraient la main de Jacobs Olsen, trop fatigués pour le remercier, exprimer leur reconnaissance.

La chaleur du carré où on leur servait du café et du rhum les réconfortait. Jacobs Olsen, debout au milieu d'eux, souriait, lançait une plaisanterie, un mot d'encouragement.

— Vous êtes sauvés maintenant. On ne fait jamais deux fois naufrage au cours d'une même traversée.

Une tradition qui ne s'était pas toujours vérifiée d'ailleurs.

— Il y a deux jours que nous vous cherchons, poursuivait le commandant. Une chance que nous ayons pu capter vos S.O.S.

Les naufragés se regardèrent.

— Nos S.O.S. ?

— Eh bien oui. Ils étaient très faibles, à peine audibles. A vrai dire, ce n'est pas directement que nous les avons reçus. Ils ont été retransmis par un navire américain. Et comme nous étions le bâtiment le plus proche de vous...

— Mais nous n'avons pas lancé de S.O.S. dit un lieutenant, nous n'avons pas eu le temps. L'événement a été tellement inattendu, tellement soudain.

Olsen, stupéfait, réfléchit. Il pouvait s'agir d'une coïncidence extraordinaire. Les S.O.S. auraient pu être émis par un autre navire en détresse dans les mêmes parages.

— Voyons. Votre bâtiment était bien le pétrolier français *Picardie ?*

— Bien entendu.

— Les S.O.S. mentionnaient expressément ce nom.

Les naufragés posèrent leurs tasses de café. Dans le silence qui suivit les paroles d'Olsen, on en entendit plus distinctement le choc sourd des lames contre la coque et le sifflement des rafales qui se déchiraient aux agrès. Ces bruits affirmaient la présence de la mer dont l'histoire est riche d'événements qui nous dépassent. Nous les appelons énigmes, mystères. Cette fois, ce mystère-là était un mystère heureux.

— C'est peut-être le navire qui nous a abordés, dit un des naufragés. Il ne nous a pas retrouvés et a lancé à notre place les S.O.S.

— Le message mentionnait : « *Nous* coulons. Demandons assistance immédiate » et il donnait votre position, répondit Olsen qui demanda à son officier radio une copie du message. Celui-ci précisait bien le nom du *Picardie.*

— Il n'est pas sûr que nous ayons été abordés, dit le lieutenant du pétrolier. Et puis comment ce bâtiment aurait-il su notre nom ?

Il ajouta.

— Et il aurait lancé des S.O.S. pour nous et non pour lui ? C'est absurde !

Ce fut de nouveau le silence.

Tanguant et roulant, le *Samuel Burke* poursuivait sa route. avec, en plus de son équipage, douze hommes et un mystère.

★

C'était le 21 janvier 1940 que le *Picardie* avait appareillé de Grande-Bretagne pour le golfe du Mexique d'où il ramènerait ce pétrole plus précieux encore pendant la guerre que pendant la paix. Il faisait partie d'un convoi de quinze bâtiments protégés par quelques torpilleurs. Protection souvent illusoire, d'autant que ce groupe de navires offrait aux sous-marins une cible de choix.

La nuit, on navigue tous feux éteints. Rien qu'un dérisoire feu de poupe à peine visible dans l'ombre, feu que les hommes fixaient du regard, les yeux douloureux, la tête lourde, les muscles tendus pour éviter un abordage. A cette fatigue s'ajoutait l'appréhension de voir, à bâbord ou à tribord, le sillage blanc d'une torpille ou le kiosque d'un sous-marin s'infiltrant dans le convoi pour choisir sa proie.

Voici l'aube, puis le jour, si on peut appeler jour cette lumière grisâtre qui traîne sur la mer verte et écumeuse, lumière tout juste bonne à souligner la misère de cette navigation de guerre, lorsque aux périls de la mer s'ajoute la folie meurtrière de l'homme.

Le convoi poursuit sa route. Mais peut-on encore appeler convoi ces bâtiments dispersés par la tempête, tenant leur cap plutôt mal que bien, pour la plupart hauts sur l'eau — leurs cales sont vides —, donc donnant prise aux violentes rafales qui soufflent sur l'océan. Malgré les efforts des timoniers, ils zigzaguent, la coque parfois déjaugée, l'hélice tournant à vide dans le creux des lames. Les torpilleurs, comme des chiens de troupeau, s'efforcent de rassembler les unités du convoi. Ils multiplient leurs messages en scott dont les éclats lumineux percent à peine la boucaille, l'horizon étant souvent masqué par des bouchons de pluie, denses comme de la brume.

Les capitaines font de leur mieux pour reprendre la file, mais il y a les traînards, ceux dont les machines haletantes ont tout juste la force d'assurer une vitesse de six, sept nœuds. Les commandants des torpilleurs ont alors à résoudre un problème insoluble : ou obliger le convoi à ralentir pour attendre les traînards, et le convoi, par sa lenteur même, deviendra une cible facile pour les sous-marins ; ou abandonner les retardataires à leur sort et renoncer à les secourir s'ils sont attaqués ou du moins risquer d'arriver trop tard.

En outre, les torpilleurs ont beaucoup de mal à remplir leur mission. Ils sont rapides, certes, mais par temps maniable seulement. La vitesse, en mer, est une chose fragile. Les coups de boutoir des lames défoncent les tôles ; on doit réduire le régime des turbines et, finalement, les torpilleurs ne sont guère plus rapides que les bâtiments de commerce. Comme toujours, c'est la mer qui est la plus forte. Après quelques jours, il n'y a plus de convoi. Chaque unité poursuit sa route isolément.

Du moins, avec l'éloignement des côtes, la menace sous-marine s'estompe, les U-boote opérant surtout dans les carrefours maritimes, à l'entrée de la Manche ou à la sortie des ports. Mais il y a les grands sous-marins à l'important rayon d'action, des sous-marins qui atteignent même les rives des Etats-Unis.

Le 1er février, le *Picardie* a franchi 2 400 kilomètres. Il a parcouru à peu près la moitié de sa route. Le temps s'est un peu amélioré, mais la houle est toujours creuse et fatigue la longue coque lège du pétrolier. Le retour avec les soutes pleines sera plus aisé. Le bâtiment, plus lourd, sera peut-être mangé par la mer, mais il tiendra mieux son cap.

La journée s'écoule, monotone, comme les précédentes. Le convoi a définitivement disparu. La cloche de bord vient de piquer six heures. Les hommes de quart se passent les consignes. Le cap est au sud 70 ouest. La vitesse est de sept nœuds.

Au carré, les convives arrivent pour le dîner. Le maître d'hôtel a fixé sur la table le cadre qui maintient les assiettes, verres et carafes, car le roulis est très sensible. Les repas constituent un des rares moments de détente dans cette maudite navigation de guerre. On se passe le cahier d'écolier sur lequel le radio a inscrit les dernières nouvelles des hostilités : les bombardements allemands sur l'Angleterre, l'héroïque résistance de la Finlande à l'invasion soviétique. Mais, curieusement, alors qu'à chaque instant le *Picardie* peut être victime d'un sous-marin, on se sent éloigné de la guerre dans le décor intemporel de la nuit et de la mer, comme si ces événements tragiques concernaient une autre planète. Le vin fait rougir les pommettes et briller les yeux. L'atmosphère se détend. On oublie les fatigues et les angoisses des quarts. On rit. On évoque les bonheurs du temps de paix, les permissions, les vacances en France. On parle de l'avenir comme si cet avenir même n'était pas menacé.

Le repas s'achève dans une euphorie factice. Soudain, les conversations s'arrêtent. Les traits des convives se figent. Le *Picardie* est soumis à un violent tangage ou plutôt au premier mouvement du tangage. La coque a piqué dans une lame, mais elle reste engagée, comme si la mer, devenue brusquement solide, la retient prisonnière. En même temps, un bruit énorme, sinistre, ébranle le bâtiment, un bruit plus fort que les résonances habituelles des lames contre la muraille. Et différent. Et bizarre. Ce bruit est prolongé par une sourde vibration qui semble interminable et met les nerfs à vif. Et cette vibration se transforme, devient une sorte de gigantesque, atroce déchirure, qui cesse tout à coup. Le *Picardie* se relève lentement, comme libéré de l'étreinte de la mer, prend une position horizontale puis apique de l'arrière.

— Un sous-marin ! avait crié le premier lieutenant. Il ouvrit la porte du carré, suivi de ses camarades, se dirigeant vers le château central pour se mettre à la disposition du commandant et du second qui étaient sur la passerelle.

Dehors, le vent humide les assaillit. Ils suffoquèrent. Ils avancèrent d'abord à tâtons pendant que les yeux s'habituaient à l'obscurité, puis ils coururent vers le passavent qui relie les deux châteaux.

Ils s'arrêtèrent net, bouche bée.

Ils avaient l'impression de vivre la scène d'un récit fantastique, imaginé dans l'ivresse, le délire ou la folie. Et tellement, qu'ils doutèrent eux-mêmes un instant de leur raison. Le pétrolier, ou plutôt le reste du pétrolier, le château central et l'avant, avaient disparu. A leur place, il n'y avait que la mer et la nuit.

Pétrifiés par la stupeur, hébétés, ils contemplaient ce vide noir qui cernait la coque mutilée avec ses tôles arrachées, ses canalisations béantes, ses poutrelles désarticulées, ce tronçon de navire s'ouvrant sur le néant et que les vagues attaquaient dans un bruit de ressac, un répugnant bruit de déglutition liquide, comme si la mer commençait à dévorer l'épave.

Un des hommes leva le bras. Il désignait à deux, trois cents mètres quelque chose que d'abord on n'avait pas remarqué. Et ce quelque chose était le reste du pétrolier qui s'éloignait, masse indistincte qui s'engloutissait peu à peu dans l'ombre comme dans une autre mer. Il appareillait, semblait-il pour une navigation fantastique, aussi fantastique que cette brusque métamorphose du pétrolier, cette mort d'un navire qui engendrait deux épaves jumelles.

Ils pensèrent à leurs camarades que cet événement extraordinaire séparait d'eux, au commandant, au second et à neuf hommes. Tous n'étaient déjà plus que les fantômes de ce navire fantôme qui s'éloignait dans la nuit.

— Oh, regardez !

Le lieutenant montrait l'endroit où la moitié de navire avait disparu. Dans l'ombre apparaissaient des éclats lumineux, comme ceux d'un message. Et ce message, indéchiffrable à cause de la distance et de sa faible intensité, fascinait les hommes et suscitait en eux une douloureuse, une angoissante interrogation. Etait-ce un désespéré appel à l'aide ? Etaient-ce simplement de pauvres mots d'adieu que les malheureux envoyaient à leurs camarades, des mots qui viendraient déjà de l'au-delà ?

Les signaux cessèrent.

— Notre sort n'est pas meilleur que le leur, murmura un homme.

Ils revinrent vers le château arrière. Déjà, les matelots s'affairaient à dessaisir les embarcations pour les mettre à la mer. Attitude folle, attitude absurde que seul le désespoir pouvait justifier. Sur l'Atlantique que la guerre avait rendu désert et avec cette mer forte, les canots, s'ils avaient résisté aux lames, n'auraient porté que des malheureux guettés par la faim, la soif, le froid. Malgré les objurgations du lieutenant, les ordres et même les menaces, des hommes avaient déjà pris place dans une baleinière.

— Pour la dernière fois ! hurla l'officier.

Une voix l'interrompit. Celle d'un matelot qui avait cessé de libérer les garants pour indiquer à bâbord quelque chose que personne ne voyait encore. C'était un feu, une lueur plutôt, une lueur bleue à la surface des vagues.

— On nous fait signe !

C'était absurde. Qui aurait fait des signaux ? Le navire abordeur ? Dans ce cas il aurait allumé des projecteurs. Le sous-marin qui avait lancé la torpille ? — si le *Picardie* avait bien été torpillé. Il était douteux que, si loin de ses bases, le commandant d'un sous-marin eût voulu, en admettant qu'il en eût la possibilité, embarquer des naufragés. Mais déjà, la baleinière descendait le long de la muraille qui oscillait à la houle. On entendit un bruit atroce de bois écrasé et des cris qu'emportèrent les rafales. Les hommes pâlirent. Personne ne tenta de mettre la seconde baleinière à l'eau.

La lumière bleue avait disparu.

— Nous ne coulerons pas. Du moins pas immédiatement, dit le lieutenant.

Il avait constaté que la cassure s'était faite à la hauteur d'une cuve à mazout et que les caissons de l'arrière assuraient une certaine flottabilité. Les machines continuaient à tourner, assurant le fonctionnement des pompes et des dynamos. On avait des vivres et de l'eau. Il n'y avait qu'à attendre et espérer.

Un faible espoir et une attente qui pouvait être longue. Depuis huit jours que le *Picardie* naviguait, aucun navire n'avait été vu. Une rencontre avec un cargo neutre, un autre convoi, un bâtiment de guerre ? C'était possible, mais on n'osait pas estimer le pourcentage de chance de cette rencontre.

— Notre situation pourrait être pire. Nous sommes plus en sécurité ici que sur une baleinière.

Le premier lieutenant tentait de ranimer le courage de ses hommes. Plusieurs heures s'étaient écoulées et déjà on s'habituait à vivre sur l'épave. Une épave qui conservait une apparence de vie grâce à la pulsation rassurante des machines. On avait délibéré pour décider si on devait continuer ou non à naviguer — c'est-à-dire dériver — tous feux éteints. Dans le premier cas, on n'attirait pas l'ennemi, mais on risquait d'échapper à un sauveteur éventuel. Dans le second cas, on pouvait recevoir le coup de grâce d'un sous-marin, mais on avait une chance d'être vu par un navire allié.

— Allumons les feux, ordonna le premier lieutenant. Je ne crois pas qu'un Allemand rôde dans les parages.

Il s'interrogeait — et tous avec lui — sur les causes de la catastrophe. La torpille avait été la première hypothèse, la plus naturelle en temps de guerre. Pourtant, on n'avait entendu aucune explosion. Seuls les hommes de la passerelle — et à l'évocation des disparus le cœur se serrait — auraient pu donner un témoignage capital à ce sujet, car, à l'arrière, personne n'était sur le pont à ce moment-là.

— Si le sous-marin ne nous a pas torpillés, il a pu nous aborder, dit quelqu'un.

— Vous voulez dire que c'est nous, au contraire, qui l'aurions abordé ? répondit le premier lieutenant. En ce cas ce sous-marin serait peut-être maintenant au fond de l'eau.

Ce n'était pas invraisemblable. L'histoire de la mer livre quelques noms de sous-marins abordés et coulés, la nuit, par des cargos. Ainsi l'*Ondine*, au large de Vigo, le 3 octobre 1928 et le *Surcouf*, le 18 février 1942, dans la mer des Antilles. Fût-ce le cas du *Picardie* et d'un U-boot ? Nous ne pouvons l'affirmer avec certitude. Nous ne trouvons pas dans les archives allemandes le nom d'un sous-marin disparu dans l'Atlantique à la fin de janvier 1940.

L'illusion de cette éventualité, pourtant, consola les hommes de l'épave. Si le sous-marin dont le choc avait cassé en deux leur pétrolier avait coulé ils étaient vengés.

Une bien fragile consolation dans leur malheur. Les heures passaient dans une sorte de peur indéfinie, bien que l'épave ne parût pas s'enfoncer.

Les hommes guettaient l'aube avec un vague espoir. Le jour n'éclaira que leur solitude et leur désolation que concrétisaient la coque mutilée du pétrolier, sa blessure béante et la mer déserte que creusaient d'énormes vagues.

Tous les hommes surveillaient l'horizon. Cette lumière grise et changeante, ces rideaux de pluie, ces ombres qui couraient sur la mer suscitaient mirages et fantasmes. Dans la forme d'un nuage, la crête d'une lame lointaine, on imaginait la silhouette d'une coque, la ligne d'un mât, le panache d'une fumée. Fiévreusement, on saisissait les jumelles et, quelques instants plus tard, on les reposait, le visage las.

Ce n'était pas un navire. Ce n'était jamais un navire.

— Près des côtes américaines, le trafic sera plus important, dit le lieutenant.

Sans doute, mais quand approcherait-on de la terre ? L'arrière, bien que la machine pût tourner, était ingouvernable. On pouvait tout juste éviter de tomber en travers des lames et on avançait, au mieux, à une vitesse de un à deux nœuds. En fait, l'arrière du *Picardie* était devenu une de ces épaves errantes dont nous connaissons bien la marche délirante et imprévue.

La première journée de veille avec son alternance d'espoir et de déception s'achevait. L'ombre se refermait peu à peu sur l'épave et suscitait chez les hommes angoisse et découragement.

— C'est pendant la nuit que nous avons le plus de chance d'être repérés grâce à nos feux, répétait le lieutenant.

Personne ne dormit. Les regards avides sondaient l'ombre. On ne parlait guère. Dans le silence, on entendait l'eau attaquer l'épave, s'engouffrer dans les creux de la coque mutilée avec un bruit obscène et sinistre.

Une heure, deux heures passèrent dans une atroce sensation de solitude et d'impuissance. Mille fois la tempête et ses luttes plutôt que cette attente passive au cœur de la nuit !

Soudain, un des guetteurs fit un mouvement. Il saisit ses jumelles. Avant même qu'il eût parlé, ses camarades sentirent qu'il se passait quelque chose. Ils se rapprochèrent du guetteur.

— Là... Là-bas, dit-il enfin.

Là-bas, c'était toujours l'ombre dense avec, très proche, la crête pâle des lames déferlantes.

Il y eut un long silence.

— Un feu ! Je vois un feu !

Tous se méfiaient d'une illusion, d'un de ces mirages dont on avait été victime tout le long de la journée. Pourtant, alors que le guetteur se taisait maintenant, comme pétrifié, un marin, puis un autre, distinguèrent bien non pas exactement un feu, mais un minuscule éclat clignotant dont il était difficile d'évaluer la distance. Un astre à son lever ? La confusion aurait été possible si le temps n'avait pas été couvert. A moins que par une déchirure des nuages...

On attendit. De mortelles minutes d'espoir. Maintenant, tout le monde distinguait bien l'éclat lumineux qui, sans aucun doute, se précisait, grossissait et paraissait même se dédoubler.

— Les feux Coston ! Vite, cria le premier lieutenant.

On courut chercher ces feux de détresse, sorte de feux de Bengale, qui, heureusement, étaient entreposés à l'arrière. Des lueurs bleues, rouges, jaunes illuminèrent l'épave mutilée comme pour une fête insolite. Et quelle fête ce serait en effet si cette lumière inconnue était celle d'un navire sauveteur !

Les superstructures étaient éclairées ; et aussi la mer, en larges taches colorées, mouvantes, fantomales.

— Il nous voit !

On était sûr du moins qu'il s'agissait bien d'un navire, neutre vraisemblablement puisqu'il naviguait tous feux allumés.

— Il n'est pas possible qu'il ne nous aperçoive pas...

On exprimait plus un souhait qu'une certitude, mais enfin, incontestablement, les feux du navire se précisaient, se rapprochaient de l'épave.

Certains hommes, puérilement, faisaient des signaux avec des lampes. D'autres restaient immobiles, murmurant vœux et prières.

— Il nous envoie un message !

Dans l'ombre clignotaient les brèves et les longues d'un Scott. On était encore trop loin pour les déchiffrer, mais qu'il était réconfortant de sentir la présence, la chaude présence d'autres hommes, de sauveteurs.

— C'est un norvégien... Le... *Samuel... Burke* dit enfin le premier lieutenant.

A son tour, il répondait au navire, réclamait aide et assistance.

Là-bas, le Scott s'était éteint. Fébrilement, on harcela le navire de nouvelles demandes de secours. Le commandant devait évaluer les chances et les possibilités de sauvetage. Enfin, le *Samuel Burke* répondit qu'il restait près de l'épave en attendant le jour. Avec cette obscurité et cette mer creuse, mettre un canot à la mer aurait été trop risqué.

Encore quatre heures de patience avant l'aube. Les hommes du *Picardie* guettaient les feux du *Samuel Burke* qui s'était éloigné et avait pris la cape. Parfois, un rideau de pluie masquait le cargo. On éprouvait alors l'impression absurde d'être abandonné. Puis les feux réapparaissaient, lointains mais encore visibles. Et l'espoir renaissait.

Enfin ce fut le jour. Après un temps qui parut interminable, le *Samuel Burke* se rapprocha de l'épave. On contemplait la silhouette solide, trapue, du cargo norvégien. Il émanait de lui une impression de sécurité. Déjà, les naufragés s'imaginaient à son bord, réchauffés, réconfortés.

A la jumelle, ils observaient le pont du *Samuel Burke*. Des matelots en cirés et en gilets de sauvetage s'affairaient près d'une embarcation qu'ils allaient sûrement mettre à la mer.

Une demi-heure passa. Le *Samuel Burke* tournait toujours autour de l'épave.

L'impatience des naufragés était maintenant mêlée d'inquiétude. Que faisaient donc les Norvégiens ? Enfin un message vint. Il était décevant. Au lieu du « Tenez-vous prêts » espéré, c'était : « Mer trop forte. Attendons embellie. »

Attendre. Toujours attendre. Les naufragés baissent la tête. Pourtant, ils sentent bien que la décision du capitaine norvégien est sage. Avec ce temps, la mise à l'eau d'un canot était trop risquée. Une lame sournoise, une erreur de coup d'œil et le canot se serait fracassé contre la muraille du cargo.

— Il s'éloigne !

Le cri de déception courait de bouche en bouche. Le cargo s'éloignait de l'épave que secouait la houle toujours aussi forte. On guettait le ciel gris et la fuite des nuages poussés par les rafales. Aucun espoir d'embellie dans l'immédiat.

— Rassurez-vous, il ne nous abandonnera pas. Il ne peut pas nous abandonner, répétait le premier lieutenant à ses hommes.

On hochait la tête. Le mauvais temps pouvait durer plusieurs jours. Quelle déception ! Cette sorte de miracle qui avait une chance sur cent de se produire, l'apparition d'un bateau, s'était réalisé et ce bateau était impuissant à sauver les naufragés. Ces derniers, dans leur angoisse, imaginaient de nouvelles difficultés : le cargo, à court de combustible, devait partir ; un sous-marin interrompait les opérations de sauvetage ; l'épave coulait. Tout cela était absurde, mais la crainte altérait tout raisonnement, tout jugement.

Les heures se traînaient. On regardait alternativement le *Samuel Burke* qui parfois était masqué par les lames et le ciel, espérant une déchirure des nuages, un changement de la direction du vent. En vain. La lumière grise devenait plus sombre, plus dense. C'était déjà le crépuscule. Là-bas, le cargo, dont la silhouette était presque indistincte, avait allumé ses feux. Il ne se rapprochait pas de l'épave. Il n'émettait aucun signal.

Une nouvelle nuit commence dans un morne désespoir. La mer rageuse s'acharne sur l'épave comme si elle voulait la garder prisonnière. Les hommes ne parlent pas. Les uns surveillent le cargo ; les autres cherchent un peu d'oubli dans le sommeil. Peu après minuit, une légère pluie tombe en gouttelettes fines. « Petite pluie abat grand vent », affirme le dicton. Et c'est vrai ! Le bruit des rafales s'atténue. C'est l'embellie, sans doute très courte. Il faut en profiter.

Déjà le capitaine du *Samuel Burke* a réagi. Il dirige son bâtiment vers l'épave, se place sous le vent de celle-ci et, à la lumière crue des projecteurs, un canot est mis à la mer, un canot que les naufragés contemplent comme dans un rêve. Il est maintenant à l'arrière du pétrolier. Ils descendent par une échelle de corde, sautent dans le canot qui monte et descend brutalement sur la houle.

Une heure plus tard, tous les hommes du *Picardie* étaient à bord du *Samuel Burke*. C'était le 4 février 1940.

★

— Sans ce S.O.S., je ne vous aurais jamais retrouvés, répétait Jacobs Olsen. Ma route se situait au nord de la dérive de votre épave.

On était au lendemain de la nuit du sauvetage. Après un long repos, les naufragés s'étaient groupés à l'arrière du cargo. Ils prenaient peu à peu conscience qu'ils étaient sauvés, qu'ils naviguaient sur un bateau en bon état et un bateau neutre qui — en principe — n'avait rien à craindre des U-boote.

Les visages pourtant étaient graves. Tous pensaient aux disparus, ceux de la moitié avant du *Picardie*, à leurs compagnons dont ils ignoraient le sort. Et puis, ils éprouvaient une sorte de malaise devant ce triple mystère non résolu : la cause du naufrage, cette étrange rupture de la coque et l'origine du S.O.S. fantôme qui les avait sauvés.

— Vous pensiez que vous aviez été victimes d'un sous-marin allemand ? demanda Olsen.

— Dans un premier temps, oui, répondit le premier lieutenant. C'était l'explication naturelle en temps de guerre. Mais nous n'avons entendu aucune explosion. Nous avons ensuite imaginé que, dans l'ombre, le sous-marin avait heurté notre bâtiment.

— Et vous l'auriez coulé ? dit en souriant Olsen. Le cas s'est vu, en effet. C'est alors que nous, pauvres bateaux de commerce, nous prenons notre revanche sur les navires de guerre... On peut émettre une hypothèse plus simple à laquelle vous avez sans doute pensé vous-même. Le *Picardie* était lège, n'est-ce pas ?

— Oui. Nous allions charger du pétrole au Texas.

— Complètement lège ?

— Non. Comme lest nous avions rempli d'eau les réservoirs du centre.

Olsen réfléchit.

— La mer était forte ?

— Un tangage violent, oui.

— Alors les coups de lames ont dû fatiguer les structures. La moitié avant, plus légère, a joué davantage que le reste du bâtiment. La coque s'est rompue à la hauteur du premier réservoir rempli d'eau. Des accidents semblables se sont déjà produits. Vous le savez mieux que moi.

Olsen avait sans doute raison. Un cas analogue à celui du *Picardie* s'était déjà produit, moins de deux mois auparavant, à 150 milles au sud-est de l'Irlande. Le 9 décembre 1939, le pétrolier *San Alberto* s'était cassé en deux. Son arrière avait flotté de longs jours avant de sombrer définitivement au cours d'une tempête. Une différence toutefois : le *San Alberto*, lui, avait bien été torpillé.

— Quant aux S.O.S..., poursuivit Olsen.

Il réfléchit encore.

— Ils n'ont pu être émis par un autre navire puisque les messages précisaient le nom du bâtiment et sa position. Où se trouvait votre poste de radio ?

— Dans le château avant.

— Et l'avant a continué à flotter ?

— Difficile à dire.

— Il a dû flotter un certain temps, puis couler, dit Olsen. Sinon, vous l'auriez vu le lendemain matin. S'il était resté à flot, il aurait suivi la même route que l'arrière ou plutôt la même dérive. Les deux moitiés de l'épave seraient restées en vue l'une de l'autre.

Le lieutenant baissa la tête. Il avait déjà compris.

— Alors cet S.O.S., murmura-t-il.

— A été émis par le radio qui était dans le château avant du pétrolier avant le naufrage définitif de celui-ci. Le courant étant coupé, il a utilisé le poste de secours alimenté par les accus. L'heure d'émission des S.O.S. correspond à peu près à l'heure où s'est produite la cassure de la coque.

Les rescapés se turent. Ils regardaient la mer, comme s'ils voyaient, au-delà de l'horizon, l'errance des deux épaves et entendaient encore l'appel fantôme qui les avait sauvés.

III

Qu'est devenu l'*Asiatic Prince* ?

Ce n'était pas la première fois que des appels de détresse étaient à l'origine d'une énigme de la mer.

Le 6 avril 1928, le cargo britannique *City of Eastbourne* arriva en rade de Yokohama avec cinq jours de retard sur son horaire.

— Notre marche a été contrariée par le mauvais temps au nord des îles Hawaii, déclara le capitaine du cargo. Une forte tempête. Des rafales de plus de 100 kilomètres à l'heure. Des vagues énormes.

— Rien de grave pour vous ?

— Non. Juste des rambardes arrachées et des tôles défoncées. D'autres n'ont pas eu la même chance. Nous avons capté des S.O.S. du pétrolier *British Hussar*. Des appels très faibles et très courts. Il ne précisait pas sa position. Du moins, nous n'avons rien entendu à ce sujet. Nous avons tenté d'entrer en contact avec lui. En vain.

Ce n'était pas la première fois qu'un rapport mentionnait le *British Hussar*. Le 26 mars, le *Niagara* avait, lui aussi, reçu les S.O.S. du pétrolier. L'opérateur avait cru comprendre, lui, le mot « urgent », mais il pensait qu'il s'agissait en réalité de « en feu ». Un autre navire, le *Ventura*, et des postes côtiers avaient également capté des S.O.S. En recoupant les directions des différents messages, on put fixer le gisement approximatif du *British Hussar* à 400 milles au sud-ouest d'Hawaii.

L'amirauté américaine fit appareiller les destrovers *Burnus* et *Ludlow* de Pearl Harbour. Méthodiquement, ils sillonnèrent la mer, encore secouée par une forte houle, tentant de repérer le pétrolier. Cinq jours de recherches infructueuses. Puis l'amirauté donna l'ordre aux destroyers de regagner leur base. On considéra le pétrolier comme perdu.

On câbla la funeste nouvelle à l'armateur du *British Hussar*.

— Nous vous remercions de vos recherches, répondit-on, mais nous ne comprenons pas qu'on ait pu capter des S.O.S. du *British Hussar* parce que...

Parce que, au moment où le *Ludlow* et le *Burnus* recherchaient les épaves du pétrolier au large d'Hawaii, un navire accostait à Abadan, dans le golfe Persique, un navire arborant le pavillon anglais et portant, en larges lettres blanches étalées à l'avant et à l'arrière de sa coque, un nom. Un nom qui semblait être celui d'un fantôme : *British Hussar*.

C'était, une fois de plus, l'énigme. Une de ces énigmes de la mer qui semblent d'abord insolubles avec leurs faits dramatiques, contradictoires, hors de toute logique : un navire disparaissait dans le Pacifique et, au même moment, réapparaissait dans le golfe Persique !

Après un instant de vertige, les enquêteurs reprirent les éléments du problème qu'il fallait résoudre. Le *British Hussar* avait lancé des S.O.S. Ce n'était pas l'illusion ou l'erreur d'un seul navire. Plusieurs bâtiments avaient capté ces appels et leurs observations concordaient : même azimut, mêmes caractéristiques d'appel. Et pourtant, il était sûr que le *British Hussar* n'était pas, ne pouvait pas être dans les parages où il avait émis ses S.O.S. !

On recensa les navires qui naviguaient au large d'Hawaii au moment de la réception des mystérieux appels de détresse. Il y en avait quatre : le *City of Eastbourne*, le *Niagara*, le *Ventura* et enfin l'*Asiatic Prince*. Les trois premiers étaient arrivés à destination avec d'importants retards, mais ils étaient arrivés. Quant au quatrième, il n'avait jamais atteint Yokohama, son port de destination.

★

Sur les quais de Los Angeles, le 16 mars 1928, à trois heures et demie de l'après-midi, un remorqueur approcha d'un navire qui portait à la poupe le pavillon britannique et à son mât de misaine le pavillon P du code international : il était en partance. A la coupée, une ardoise indiquait, en lettres tracées à la craie : « M/s *Asiatic Prince*. Appareillage à quatre heures pour Yokohama. »

Le navire vibrait de l'agitation qui précède l'appareillage. L'équipage était au complet : quarante-huit hommes. Le chef mécanicien avait fait le plein de combustible : 1 300 tonnes de fuel-oil. Le second avait inspecté les appareils de sécurité et les quatre embarcations de sauvetage en acier. Tout était paré. Le pilote monta à bord. Les gardes-montantes furent larguées, puis les aussières. Et l'*Asiatic Prince*, tiré par le remorqueur, s'éloigna du quai et mit le cap vers le large.

C'était le premier voyage de ce cargo de 10 000 tonnes. La traversée de l'Atlantique par gros temps avait permis au commandant d'apprécier les qualités de son bâtiment : vitesse et bonne tenue à la mer. Ce 26 mars 1928, le temps était beau. Le sillage de l'*Asiatic Prince* s'allongeait sur les eaux moirées par le crépuscule. Les feux étaient clairs. Les diesels battaient régulièrement dans la coque sourde. Dans moins de deux semaines, les phares de la côte du Japon illumineraient la nuit.

Or jamais l'*Asiatic Prince* n'avait atteint le Japon.

★

On réfléchissait. Donc, entre les 20 et 30 mars, une partie du Pacifique, délimitée par les 20ᵉ et 35ᵉ parallèles nord et les méridiens 170 et 150, avait été le théâtre de deux mystères.

1°) On y avait capté les appels de détresse d'un navire qui n'avait jamais été en péril et qui naviguait au même moment à 10 000 kilomètres de cette zone.

2°) Un bâtiment neuf, parfaitement équipé, possédant un puissant poste de radio, disparaissait dans un silence total, incompréhensible, sans traces, sans épaves.

Les enquêteurs compulsaient avec une sorte de rage les rapports du *City of Eastbourne*, du *Niagara*, du *Ventura*, du *Ludlow*, du *Burnus*. Ils les comparaient, reprenaient les cartes, contrôlaient les relèvements. Ils s'avisèrent que leurs recherches avaient quelque chose d'absurde : ils voulaient trouver des épaves d'un navire qui n'avait pas disparu.

— N'oublions pas l'*Asiatic Prince*, dit un des officiers de la Coast Guard.

— Vous croyez qu'il y a un rapport entre les deux navires ?

— Je ne sais pas encore, mais remarquez ceci : les appels fantômes, d'après les relèvements radiogoniométriques, se situent à peu près ici, sur cette zone hachurée, celle qui fut explorée par les destroyers américains. Et où était l'*Asiatic Prince* au moment où ceux-ci exploraient la mer ? Son dernier message — un message de routine — le situait ici. Or, d'après son cap et sa vitesse supposés, quelle était sa position à l'heure de la réception du S.O.S. par le *City of Eastbourne ?* Là, en plein milieu de la zone hachurée.

— Vous pensez donc...

— Qu'il est parfaitement imaginable que le S.O.S. ait été envoyé par le navire qui a réellement disparu, l'*Asiatic Prince.*

— Pourquoi voulez-vous que ce navire ait émis des messages sous un faux nom ?

C'était absurde en effet.

Plusieurs jours passèrent. Il y eut des échanges de câbles entre les armateurs et la Coast Guard ; on examina encore les rapports des capitaines. On voulait surtout savoir si les S.O.S. avaient précisé le nom du navire. On s'aperçut alors que tous les opérateurs avaient capté non pas le nom, mais l'indicatif, le signal d'appel, une série de quatre lettres plus faciles à émettre que le nom entier. Et cet indicatif était G J V R qui était bien celui du *British Hussar.*

On demanda à la Rio Cap Line, l'armateur de l'*Asiatic Prince,* quel était l'indicatif de ce dernier. C'était G J V P.

Une seule lettre de différence entre les deux indicatifs, un P et un R. C'est-à-dire, en morse, point deux traits point pour la première lettre, et point trait point pour la seconde.

Ce pouvait être l'explication du mystère. Le trait intermédiaire du R avait dû être redoublé et, en conséquence, être pris pour un P. C'est ainsi qu'avait pu être confondu le *British Hussar* avec l'*Asiatic Prince.* C'était ce dernier, et lui seul, qui avait appelé au secours. Mais pour quelle raison ?

L'explication qui venait d'abord naturellement était la tempête. Il est vrai que celle qui avait soufflé dans les parages à la fin de mars 1928 avait été particulièrement violente. Le vent avait atteint la force 12 de l'échelle de Beaufort. Pourtant, comment admettre que l'*Asiatic Prince,* ce navire de 10 000 tonnes dont la coque et les machines étaient neuves, aurait disparu en quelques instants ? En supposant que les tôles n'aient pas eu assez de souplesse pour jouer et résister au choc des lames, que l'arbre d'hélice se soit rompu, que les machines, pour une cause inconnue, se soient arrêtées, on expliquait le naufrage, mais non la soudaineté de celui-ci, la brièveté des appels.

Pourquoi l'*Asiatic Prince* n'avait-il pas eu le temps d'émettre clairement sa position ? Pourquoi le drame se serait-il déroulé en quelques minutes ? L'antenne s'était-elle cassée ? Les dynamos avaient-elles stoppé ? En ce cas, l'opérateur aurait utilisé le poste de secours qui est muni de batteries.

On avait vu des officiers radios continuer avec héroïsme de lancer leurs appels alors que leurs navires étaient à moitié engloutis. Et l'opérateur de l'*Asiatic Prince* aurait été paralysé dès le début du naufrage. Pire, il aurait été troublé au point d'émettre incorrectement son propre indicatif ? On pouvait difficilement l'admettre. Un mystère pesait sur la disparition de l'*Asiatic Prince.* Mais lequel ?

*

L'*Asiatic Prince* fut officiellement porté manquant par le Lloyd en mai 1928. Le Rio Cap Line admit que son bâtiment avait sombré au large d'Hawaii au cours de la tempête de mars et si elle l'admit, c'était qu'il fallait bien trouver une explication à ce sinistre. Mais, pour beaucoup de marins, cette disparition restait une énigme.

En 1929, un officier de marine d'une unité de la Royal Navy basée en Chine crut avoir trouvé une solution à l'énigme de l'*Asiatic Prince*. Il fit remarquer que, selon lui, les appels de radio qu'on avait captés et qui avaient d'abord dérouté les enquêteurs ressemblaient à ceux d'un navire attaqué par les pirates.

Il arrive que l'explication d'un mystère paraît encore plus mystérieuse que le mystère lui-même. Quel rapport entre la piraterie, cette grande épopée sauvage du passé, et la disparition d'un cargo dans le Pacifique ?

Et pourtant, au XXe siècle, il y a encore des pirates. Mais ces pirates-là n'emploient pas en général les mêmes méthodes que leurs devanciers. Pas de batailles navales ; pas d'abordages ; pas de luttes sanglantes sur le pont. Une vingtaine d'entre eux s'embarquent comme passagers et, à un signal convenu, ils passent à l'attaque avec des armes dissimulées dans leurs bagages. Ils envahissent d'abord le poste de radio, afin que l'opérateur n'ait pas le temps d'émettre des appels de secours, puis la passerelle. Sous la menace de leurs armes, ils obligent le commandant à mettre le cap sur une baie isolée où aura lieu le pillage du bâtiment.

Imaginons un petit paquebot côtier, le cap sur Hong Kong. Il est cinq heures de l'après-midi. Tout est calme à bord.

Soudain monte une rumeur qui, d'abord faible, s'amplifie et s'insinue à travers le silence du bateau. Cette rumeur est ponctuée de voix, de cris, de coups de feu. Des passagers envahissent les coursives, s'engouffrent au hasard dans les cabines, en proie à une panique qu'accentuent encore des détonations de revolver, de nouveaux cris et le choc mat de corps qui tombent, pendant que la sirène du paquebot hurle sur la mer déserte.

Ce scénario s'est déroulé plus souvent qu'on ne l'imagine. Des exemples ? En voici quelques-uns : le danois *Gustav Diederichsen*, l'anglais *Helikon* qui échappa, lui, aux pirates en 1930. Une chance que n'eut pas, en 1932, un autre anglais, l'*Ankling*, et encore le norvégien *Prominent*. En 1926, l'équipage du *Sunning* put maîtriser ses assaillants et c'est les superstructures noircies et les mâts brisés que le bâtiment fit son entrée à Hong Kong. Quant au *Haïching*, il fut secouru de justesse, en 1929, par le croiseur anglais *Bluebell*.

Et la liste s'allonge encore : en décembre 1946, c'est le hollandais *Van Heutz* qui allait de Canton à Swatow. En 1947, ce sont un caboteur et le panaméen *Tulie*. Et encore le *Hupeh*. Est-ce tout ? Non, hélas ! En décembre 1952, dans le détroit de Formose, voici deux autres victimes des pirates : le *Nigelock* et le *Wing Sang* et, en 1957, une goélette, à 350 milles de Rangoon.

Les pirates sévissent aussi sur les côtes malaises et au large de l'Ouest africain et du Nigéria. A la fin de 1980, un bateau a été attaqué douze fois près de Lagos et un navire allemand à 26 milles au large de ce port.

Ces pirates reviennent cette fois aux méthodes traditionnelles, c'est-à-dire l'abordage. Ils utilisent des sortes de vedettes rapides qui se collent à la coque du navire. Ils lancent des grappins et se hissent sur le pont de celui-ci.

L'*Asiatic Prince* fut-il un des premiers à figurer sur la liste des victimes de cette nouvelle piraterie ? L'hypothèse, on l'a vu, n'est pas extravagante. D'autant que, selon certaines rumeurs, le mot « pirate » figurait dans les messages de détresse lancés par le cargo anglais.

Quels pirates ? Ce pouvaient être les vingt-six Chinois embarqués sur l'*Asiatic Prince* à Los Angeles. A la Rio Cap Line, on était sceptique. Pourquoi ces pirates auraient-ils choisi le moment où le cargo luttait contre la tempête pour attaquer ?

Pour répondre à cette objection, on imagina le scénario suivant. Des matelots découvrent les armes dans les bagages des Chinois. Ils vont prévenir le commandant. Les Chinois, se voyant démasqués, sont contraints d'entrer en action une semaine avant la date prévue, mais l'effet de surprise n'a pas joué. L'équipage se défend. L'opérateur radio a le temps de lancer un message avant que les assaillants ne forcent la porte de sa cabine. Au cours de la lutte, les officiers sont tués. Les Chinois sont maîtres du bateau. Celui-ci sans direction, désemparé, attaqué par de formidables vagues, assailli par les rafales, tombe en travers de la mer et fait naufrage.

Du roman ? Peut-être. Mais beaucoup de chapitres de l'histoire de la navigation sont de surprenants, de délirants romans d'aventures.

Pour achever de donner toute sa dimension à ce roman, on affirma que les cales de l'*Asiatic Prince* contenaient des lingots d'or, cet or qui aurait été précisément l'objectif des pirates et la raison de leur action. Il ne manquait plus que la présence d'un trésor pour élever la disparition de l'*Asiatic Prince* à la hauteur de la légende.

IV

Quand la maladie est à la barre

L'ennemi d'un navire, ce n'est pas seulement la tempête, le feu, l'écueil ou la voie d'eau. C'est aussi la maladie, la maladie sournoise, implacable, qui frappe un à un les membres de l'équipage. Quelle maladie ? La fièvre jaune, la fièvre tropicale contractée en Insulinde, au Brésil, en Afrique et aussi, dus à un manque de vitamines, le scorbut et le béribéri. L'humidité, l'inconfort, le manque d'hygiène favorisent ces maladies contre lesquelles l'équipage est impuissant.

Et c'est le drame, la longue errance, et, pour l'équipage, la recherche hagarde, les yeux brillants de fièvre, d'un navire qui ne vient parfois jamais. Chargées de leurs équipages morts, ces coques n'usurpent pas alors le vocable éventé de vaisseaux fantômes. Ainsi ce brick portugais, le *Santa-Maria*, en 1880, dérivant dans l'océan Indien, son équipage entier fauché par la fièvre tropicale. Quatorze ans plus tard, dans les mêmes parages, le cargo allemand *Pickhuben* rencontre un autre brick, anglais celui-là, l'*Abbey S. Hart*. A son bord, un seul survivant, le capitaine qui délire, balbutiant des phrases sans suite. Il meurt bientôt. En 1885, toujours dans l'océan Indien, c'est un transport, chargé d'émigrants morts.

D'autres équipages menèrent une lutte victorieuse contre la maladie. Le 2 décembre 1911, le trois-mâts *Antoinette* mouillait devant le port du Palais, à Belle-Ile. On s'étonna. Ce n'était pas là une escale de grand voilier. On soupçonna que quelque événement insolite s'était passé à bord de l'*Antoinette*. En effet, le trois-mâts, en provenance de Java, avait failli ne jamais arriver en Europe. La moitié de son équipage était couché et l'autre moitié pouvait à peine assurer son service. Depuis le 18 octobre, les hommes avaient été atteints par la fièvre et le béribéri. Le second et un matelot étaient morts. C'est un remorqueur qui amena le voilier à Nantes.

Le même drame s'était déroulé en 1902 sur le *Connétable-de-Richemont* qui parvint à grand-peine à San Francisco avec seulement quelques hommes assez forts pour assurer la manœuvre. C'est encore à San Francisco que l'*Olivier-de-Clisson* s'amarra alors qu'on ne l'attendait plus : l'équipage avait été atteint du scorbut. Il n'y avait plus que trois matelots valides à bord.

Toujours en 1902, même drame sur un autre trois-mâts, le *Mezly* qui avait quitté Saigon pour Dunkerque. Le capitaine mourut. Et le second. Des deux jeunes gens qui faisaient office de lieutenant, le premier mourut à son tour. L'autre prit le commandement. Estimant que celui-ci était inexpérimenté et incapable d'assumer ses responsabilités, l'équipage contesta son autorité et exigea de relâcher dans un port ou du moins de demander l'aide d'un navire de rencontre, le lieutenant refusa, fit face à l'hostilité de son équipage et parvint à atteindre Dunkerque, après un voyage d'une durée normale et sans que son bâtiment ait connu l'extraordinaire aventure qui fut celle du *Général-de-Négrier*.

Le 25 avril 1927, le *Général-de-Négrier* appareilla de Douala, au Cameroun, avec un chargement de bois d'okoumé pour Sète. Sur la rade, les marins contemplaient le navire avec une admiration mêlée de nostalgie. Pourquoi ? Parce que le *Général-de-Négrier* était un bâtiment en voie de disparition : un trois-mâts barque. Sur la mer indigo, cette pyramide de toile, qui s'éloignait vers le large avec une lenteur majestueuse, laissait derrière elle un sillage de légende, de la plus pure des légendes de la mer, celle des grands voiliers.

Le *Général-de-Négrier* naviguait depuis un quart de siècle. Il avait accompli des traversées sans histoires, notamment pendant la guerre de 1914-1918 au cours de laquelle il échappa aux sous-marins et aux corsaires allemands. Après la fin des hostilités, les chargeurs préférant confier leur fret aux vapeurs, les armateurs du *Général-de-Négrier* désarmèrent le bâtiment qui fut amarré, avec d'autres trois-mâts, au canal de la Martinière, dans la région nantaise, où il attendit une démolition qui semblait inévitable.

En 1925, ce fut pourtant la résurrection. Une résurrection inattendue. Des gréeurs débarquèrent sur le *Général-de-Négrier*, repeignirent la coque, changèrent les manœuvres fixes et dormantes, amenèrent plusieurs jeux de voiles. Peu après, un équipage complet prit possession du navire remis en état que des remorqueurs tirèrent jusqu'à Nantes.

Sur le quai de la Fosse, la présence du *Général-de-Négrier* c'était le retour à une époque révolue, lorsque les grands voiliers couvraient le port d'une forêt de mâts et exhalaient tous les parfums de l'aventure marine. Il y eut un grand afflux de badauds, des articles et des photos dans les journaux, puis le *Général-de-Négrier* appareilla pour le Gabon.

Le trois-mâts naviguait de nouveau dans un but bien précis. Il n'était pas question qu'il allât de port en port chercher du fret. Son armateur, la Société générale d'armement, était associé à une entreprise d'exploitation forestière au Gabon. Au lieu de charger le bois sur des cargos, il jugea plus pratique et plus économique d'utiliser ses bâtiments désarmés — il en avait deux. C'est ainsi que le *Général-de-Négrier* reprit la mer. En avril 1927, il en était à son quatrième voyage lorsqu'il quitta Douala pour regagner l'Europe.

L'arrivée du trois-mâts à Sète était prévue pour le milieu de mai. A la fin de ce mois, le trois-mâts n'avait même pas été signalé en Méditerranée.

Quinze jours de retard, c'est beaucoup, même pour un voilier qui est soumis aux aléas des vents et des calmes. On interrogea les capitaines des navires en provenance d'Afrique. Aucun n'avait aperçu de trois-mâts. Il est vrai que les voiliers suivaient une route plus à l'ouest que celle des cargos. Par ailleurs, aucune tempête n'avait été signalée sur le trajet du trois-mâts.

La Société générale d'armement n'ayant pas jugé utile de munir le *Général-de-Négrier* d'un émetteur radio, il était difficile de déterminer dans quels parages il convenait d'organiser éventuellement des recherches. Dans les atterrages de Gibraltar ? Ils étaient trop fréquentés pour qu'un navire n'eût pas pu remarquer un trois-mâts en détresse. Au large des Canaries ou des îles du Cap-Vert ? On fit une enquête à Las Palmas et à Praya. Aucun grand voilier n'avait été signalé dans les parages de ces îles.

— Nous cherchons le *Général-de-Négrier* trop loin au nord, dit un des marins qui organisaient les recherches. Il est peut-être encore au large de l'Afrique équatoriale.

On s'étonna. Pourtant, cette hypothèse n'était pas absurde. Le golfe de Guinée, cette vaste encoche au cœur du continent africain, était, surtout dans sa partie orientale, une zone redoutée par les capitaines, une sorte de guêpier d'où ils avaient parfois du mal à se sortir. Cette zone est le siège d'un système complexe de vents et de courants. Le long des anciennes côtes des Esclaves, côte de l'Or, côte de l'Ivoire, le courant porte à l'ouest alors qu'au large coule le courant de Guinée, orienté en sens inverse. En outre, à la hauteur du Gabon, une branche du courant de Benguela remonte vers le nord.

Au délire de la mer répond le délire du ciel : fortes rafales, orages et vents tourbillonnaires succèdent, dans cette région, à des calmes surtout nocturnes. Remonter vers l'Europe pose un problème ardu. Les vents variables, à proximité de la côte, s'opposent souvent à la marche des voiliers. Faire route au sud ? On devait alors lutter contre l'alizé du nord-est.

Alors ? Alors, on met le cap à l'ouest et le capitaine compte sur la chance et son habileté pour échapper aux calmes et aux vents contraires.

Les dirigeants de la Société générale d'armement, conscients de cette difficulté, avaient mis d'abord un remorqueur à la disposition de ses deux trois-mâts pour aider ceux-ci à sortir des parages malsains de la côte gabonnaise. Ce remorqueur cessa ses fonctions en 1926. Le commandant du *Général-de-Négrier* n'avait donc pu compter que sur lui-même. Avait-il été victime d'une tornade tropicale ou, au contraire, son bâtiment, paralysé par les calmes, avait-il été drossé sur un récif des îles du Cap-Vert, par exemple, comme ce fut le cas du *Vauban*, en 1907 ?

Toujours des hypothèses. Aucun rescapé n'était revenu donner son témoignage ; aucune épave n'apportait la certitude d'un naufrage. Il était donc écrit qu'un des derniers trois-mâts finirait dans un mystère qui avait été celui de tant d'autres voiliers disparus avant lui.

★

— C'est un Français.

— Il a un autre pavillon... Regardez...

— Peut-être le pavillon de sa compagnie. Non ! il est blanc avec quelque chose de rouge... Deux barres en diagonale. C'est le pavillon V !

C'est-à-dire, selon le code international : « Je demande assistance. »

Sur la passerelle du cargo anglais *Baron Sempoli* on avait été intrigué par l'apparition à l'horizon d'un trois-mâts qui coupait la route du bâtiment. Le *Baron Sempoli* changea de cap pour laisser passer le voilier, puis à petite vitesse se rangea parallèlement à celui-ci. C'est alors qu'on avait aperçu le pavillon de détresse.

On s'étonna. Le voilier ne présentait aucune avarie apparente. Le gréement, les voiles, les mâts étaient intacts. Une voie d'eau ? La ligne de flottaison était au niveau de la mer. Un incendie ? On ne voyait aucune flamme, aucune fumée. Intrigué, le commandant du *Baron Sempoli* détacha un canot vers le voilier qui continuait sa route à faible allure au lieu de mettre en panne. Enfin, il gouverna contre le vent et s'immobilisa.

Le canot du *Baron Sempoli* s'approcha du voilier et en longea la muraille tribord, attendant qu'on descendît une échelle. Les marins, au bout de quelques minutes, virent un homme se pencher sur la lisse. Ses yeux brillaient dans son visage hâve. Il cria d'une voix faible quelques mots qu'on n'entendit pas. Enfin, une échelle de corde descendit lentement le long de la coque. Les hommes du canot montèrent sur le pont.

L'aspect du navire était bizarre. Quelques matelots, immobiles, regardaient les nouveaux arrivants et ne répondaient pas aux questions qu'on leur posait.

Le capitaine arriva. Il marchait d'un pas incertain. Ses traits étaient bouffis comme ceux d'un homme sortant de son lit après un long sommeil. Il s'exprimait avec difficulté dans un mauvais anglais. Il demandait qu'on lui donnât des vivres frais, expliquant que tout son équipage était malade. Quelques hommes seulement étaient encore tout juste capables de tenir la barre, mais ils ne pouvaient assurer les manœuvres pour changer d'allure ou louvoyer. Le voilier errait ainsi depuis de longues semaines, remontant quand même péniblement les latitudes pour arriver enfin à proximité des côtes européennes.

Le capitaine donna aussi le nom de son navire.

C'était le trois-mâts parti du Gabon depuis la fin du mois d'avril, le trois-mâts qu'on croyait définitivement disparu.

C'était le *Général-de-Négrier* !

Le capitaine demanda sa position. Ce 19 août 1927, il était à 500 km à l'ouest de la côte portugaise.

Il déclara alors que, si on lui donnait des vivres et des médicaments, il pourrait atteindre Sète, son port de destination. Puis il raconta brièvement sa traversée.

Trois semaines après l'appareillage, alors que le trois-mâts avait été retardé par les calmes et les vents contraires, des matelots se plaignirent de crampes qui raidissaient leurs membres, d'étourdissements, d'essoufflement. Ils maigrissaient. Certains d'entre eux restaient prostrés sur leurs couchettes.

En consultant son livre de médecine, son « médecin de papier », le commandant reconnut là les symptômes du béribéri, suscité par une carence en vitamines B. Pour la guérison des malades, on recommandait l'absorption de lait, d'œufs, de légumes verts, aliments qu'on ne trouvait pas dans la cambuse du voilier.

Chaque jour amenait de nouveaux malades. Le commandant et ses lieutenants furent eux-mêmes atteints. Impossible d'effectuer la moindre manœuvre. Le trois-mâts devenait l'esclave des vents et des courants.

Le seul espoir du commandant était de rencontrer un navire qui lui aurait cédé des vivres frais. Mais le *Général-de-Négrier* suivait la route des voiliers, route qui ne coïncidait pas toujours avec celle des cargos et des paquebots.

Les jours passaient.

La mer restait déserte.

Pendant de longues heures, le trois-mâts dérivait comme une épave jusqu'à ce qu'un homme, dans un sursaut d'énergie, reprît la barre. Parfois, d'une main tremblante, le commandant saisissait son sextant, visant le soleil à midi pour calculer sa latitude. Il rectifiait son cap, un cap qu'on tenait tant bien que mal.

Les semaines s'allongeaient, interminables, comme des siècles. De temps en temps, un matelot apparaissait sur le pont. Ses yeux vagues parcouraient l'horizon. Il faisait quelques pas, s'appuyait sur la lisse, la tête baissée. Ou encore il s'allongeait sur le pont avant de se traîner jusqu'au poste d'équipage.

Heureusement, les réserves d'eau et de nourriture étaient suffisantes, mais cette nourriture même, pauvre en vitamines, n'améliorait pas l'état sanitaire des hommes.

Près de trois mois — trois mois ! — après son départ du Gabon, le *Général-de-Négrier* errait au large de la côte portugaise. Le commandant espérait maintenant qu'il rencontrerait enfin un navire dans ces parages fréquentés. C'est alors qu'apparut le *Baron Sempoli.*

Par radio, celui-ci alerta Londres qui prévint la Société générale d'armement. Une immense surprise et un immense soulagement : décidément, la scène de l'océan était fertile en coups de théâtre.

Le 19 août, le *Général-de-Négrier* était à 1 500 km de Gibraltar. On espérait qu'en se traînant à quatre nœuds, il atteindrait la Méditerranée dans une huitaine. On ne se trompait pas. Le 27 août, le sémaphore de Gibraltar signala le trois-mâts. Par pavillons, le capitaine signala que « Tout allait bien à bord », message qui impliquait autant de courage que de défi et qui suscita encore plus d'admiration que d'étonnement.

On signala le *Général-de-Négrier* devant Almeria. On estimait qu'il arriverait à Sète au début de septembre.

Le 5, Sète ne signala l'arrivée d'aucun voilier.

Le 6 et le 7, rien encore.

Le 8, on s'inquiéta. Ce nouveau retard du *Général-de-Négrier* était anormal, voire inquiétant. Aucune tempête n'ayant soufflé sur le parcours du voilier, il fallut bien supposer que l'équipage ne s'était pas rétabli, qu'il était encore trop faible pour manœuvrer et que le trois-mâts avait recommencé son errance d'épave.

Cette fois, la Société générale d'armement décida d'agir. Un remorqueur de haute mer, le *Tourbillon,* appareilla de Marseille à la recherche du *Général-de-Négrier.*

Il s'agissait de résoudre le problème classique de la découverte d'une épave dérivante. A partir d'un certain point, dit point O, on adoptait une marche en zigzag ou en spirale qui devait recouper la route de l'épave. Il fallait donc à la fois déterminer et ce point et cette route.

Pour le point O, on adopta la dernière position sûre du voilier, au large d'Almeria. Pour la route, on imagina qu'elle pouvait se confondre avec la direction du courant.

Or, à peu près à la latitude d'Almeria, coexistent deux sortes de courants. Le premier de ceux-ci longe les côtes d'Afrique du Nord et touche l'ouest de la Sicile ; le second décrit un mouvement circulaire : sud de la Sardaigne, côtes de France, côtes d'Espagne. Le voilier avait été entraîné par un de ces deux systèmes de courants. Du choix de ces derniers dépendait la réussite de la mission du *Tourbillon.*

Le commandant du remorqueur réfléchit. Au début de septembre, dans la zone comprise entre Gibraltar et Carthagène, le vent avait soufflé du nord-est. Il s'était donc opposé à la marche vers Sète du *Général-de-Négrier.* Incapable de louvoyer, les hommes malades ne pouvant manœuvrer les voiles, le trois-mâts avait dû suivre une route ouest-est, poussé par le courant de la côte d'Afrique, à une vitesse estimée à 250 km par jour. En tenant compte du retard qu'avait pris le remorqueur, celui-ci pouvait rencontrer le *Général-de-Négrier* à mi-chemin d'une ligne joignant le sud de la Sardaigne à Alger.

Le temps était clair et la silhouette du navire perdu serait facilement reconnaissable. La tâche des vigies en serait plus aisée. Plusieurs fois, des voiles furent signalées. Ce n'étaient que des goélettes, nombreuses encore à cette époque, qui se livraient au cabotage en Afrique du Nord, en Grèce et en Italie.

Parfois le *Tourbillon* prenait contact avec un navire. « Avait-il vu un trois-mâts ? » La réponse était toujours négative. Le remorqueur changeait alors de route, traçait des diagonales au nord puis au sud, revenait en arrière, décrivant un cercle, reprenait le cap à l'est. Quand le vent tombait, l'équipage du remorqueur reprenait espoir. Le *Général-de-Négrier* devait être immobilisé dans cette zone de calme. Sur la mer plate, blanche de soleil, apparaissaient des silhouettes de navires déformées, au loin, par des nappes d'air chaud. Il s'agissait de paquebots, de cargos, de pêcheurs. Jamais de trois-mâts.

Les recherches duraient depuis dix jours.

Le *Tourbillon* dut relâcher à Alger pour se ravitailler. Durant sa courte escale, on tenta de recueillir des informations sur le voilier disparu. En vain.

Et le *Tourbillon* appareilla, obstiné, prenant le même cap, puis remontant au nord, revenant à sa route primitive, parcourant les mêmes zigzags, les mêmes spirales, fonçant vers le moindre navire qui, de loin, suggérait l'apparence d'un voilier. Autant d'espoirs et autant de déceptions.

Une sorte de rage avait saisi l'équipage du remorqueur. Il imagina qu'il travaillait pour rechercher un fantôme de navire, le *Général-de-Négrier* ayant coulé. Mais pour quelle raison ? Aucune tempête n'avait soufflé qui eût pu mettre un grand voilier en danger. Mais peut-être une voie d'eau s'était-elle déclarée dans cette coque vieille de plus d'un quart de siècle ? Ou encore le feu ?

Le 18 septembre, le commandant du remorqueur reçut un radio. On avait aperçu le trois-mâts ? Non. Il recevait l'ordre de rentrer à Marseille. Sa compagnie avait pour lui des tâches plus urgentes.

Un échec absurde. Un échec étrange. On rêvait à ce bateau de malades errant depuis quatre mois, perdu, retrouvé, et à nouveau perdu alors qu'il touchait enfin à son but, alors que l'équipage semblait sinon rétabli, du moins en état de manœuvrer. A Gibraltar, le capitaine avait lancé comme un défi que « tout allait bien à bord », message dont on mesurait maintenant toute l'ironie involontaire. Et ensuite, il y avait eu cette nouvelle disparition, ce grand vide autour du remorqueur parti à sa recherche, une recherche qui avait semblé facile, promise à un prompt succès...

Quel drame s'était-il déroulé, drame inédit dans les annales de la mer pourtant fertiles en ce genre de disparition ? L'équipage, pris de folie, avait-il sabordé son bâtiment ? L'avait-il échoué volontairement contre un écueil ? L'avait-il incendié ? Le *Général-de-Négrier* avait-il été capturé par des pirates ? Des hypothèses folles que tout cela ? Mais tout était insensé dans ce drame.

Le *Tourbillon* arriva à Marseille le 21 septembre. Son équipage était accablé. Quinze jours de veille incessante, jour et nuit, une croisière harassante, ingrate, avec son alternance d'espoirs et de déceptions, et puis ce retour au port sans la satisfaction de la réussite, déshonorant presque.

Le remorqueur était à quai depuis quelques heures lorsque son commandant reçut un message urgent de sa compagnie. Une nouvelle tâche ? Oui et non. Il s'agissait de retrouver le *Général-de-Négrier* !

Encore ? Alors pourquoi avoir rappelé le *Tourbillon* à Marseille ? Parce que, quand cet ordre avait été donné, on n'avait pas encore capté le radio du *Marsa II*, de la ligne Marseille-Tunis. Un radio qui annonçait que le paquebot avait rencontré, au nord de la Sardaigne, le *Général-de-Négrier*.

Ce n'était pas, cette fois, la victoire de la ténacité et de l'expérience, mais celle du hasard, comme souvent dans les événements de mer. C'était par hasard, en effet, que les hommes de quart du *Marsa II* avaient aperçu le trois-mâts en détresse.

Le paquebot en fit le tour « aussi près que les règlements maritimes et sanitaires le permettaient ». Le capitaine du voilier n'annonçait pas que « tout allait bien à bord », comme il l'avait fait à Gibraltar. Au contraire, il réclamait de l'aide d'urgence.

Deux jours plus tard, le *Tourbillon,* remorquant le trois-mâts, s'amarrait à Sète.

Le capitaine raconta qu'après le passage de son bâtiment à Gibraltar, les quelques hommes encore valides avaient brusquement été victimes d'une nouvelle atteinte du béribéri. Le drame recommençait. Ce n'était plus le capitaine qui commandait à bord, mais la maladie. Le *Général-de-Négrier* redevint une épave errante qui avait réussi, sur cette mer pourtant fréquentée, à éviter tous les navires jusqu'à sa rencontre avec le *Marsa II.*

L'équipage fut envoyé à l'hôpital et le navire fut désarmé. Il fut ensuite démoli à Marseille.

Quinze jours après le retour du *Général-de-Négrier* à Sète, le paquebot *Hoggar* signala, le 7 octobre 1927, qu'à 160 milles au sud de Las Palmas des Canaries, un petit vapeur français, le *Sybil,* dérivait, le pavillon V hissé aux drisses du mât de misaine : il demandait assistance. Pourquoi ? Parce que son équipage vivait le même drame que celui du *Général-de-Négrier.* Atteint d'un mal pernicieux, il était incapable du moindre travail. Les chauffeurs ne pouvaient même plus entretenir les feux de la chaudière. La machine, sans pression, avait cessé de tourner.

Le médecin du *Hoggar* visita dix-neuf malades. Ils n'étaient pas atteints de la fièvre jaune, comme on aurait pu le craindre, mais d'une intoxication alimentaire. Il leur donna des soins, laissa des médicaments, fournit du lait condensé. Le commandant du *Sybil* refusa que le *Hoggar* prît son bâtiment en remorque. Il assura qu'il atteindrait les îles Canaries par ses propres moyens. On craignait que, par excès de confiance, les hommes du *Sybil* ne revécussent le même drame que ceux du *Général-de-Négrier.* Pourtant, quelques jours plus tard, le vapeur français faisait son entrée à Las Palmas.

Avec les traversées plus rapides, l'alimentation rationnelle des équipages, le bon état sanitaire des bâtiments, ces drames sont devenus rares. Il semble bien pourtant que ce soit la maladie qui explique l'énigme de l'*Ourang Medan.*

Le 14 février 1949, les postes de radio de Batavia et de Singapour captèrent des S.O.S. émis par le cargo hollandais *Ourang Medan.*

Il y avait quelque chose de bizarre dans ces messages. Le cargo donnait bien sa position qui le situait au nord du détroit de Malacca, mais sans préciser pourquoi il était en détresse. Ce n'était pas à cause du temps : il était au beau. Alors quoi ? Un abordage ? Une collision avec une épave ? Une explosion de machine ? Les S.O.S. qui se poursuivaient à intervalles réguliers ne donnaient toujours pas d'indication sur ce point.

De toute la puissance de leurs machines, des navires se dirigeaient vers le cargo en détresse. Les étraves fendaient une eau calme, presque blanche, à peine gonflée par une légère houle.

On approchait de la position signalée par l'*Ourang Medan.* Déjà, les jumelles fouillaient l'horizon que voilait une légère brume de chaleur. Le cargo, maintenant, restait silencieux. Il était permis d'imaginer le pire, d'autant que la mer était toujours vide de navire. L'*Ourang Medan* avait-il fait naufrage ?

S'il était resté à flot et s'il dérivait, par suite d'un arrêt de ses machines, les courants dominants de ces parages avaient dû l'entraîner, depuis une dizaine d'heures, à une trentaine de milles au nord-ouest.

— Si seulement il pouvait émettre encore... dit-on.

Les opérateurs, le casque aux oreilles, étaient attentifs aux moindres bruits qui pouvaient ressembler aux brèves et aux longues d'un signal morse.

Enfin, les opérateurs sursautèrent. Ils entendaient quelque chose. Ils transcrivirent fiévreusement un message qui, sans aucun doute, venait de l'*Ourang Medan.*

Ils durent lire plusieurs fois ce message avant de se convaincre de sa réalité. C'était tellement étrange qu'ils crurent d'abord à une mystification. Ce message ne donnait aucun détail sur le navire lui-même. Il disait ceci : « Capitaine et officiers... tous... morts... sur passerelle et chambre de navigation... équipage invisible... peut-être aussi... morts et... »

A cet endroit du message, on avait capté une sorte de brouillage ou plus exactement une succession de brèves et de longues sans signification, comme si la main de l'opérateur avait été prise de tremblement — mais pour quelle raison ? Et ensuite, deux mots distincts. Deux mots terribles : « Je meurs. »

— Peut-être des pirates, dit-on.

L'hypothèse n'était pas absurde. Sur les côtes de Chine et même dans les parages de la Malaisie, des cargos avaient été pris par des pirates selon la technique classique que nous avons vue à propos de l'*Asiatic Prince.*

Si ç'avait été le cas pour l'*Ourang Medan,* il aurait fallu supposer une résistance d'abord victorieuse de l'équipage pendant que le radio avait continué à émettre pendant plusieurs heures.

On allait savoir la vérité. Les vigies signalaient un point noir à l'horizon. Bientôt, on reconnut la silhouette du cargo.

A première vue, il n'avait pas été victime d'avarie majeure. Il flottait normalement. Aucune gîte. Aucun enfoncement anormal de l'avant ou de l'arrière. Pas de sillage, pas de bouillonnement d'écume de l'hélice : les machines étaient stoppées. Sur le pont, aucun signe de vie. Seul le silence répondit aux coups de sirène lancés par les navires sauveteurs.

Une embarcation aborda bientôt l'*Ourang Medan*. On lança un grappin qui s'accrocha au bastingage et des hommes se hissèrent sur le pont.

Ils appelèrent. Ne recevant aucune réponse, ils montèrent sur la passerelle. Et sur la passerelle, il y avait le commandant, un lieutenant, l'homme de barre. Tous gisaient inanimés sur le parquet. On se pencha sur eux. Ils étaient morts. Les visages étaient calmes. Sur les uniformes, aucune trace de sang.

Impressionnés, les marins contemplaient en silence cette vision sinistre. Ils quittèrent la passerelle pour le poste de radio. L'opérateur était effondré sur la table d'écoute. Immobile comme un mort. Le mort qu'il était. L'émetteur était encore en circuit.

Dans une coursive, on découvrit trois cadavres. Dans les postes, étaient étendus les autres membres de l'équipage. Sans vie, eux aussi.

Plus que ces morts eux-mêmes, le mystère qui entourait ces morts impressionnait les marins qui marchaient au hasard sur le pont, poussaient la porte d'une coursive, descendaient dans une écoutille, ouvrant un coffre avec une curiosité mêlée de crainte. Dans la cabine du capitaine, on trouva un revolver. Il n'était pas chargé. On ne releva aucune trace de lutte, de violence. Le journal de bord était correctement tenu. Il indiquait le cap suivi, l'état de la mer, la direction du vent. Aucune mention n'était faite des S.O.S.

Il fallait prendre une décision. On ne pouvait laisser l'*Ourang Medan* dériver dans le détroit de Malacca. On décida de remorquer le cargo jusqu'au port de Georgetown, sur la côte est de la Malaisie. Une équipe monta à bord du cargo pour frapper des amarres. On se hâtait. Les marins n'aiment pas ces navires porteurs de morts, fleurant le mystère et la malchance.

Soudain, un des bâtiments entourant l'*Ourang Medan* fit retentir plusieurs fois sa sirène. Surpris, les hommes qui terminaient l'amarrage levèrent la tête, regardèrent autour d'eux. Absorbés par leur travail, ils n'avaient pas vu qu'une fumée s'échappait des cales. D'abord blanche, elle devint noire, s'épaissit et jaillit avec force d'un panneau resté ouvert.

Les marins s'approchèrent du panneau. Ils avaient à peine fait quelques pas qu'ils reculèrent vivement. Ils suffoquèrent sous la fumée de plus en plus lourde, une fumée qui était frangée de flammes fuligineuses.

La sirène, là-bas, se faisait de plus en plus pressante. Les marins comprirent qu'on les avertissait du danger et qu'ils devaient évacuer le bord. Ils se hâtèrent de regagner leur chaloupe.

L'*Ourang Medan* était maintenant la proie de l'incendie. Le ronflement sourd du feu à l'intérieur des cales était perçu des navires. Ils s'éloignèrent de cet étrange bâtiment qui inspirait aux sauveteurs une sorte de crainte. D'abord en raison du danger d'explosion. Ensuite parce que l'*Ourang Medan* était le siège d'un mystère, mystère de ces morts inexpliqués, mystère de cet incendie soudain.

Le cargo n'était plus qu'un brasier sur l'eau. L'avant, l'arrière étaient confondus dans une énorme tache rouge, palpitante, qui s'élargissait peu à peu dans une auréole de fumée sombre.

La fin du drame était proche. Il y eut d'abord comme un gémissement sourd. Puis les flammes disparurent comme absorbées de l'intérieur de l'épave. Enfin, une, deux explosions retentirent, explosions qui se fondirent en une déflagration, un tonnerre énorme qui retentit dans le silence de la mer. Quand le bruit cessa, l'*Ourang Medan* n'était plus qu'une coque renversée, cassée en deux morceaux apparaissant à travers une nappe de fumée. Quand elle se dissipa, le navire gisait au fond de l'eau avec sa cargaison de morts mystérieux.

On épilogua longuement sur ce sinistre. On chercha d'abord la cause du décès de l'équipage. Une épidémie de fièvre jaune ? Un empoisonnement dû à de la nourriture infectée ? C'était l'hypothèse la plus naturelle. L'incendie de l'*Ourang Medan* et son explosion suggéraient autre chose. L'équipage aurait été victime d'émanations toxiques provenant du feu qui couvait sans doute dans les cales depuis plusieurs jours.

Cette nouvelle hypothèse n'était pas sans faille. Ces émanations n'auraient pu être mortelles qu'à l'intérieur du navire et non en plein air, sur le pont et sur la passerelle.

Et pourquoi les radios de l'*Ourang Medan* n'avaient-ils pas mentionné cet incendie ? Et pourquoi l'équipage n'avait-il pas évacué le bord, les embarcations de sauvetage étant encore à leurs portemanteaux ?

On revenait à l'hypothèse de la maladie. Elle était la plus plausible. Quant au feu, il aurait pu se déclarer brusquement, par suite de la chaleur, alors que l'équipage était déjà mort.

V

Un naufrage sans naufragés

L'*Ourang Medan* avait été retrouvé avec son équipage mort. Sur l'épave du *J.C. Cousins* il n'y a personne. Comme si ce voilier a été pris de folie, il se livre à une navigation extravagante et fait naufrage — un naufrage par beau temps, inexplicable — et, sur l'épave, aucune trace du capitaine et de ses hommes. C'est l'énigme absolue.

Nous sommes le 7 octobre 1883, sur la côte ouest des Etats-Unis, à l'entrée de la Columbia dont l'estuaire est remonté par les navires allant à Astoria, à Longview, à Vancouver ou à Portland. Un estuaire malsain avec sa barre dangereuse et ses courants changeants pouvant atteindre six à huit nœuds, courants portant sur des écueils ou des bancs de sable, comme le banc Baker ou « l'épi Clatsop » à la sinistre réputation. Les capitaines, surtout ceux des navires étrangers, ont donc recours aux bateaux-pilotes pour pouvoir franchir les passes sans encombre.

A cette époque, le plus connu de ces bateaux-pilotes est le *J.C. Cousins*. Non seulement parce que son capitaine, Alonso Zeiber, est un habile manœuvrier qui sait déjouer les traquenards des courants et éviter écueils et bas-fonds, mais parce que son bâtiment est une belle goélette : coque fine et élancée, deux mâts inclinés sur l'arrière et aménagements luxueux en teck et en acajou.

Le *J.C. Cousins*, avant d'être un humble et besogneux bateau-pilote, avait été un yacht appartenant à un riche commerçant de San Francisco, yacht célèbre le long de la côte californienne. Son propriétaire, soit qu'il eût été trop vieux pour naviguer, soit qu'il eût subi des revers de fortune, avait vendu la goélette à des armateurs d'Astoria qui en firent un bateau-pilote et en confièrent le commandement à Alonso Zeiber.

La veille de ce jour-là, donc le 6 octobre, le *J.C. Cousins* avait croisé au large de l'estuaire. Il avait pour mission de piloter un trois-mâts français en provenance du Japon et remontant vers Portland.

Le voilier tardait. Au crépuscule, le *J.C. Cousins* mouilla dans une petite anse. Au matin, les guetteurs de Fort Canby, où était installée une station de sauvetage, virent la goélette lever l'ancre et, toute voilure établie, mettre le cap à l'ouest à la rencontre du trois-mâts français.

Il faisait beau. Le soleil répandait une fine lumière, comme poudreuse, sur la mer vert-bleu où sinuaient les rubans bleu pâle des courants. Des barques de pêche aux voiles multicolores traînaient leurs filets. Le panache de fumée d'un remorqueur stagnait dans l'air calme. Un trois-mâts manœuvrait pour entrer dans l'estuaire. La côte, qui blanchissait dans les lointains nimbés d'une légère brume, dominée par le cône neigeux du mont Saint-Helens, enchâssait ce tableau marin qui dégageait une sourde impression de bonheur et d'équilibre. Bonheur et équilibre que symbolisait la pyramide de voiles immaculées surmontant l'élégante coque noire du *J.C. Cousins,* image d'une divinité régnant sur la beauté de la mer.

Soudain, quelque chose dans ce tableau presque trop parfait se dérégla. Et précisément à cause de la goélette. Elle filait à bonne allure, malgré la faible brise, laissant derrière elle un mince sillage d'écume bruissante. Elle avait parcouru plusieurs milles lorsqu'elle changea de cap. Un changement d'abord à peine perceptible, de quelques degrés. Puis, comme sous un brusque coup de barre, le *J.C. Cousins* courut parallèlement à la côte pendant un quart d'heure environ avant de se diriger vers la terre.

Les barques de pêche continuaient de haler leurs filets. Le remorqueur approchait du trois-mâts. Un voilier sortait de l'estuaire, majestueusement, et prenait le large. La lumière était toujours délicate, suggérant calme et bonheur de vivre. Et voici que cette harmonie était rompue par la marche folle, incompréhensible, de la goélette qui se dirigeait vers un but mystérieux.

Le capitaine Alonso Zeiber, ne voyant pas le voilier qu'il devait piloter, avait sans doute décidé de mouiller près de la côte en l'attendant. Pourtant, la marche de la goélette avait quelque chose d'étrange. A l'approche de la terre, sa vitesse ne diminuait pas ; elle augmentait au contraire. En outre, sa route la dirigeait vers des parages dangereux, encombrés de récifs et de bancs, notamment le dangereux épi Clatsop sur lequel plus d'un navire s'était échoué à cause de la brume, du gros temps ou encore de l'inexpérience de leurs capitaines.

Le *J.C. Cousins* coupa la route d'un petit voilier dont les occupants observèrent la marche de la goélette avec stupéfaction. Stupéfaction éprouvée aussi par les guetteurs du cap Canby. Où allait donc Alonso Zeiber, ce marin chevronné ? Pourquoi lui qui connaissait tous les dangers de la côte dirigeait-il son bâtiment vers des parages qu'il avait fait éviter tant de fois aux navires qu'il pilotait ?

— Sûrement une avarie, dit un des guetteurs.

Ce pouvait être vrai. Le gouvernail était bloqué par suite d'une rupture de transmission. Ou une épave avait, en le heurtant, faussé le safran. En ce cas, pourquoi Zeiber n'amenait-il pas ses voiles, ne tentait-il pas une manœuvre, un virement de bord désespéré ? Ou encore pourquoi ne mouillait-il pas ses ancres en catastrophe ?

Des questions sans réponse. Le *J.C. Cousins* continuait sa course vers la côte. Sa course mortelle. De son bord, on devait distinguer déjà le changement de couleur de la mer annonçant les petits fonds et ce léger ressac qui décelait les bancs de sable. Et derrière ces bancs, l'épi Clatsop, et encore derrière, la pointe Adams, cet éperon rocheux que recouvraient broussailles et maigres sapins aux tronc tordus par le vent du large. Et tout cela, pour la goélette, avait le visage du naufrage.

Un naufrage absurde. Causé ni par la tempête ni par la brume, mais par une force mauvaise, une force mystérieuse qui poussait le *J.C. Cousins* vers la terre.

Si Zeiber ne reprenait pas en main son bâtiment, la coque élégante, la voilure harmonieuse, ce chef-d'œuvre de la construction navale, ne serait plus bientôt qu'une épave, un enchevêtrement de bois, de cordages et de toile qu'une prochaine tempête disperserait.

Et ce naufrage, cette mort d'un navire, apparaissait d'autant plus absurde qu'il aurait lieu sur cette eau calme, par ce beau temps, sous une radieuse lumière qui symbolisaient toutes les beautés et tous les bonheurs de la mer.

L'épi Clatsop n'est plus qu'à un demi-mille du *J.C. Cousins*. Il est temps encore de faire demi-tour. Il y a assez d'eau devant la goélette pour que celle-ci évolue, pour qu'elle passe au ras des bancs, pour qu'elle regagne le large, c'est-à-dire la vie.

Dans cinq, dans dix minutes au plus, il sera trop tard.

Le *J.C. Cousins* continue de fendre les eaux, légèrement incliné sur tribord, les voiles bien étarquées, sans dévier d'un degré de sa route.

Devant cet absurde suicide de navire, on se prenait à espérer un événement imprévu, une sorte de miracle, comme il s'en produit parfois sur la mer : une brusque rafale qui aurait éloigné la goélette des récifs, une lame de fond qui l'aurait entraînée loin des parages dangereux.

Les récifs ne sont plus qu'à 500 mètres... 400 mètres...

Le *J.C. Cousins* poursuit sa route implacable.

Rien ne peut plus le sauver maintenant.

C'est la fin. Une fin qui semble irréelle et dont les images sont décomposées, comme dans un film tourné au ralenti. Les mâts tremblent. Ils se penchent en avant. Les voiles faseyent et se replient les unes sur les autres. La coque continue d'avancer et, curieusement, on a l'illusion que les mâts, eux, restent sur place. Cette dislocation dure une, deux minutes. Puis la goélette fait un demi-tour sur elle-même, se couche sur le récif et bientôt elle n'est plus qu'un amas de toile et de bois, un chaos noir et blanc, quelque chose d'indéfinissable dont le soleil éclatant et le ciel bleu soulignent l'aspect tragique.

★

Du cap Canby, les guetteurs avaient suivi, stupéfaits, l'extraordinaire naufrage du *J.C. Cousins*. Ils avaient alerté les gardes-côtes de la proche station de sauvetage. Un canot fut mis aussitôt à la mer.

L'apparition du canot de sauvetage par ce temps calme et cette mer d'huile suscita l'étonnement des marins croisant dans la baie et qui n'avaient pas vu le drame. Ils pensèrent qu'un navire avait pris feu ou que des hommes étaient tombés à l'eau. Il s'agissait de bien autre chose que les sauveteurs eux-mêmes ne s'expliquaient pas. Du moins espéraient-ils apprendre la vérité sur l'événement par les naufragés du *J.C. Cousins* qu'ils s'imaginaient nageant autour de l'épave.

L'approche de l'épi Clatsop fut facile pour le canot de sauvetage au faible tirant d'eau. Il évita les bancs et put aborder dans une petite anse, non loin du lieu du naufrage.

Les sauveteurs accoururent vers l'épave et s'efforcèrent d'abord de la dégager des voiles qui recouvraient le pont. Ils espéraient découvrir les marins qui auraient pu être blessés ou enfouis sous l'amas de toile et d'espars brisés. Ils soulevaient un foc, le bas de la grand-voile, une vergue. Ils cherchaient, appelaient et ne trouvaient rien.

— Ils ont dû quitter le bord dans le canot, dit un garde-côte.

— Alors, il ne doit pas être bien loin, répondit un de ses camarades.

Le canot n'était pas loin, en effet. Il était à son poste, à l'arrière, presque intact, malgré quelques avaries au bordé.

— Alors, ils sont partis dans le youyou, dit-on encore.

Le youyou fut découvert, écrasé sous un amoncellement de cordages.

Les sauveteurs visitèrent l'intérieur de la goélette. Ils durent défoncer à coups de hache la porte du carré, celle-ci étant bloquée.

Encore une fois, ils appelèrent.

Personne.

Une seule explication à l'absence de l'équipage : Zeiber et ses hommes, voyant le naufrage inéluctable, avaient sauté à la mer. En ce cas, ils avaient abordé au rivage. On n'allait pas tarder à les retrouver.

Les sauveteurs explorèrent le cap Adams.

Des lapins détalèrent sous leurs pas. Quelques oiseaux de mer s'envolèrent. On appelait, on battait les buissons qui croissaient en bordure des rochers.

Aucune trace des naufragés.

Les visages des sauveteurs se rembrunirent. Les naufragés avaient pu être entraînés par le courant. Sans doute nageaient-ils au large en attendant des secours.

Le canot de sauvetage s'éloigna des récifs, longea la côte à petite vitesse, suivit la direction du courant.

Sur l'eau, il n'y avait rien que des branches, des algues, des débris sans intérêt.

Dans l'après-midi, pendant que les recherches se poursuivaient, des enquêteurs procédèrent à une visite de l'épave. L'avarie de barre étant la première hypothèse qui s'imposait, on examina le safran du gouvernail, les ferrures, la transmission. Le gouvernail et ses commandes fonctionnaient normalement.

Décontenancés, les enquêteurs se demandèrent alors s'il ne fallait pas chercher l'explication du naufrage non sur l'épave, mais chez son équipage.

*

Alonso Zeiber était bien connu à Astoria. Il avait la réputation d'être un bon marin, un peu jalousé par ses confrères. Il aimait boire, mais on ne signala jamais qu'il fût monté à son bord en état d'ivresse. Son équipage était composé d'hommes d'expérience, rompus à toutes les tâches du pilotage et connaissant parfaitement l'estuaire de la Columbia. Quant à la goélette, entretenue avec un soin presque maniaque, elle était toujours en parfait état de marche.

On interrogea ceux qui avaient vu Zeiber à la veille de son appareillage. Personne n'avait rien remarqué d'anormal dans son comportement.

Le 6 octobre, le *J.C. Cousins* avait mouillé pendant la nuit à proximité du *Mary Taylor*, un remorqueur spécialement affecté au pilotage des vapeurs. Ses hommes avaient été les derniers à voir le *J.C. Cousins* avant le drame. On les questionna.

— Nous avons pu observer la goélette, dit le capitaine du remorqueur. Elle tira des bords près de mon bâtiment pendant une partie de l'après-midi du 6, en attendant les courants de marée qui lui permettraient de franchir aisément la barre. Zeiber me fit même un salut amical et me lança quelques mots que je n'ai pas compris. Sans doute une de ses éternelles plaisanteries sur les « tournebroches » et sur nos visages censés être couverts de suie.

— Pendant combien de temps louvoya-t-il ainsi ?

— Jusqu'à 17 heures, environ.

— Où étiez-vous à ce moment ?

— Devant le cap Ilwaco.

— Quelle route a-t-il prise alors ?

— Il fit de l'ouest et disparut à l'horizon. Au crépuscule, je fus surpris de voir le *J.C. Cousins* revenir près de la côte. J'en conclus qu'il n'avait pas aperçu le trois-mâts qu'il devait piloter et qu'il attendrait l'aube pour appareiller de nouveau.

— C'est alors qu'il mouilla près de vous pour la nuit ?

— Oui. A deux ou trois encablures.

— Vous êtes sûr que c'était le *J.C. Cousins ?*

— Absolument certain. Il n'y avait pas de lune, mais la nuit était assez claire pour reconnaître la silhouette caractéristique de la goélette. Aucune erreur possible, vraiment.

On insista.

— Et pas plus dans l'après-midi, lorsque le *J.-C. Cousins* louvoyait à proximité de votre remorqueur, que le soir, lorsqu'il revint mouiller près de vous, vous n'avez rien remarqué d'anormal ?

— Que voulez-vous dire ?

— Avait-il une avarie dans la mâture, par exemple ? Tenait-il bien son cap ?

— Une avarie qui aurait expliqué son retour ? C'est possible. Mais, comme je vous l'ai précisé, lorsqu'il est revenu, il faisait nuit. Si avarie il y avait, elle ne devait pas être bien grave puisque Zeiber appareilla dès le matin et prit le large.

— Vous avez vu la goélette se diriger vers l'épi Clatsop ?

— Non. J'étais retourné à Astoria pour chercher un vapeur.

Les hommes de l'équipage confirmèrent les déclarations de leur capitaine. L'un d'eux, qui était de quart à ce moment-là, vit la goélette appareiller à l'aube. Elle portait toute sa toile et s'éloigna rapidement.

Le journal de bord, qui avait été retrouvé intact sur l'épave, ne portait que les mentions d'usage : cap, vent, pression barométrique. La dernière de ces mentions datait du 7 au matin : « Appareillé à 8 h. Cap à l'ouest ».

Il y avait là une contradiction avec le témoignage de l'homme du remorqueur, témoignage selon lequel la goélette avait quitté son mouillage au commencement du jour, donc bien avant l'heure précisée sur le journal de bord.

Comment expliquer cette contradiction ? Un chiffre mal formé, un huit à la place d'un cinq ? C'était possible. Une erreur de Zeiber ? C'était moins probable. Ou alors celui-ci n'avait mentionné que l'heure à laquelle il avait effectivement mis le cap sur le trois-mâts français.

On remit à plus tard la solution de cette énigme, d'ailleurs secondaire. On revenait à la cause du naufrage. Puisqu'on ne pouvait incriminer l'état de la goélette, on envisagea une défaillance humaine. Mais laquelle ?

On supposa — il fallait tout supposer — qu'une rixe avait éclaté à bord pour une cause quelconque, ivresse ou dispute. On examina minutieusement la cabine, le carré, le poste d'équipage. Tout y était en ordre. On ne décela aucun indice de lutte. Il est vrai que celle-ci aurait pu se dérouler sur le pont. Les corps des hommes tués ou blessés auraient basculé par-dessus bord et le *J.C. Cousins* aurait continué seul sa route vers les récifs.

— Quelque chose me gêne, dit un enquêteur. Supposons que l'équipage ait disparu, pour quelque cause que ce soit. A ce moment, la goélette est livrée à elle-même. Croyez-vous que, privée du timonier, elle ait pu garder un cap fixe sans zigzaguer, sans même embarder, ne serait-ce que de quelques degrés ?

Une objection de poids. Toutefois, les hasards de la mer étant grands, il était possible que la goélette, sans personne à la barre, eût d'abord décrit un arc de cercle, puis eût suivi une route diamétralement opposée à la première, non plus bâbord amures, mais, cette fois, tribord amures.

Deux semaines s'écoulèrent.

L'enquête stagnait.

Aucun corps n'avait été découvert.

Ce naufrage sans naufragés semblait tellement invraisemblable qu'on supposa que les hommes du *J.C. Cousins* n'étaient pas morts. Hypothèse absurde ? Mais tout était absurde dans cet extraordinaire événement de mer et on n'avait pas le droit de négliger le moindre indice.

Des renseignements auprès de la famille des disparus, on

n'en eut guère. Zeiber et les cinq membres de l'équipage étaient célibataires et ne possédaient que de lointains parents. Interrogés, ceux-ci déclarèrent qu'ils n'avaient vu aucun des disparus depuis le naufrage.

Et d'ailleurs, comment auraient-ils quitté le bord ? Le canot et le youyou, nous l'avons vu, étaient restés sur la goélette.

Un transbordement sur un autre bateau ? S'il avait eu lieu, on pouvait en fixer le moment : lorsque la goélette avait cessé de se diriger vers le large pour amorcer l'évolution qui allait la mener à la côte, ce changement de cap s'expliquant par l'absence d'équipage.

L'enquête prenait une nouvelle orientation. On cherchait maintenant le bateau sur lequel se seraient embarqués les hommes de la goélette.

Les gardes-côtes du cap Canby ne donnèrent aucune indication utile. Ils n'avaient vraiment observé le *J.C. Cousins* qu'à partir de son changement de cap. Des bateaux, ils en avaient vu, sans doute, mais aucun qui leur parut suspect. Il s'agissait, pour la plupart d'entre eux, de pêcheurs.

Il fut facile de retrouver les pêcheurs qui étaient dans les parages le matin du naufrage. La plupart, absorbés par leur travail, n'avaient pas prêté une attention particulière à la goélette. D'autres avaient regardé celle-ci lorsqu'elle se dirigeait vers la côte, mais ils n'avaient pas vu de bateau approcher du *J.C. Cousins*.

Les enquêteurs étudiaient ces témoignages qui faisaient ressortir deux faits : 1) Aucun marin ne se trouvait assez près de la goélette au moment de son changement de cap pour donner un témoignage probant ; 2) les guetteurs du cap Canby n'avaient vu que des pêcheurs dans les parages.

Une conclusion logique s'imposait. Si l'on s'en tenait à l'hypothèse de la fuite de l'équipage, ce ne pouvait être que sur un bateau de pêcheurs ou camouflé comme tel que cette fuite aurait pu avoir lieu.

Restait à déterminer les raisons de l'abandon de la goélette. Zeiber n'aurait-il pas coulé volontairement son bâtiment ? Pourquoi ? Pour toucher le montant de l'assurance, conjointement avec l'armateur et en accord avec lui ?

Cette escroquerie, on l'évoque régulièrement à propos de naufrages inexpliqués. Deux cas récents. D'abord celui du pétrolier *Olympic Bravery* qui s'échoua à Ouessant, le 26 janvier 1976. On accusa son commandant d'avoir été le propre naufrageur de son bâtiment, assuré pour 25 milliards d'anciens francs. Accusation qui se révéla fausse. Il n'en est pas de même pour un autre pétrolier géant, le *Salem*, qui coula le 17 janvier 1980 à 105 km au sud de Dakar. Le Lloyd's de Londres refusa de payer les 84,2 millions de dollars, valeur du pétrolier et de sa cargaison, soupçonnant le capitaine d'avoir sabordé son navire.

Pour le *J.C. Cousins*, les assureurs eurent la même réaction. Ils insinuèrent donc que Zeiber avait jeté volontairement sa goélette à la côte, après avoir déserté son bord. Ils refusèrent de payer à l'armateur les 40 000 dollars que lui réclamait celui-ci.

Un procès eut lieu. Au cours des audiences, le principal témoin était un fantôme, celui d'Alonso Zeiber. Les juges donnèrent droit à la requête des assureurs. L'armateur reçut 4 000 dollars seulement.

Ce procès ne mettait pas fin à l'énigme. L'enquête était au point mort. En admettant qu'il y eut baraterie, où étaient Zeiber et ses hommes ?

On supposa qu'ils s'étaient embarqués sur d'autres navires. On contrôla les rôles d'équipage des bâtiments touchant régulièrement les ports américains. Aucun des marins de la goélette naufragée n'était porté sur ces rôles.

Ils auraient pu, il est vrai, s'embarquer sous un nom d'emprunt avec la complicité des « marchands d'hommes » qui fournissaient des matelots aux capitaines à court de personnel. Ces matelots étaient parfois des hommes recherchés par la police, hommes auxquels on fournissait de faux papiers. Il n'était pas impossible que les membres de l'équipage du *J.C Cousins* se fussent établis dans une île du Pacifique ou dans un port étranger jusqu'à ce que, bénéficiant de la prescription, ils pussent revenir aux Etats-Unis. Quoi qu'il en fût, on n'entendit plus jamais parler d'eux.

Quant à Zeiber, il était une personnalité trop connue des capitaines de la côte ouest des Etats-Unis pour passer inaperçu s'il avait continué son métier sur un navire étranger, les capitaines formant une sorte de franc-maçonnerie internationale dont les membres se retrouvaient de port en port au hasard des escales.

Précisément, on signala Antonio Zeiber à Singapour. Puis à Punta-Arenas, sur le détroit de Magellan. Et encore à Madagascar, à Diego-Suarez. Les témoins jurèrent qu'il s'agissait bien de Zeiber. Ils en étaient d'autant plus persuadés que celui-ci avait fui à l'approche de ses anciens collègues.

Aucune certitude, toutefois, dans tout cela. Ces apparitions de Zeiber étaient enveloppées du même flou dans lequel baignait cette affaire.

Une affaire qui gardait tout son mystère. L'hypothèse de la baraterie ne restait qu'une hypothèse. Zeiber et ses hommes se seraient-ils prêtés à une opération dont les risques étaient grands et minimes les profits ?

Ce naufrage sans naufragés restera sans doute pour toujours le secret de la mer.

La liste est longue des navires dont la disparition est une énigme. Quelques exemples récents : à la fin du mois de décembre 1975, le *Berge Istra,* un minéralier norvégien, un géant de 224 000 tonnes, s'évanouit dans le Pacifique, près des Philippines. Deux rescapés furent retrouvés, après quinze jours de recherches, dans un canot penumatique. Ils déclarèrent qu'étant sur le pont, ils avaient entendu un bruit énorme. Ils avaient été projetés à la mer. Le *Berge Istra* se cassa en deux et coula en quelques minutes. En décembre 1978, l'allemand *Muenchen* se volatilisa à 400 milles des Açores. Il avait émis quelques S.O.S., mais c'est en silence que le *Berge Venga,* un autre géant, ira par le fond dans l'Atlantique Sud, à la fin d'octobre 1979. On ne retrouva ni épaves ni corps.

Ces naufrages de haute mer ont leur mystère. Paradoxalement pourtant, qu'un navire disparaisse près de la terre, cet élément stable et rassurant, et l'énigme de son naufrage s'en trouve accrue. Ainsi pour le *Don.*

VI

L'énigme du *Don*

Il n'y avait aucun doute. Le *Don* avait disparu.

Le bateau des gardes-côtes de l'île Damariscove errait sur les eaux brumeuses, longeait la côte, pénétrait dans une baie, une crique, regagnait le large. Les appels, les coups de sirène ne suscitaient aucun écho, ne recevaient aucun appel. Autour du bateau, c'était toujours le même silence cotonneux de la brume, un silence qui semblait chargé d'angoisse.

Les gardes-côtes se tournèrent vers leur chef, le capitaine Milton H. Seavy.

— Un travail impossible dans cette purée de pois, dirent-ils.

Seavy regarda ses hommes. Il les connaissait. Il les avait vus porter secours à des navires dans la tempête, rechercher, des jours entiers, des rescapés ou une épave. Il n'avait constaté chez eux ni peur ni découragement. Et voici qu'aujourd'hui il les sentait troublés, comme devant une énigme qui les dépassait : la disparition d'un bateau par mer calme, sans cause apparente, sans trace, sans indice.

Les traits de Seavy se durcirent. Dans cette énigme même il voyait un défi que lui lançait la mer. Un défi qu'il voulait relever.

— Continuons nos recherches, dit-il.

★

C'était le dimanche 29 juin 1941 que le *Don* avait quitté Prospect Harbour, sur la côte du Maine, le cap sur l'île de Monhegan.

Le *Don* n'était pas un de ces bateaux de pêche qui fréquentaient ces parages, mais un bateau à passagers. Un nom quelque peu flatteur pour ce petit bâtiment d'une quinzaine de mètres de long, un *cabin cruiser*, construit une vingtaine d'années auparavant et qui avait connu de beaux jours au temps de la prohibition, lorsqu'il transportait dans un double fond de l'alcool de contrebande.

Le *Don* était passé ensuite entre plusieurs mains avant que son propriétaire actuel, Paul Johnson, ne le reconvertît dans le transport des touristes. Ce jour-là, il avait embarqué trente-quatre excursionnistes qui étaient venus, dans onze voitures, des petites villes de Rumford et de Mexico, situées au pied des Blue Mountains, sur les derniers contreforts des monts Appalaches. Trente-quatre hommes et femmes qui voulaient profiter de cette belle journée d'été pour « voir la mer ».

Le *Don* les attendait au Dyer's Cove et tous s'extasiaient devant la beauté sauvage de ces fjords qui coupaient la côte rocheuse, de ces bras de mer aux eaux sombres qui serpentaient entre les rives escarpées.

Le *Don* se faufila entre les îles et les récifs de la baie de Casco, autant de dangers par gros temps et lorsque ses eaux sont sillonnées par de violents courants de marée. Mais ce dimanche, aucun danger n'était à craindre avec cette mer plate, ce vent faible et ce soleil qui donnait un air de fête à la mer et à la terre toute proche. Dans l'air calme montaient les éclats de voix et les rires des excursionnistes enchantés de leur promenade, braquant tour à tour jumelles et appareils de photo sur une barque de pêche ou les voiles blanches d'un yacht.

A la fin de la matinée, le *Don* fit une courte escale au cap Small où quelques passagers envoyèrent des cartes postales enthousiastes à leurs amis. A onze heures, Paul Johnson, le propriétaire du *Don* qui en était aussi le capitaine, actionna la sirène du départ et mit le cap vers le but de l'excursion, l'île Monhegan, située à une quarantaine de kilomètres au large. Pourquoi Monhegan ? Sans doute seulement pour donner aux excursionnistes l'illusion de faire un voyage en mer, car l'île n'était pas particulièrement attrayante : une masse rocheuse d'une cinquantaine de mètres de haut, surmontée de la tour conique grise d'un phare. Elle était fréquentée par les pêcheurs de l'île toute proche de Manana.

Du cap Small, on vit le *Don* s'éloigner. La mer était toujours belle. L'horizon était juste voilé par quelques nuages laiteux, phénomène fréquent pàr grande chaleur, lorsque le vent soufflait du sud.

*

A Dyer's Cove, la nuit tombait. Les quelques touristes qui avaient préféré rester à terre attendaient le retour du *Don*. Et ils attendaient avec une impatience mêlée d'inquiétude, guettant dans le silence le bruit d'un moteur, cherchant à identifier dans la nuit naissante la silhouette du *cabin cruiser*.

Ils eurent une fausse joie. Un bateau avait abordé dans une anse. Ils s'aperçurent vite que c'était un bateau de pêcheurs. Ceux-ci, interrogés, déclarèrent qu'ils n'avaient pas vu le *Don*, et qu'un épais brouillard couvrait la baie de Casco.

Les heures passaient. L'inquiétude devenait angoisse.

— Le *Don* a dû stopper dans quelque baie en attendant que le brouillard se lève, dirent les pêcheurs. Paul Johnson n'aura pas voulu s'aventurer à l'aveugle au milieu des récifs souvent mal ou pas du tout balisés. Si vous le voulez, nous pouvons alerter par radio les gardes-côtes de l'île Damariscove.

Cette île, longue, étroite et dénudée, était un remarquable site pour la surveillance de la baie. De sa tour d'observation, les guetteurs surveillaient les parages nuit et jour. Plus d'une fois, le canot de sauvetage avait porté assistance à des pêcheurs ou à des plaisanciers en difficulté.

Lorsque Milton H. Seavy, le chef des gardes-côtes, fut averti que le *Don* n'avait pas regagné Dyer's Cove à l'heure prévue, il ne s'inquiéta pas d'abord. La brume affectait souvent les côtes du Maine, surtout pendant l'été, par vent du sud ou du sud-ouest. Et cette brume était tenace. Parfois, elle stagnait sur la mer pendant une ou deux semaines, perturbant considérablement la navigation, gênant même l'accès du port de Portland et causant, hélas !, des sinistres. Seavy estimait pourtant que le capitaine Paul Johnson connaissait bien les parages et ses dangers. Il s'était sans doute réfugié dans une des nombreuses criques de la côte.

Les hasards de la mer étant innombrables, Seavy décida toutefois de commencer des recherches. Il fit armer le canot de sauvetage qui sillonna les eaux de la baie à l'aventure, car on ne disposait d'aucun point de repère. Les projecteurs perçaient à grand-peine le mur de brume qui s'ouvrait et se refermait devant lui et les longs coups de sirène étaient étouffés par le silence. Toute la nuit, le canot explora les atterrages de la baie de Casco. Seavy interrogeait les pêcheurs qui s'aventuraient au large, malgré la mauvaise visibilité. Aucun d'entre eux n'avait aperçu le *Don*.

A l'aube, le temps ne s'améliora pas. Au contraire : la brume s'épaississait en longues strates qui se superposaient, s'effilochaient, se reformaient avec une régularité désespérante. Vers midi, pourtant, le vent se leva. Par place, le rideau de brume se dissipa, laissant entrevoir un rocher, un cap, une île, un bateau. Un bateau qui n'était pas, qui n'était jamais le *Don*.

Seavy décida de suspendre provisoirement les recherches. Avant de reprendre celles-ci, il convenait de savoir si le *Don* n'avait pas relâché dans quelque port. De Portland à Prospect Harbour, les appels téléphoniques se succédèrent et ce fut très bref. A la question : « Le *Don* s'est-il réfugié chez vous ? » la réponse était invariable : « Non ». La succession de ces « non » avait quelque chose de sinistre.

— Il faut savoir à quelle heure le *Don* a quitté l'île de Monhegan, dit Seavy.

On téléphona donc à Monhegan.

— A quelle heure le *Don* a-t-il quitté l'île ?

— Le *Don ?* Quel *Don ?*

— Le bateau de touristes qui a fait escale chez vous, hier dimanche, vers quinze heures.

— Nous ne comprenons pas de quoi vous parlez. Nous n'avons vu aucun bateau de touristes.

★

Seavy avait raccroché le récepteur. Il baissait la tête comme sous le poids d'un mystère. Il se dirigea vers une table où était étalée la carte des parages.

Ainsi, le *Don* avait disparu entre le cap Small et l'île Monhegan, c'est-à-dire entre onze et quatorze heures, le trajet entre ces deux points devant durer trois heures environ.

Seavy réfléchissait.

D'après les riverains, la brume avait commencé à envahir la mer un peu avant midi. Le marin connaissait bien les méfaits de la brume. Il en avait tant vu de ces bateaux égarés s'échouant sur un haut-fond, jetés à la côte ou abordant un autre bateau ! Cependant, pour le *Don*, il avait un doute.

— Nous faisons fausse route, dit-il à son adjoint. La brume n'est pas la cause de la disparition du *Don*.

— Cependant...

— Elle gêne nos recherches, cela, oui. Mais, je vous le répète, elle n'a pas suscité le naufrage — si naufrage il y a — du *cabin cruiser*. Regardez la carte avec moi. La disparition se produit entre le cap Small et l'île Monhegan. Or, regardez : aucun écueil dans les parages. Un abordage ? J'y ai pensé, mais on n'a signalé aucun bateau manquant, à part le *Don*, je m'en suis assuré. D'autre part, pas de gros temps qui aurait pu mettre ce bâtiment en danger.

— Alors ? demanda l'assistant. Le *Don* aurait coulé tout seul ?

— Une voie d'eau ; une explosion peut-être.

— Un naufrage si rapide... murmura l'assistant.

— Le *Don* a peut-être mis longtemps à couler, nous n'en savons rien puisqu'il n'y avait pas de radio à bord. Dans la brume personne ne l'a vu.

Seavy marcha en silence dans la pièce.

— Il y a une autre hypothèse, dit-il enfin. Craignant que cette brume épaisse ne se dissipe pas de toute la journée, Johnson renonce à atteindre Monhegan. Il revient alors vers la côte où il espère que la visibilité sera meilleure.

— Une illusion. La brume affectait l'intérieur de la terre.

— Une illusion, je sais, mais Johnson a pu avoir cette illusion. Dans ce cas, le *Don* aurait pu s'échouer sur la côte vers une heure de l'après-midi. Il faut donc explorer les parages du cap Small.

Le canot de sauvetage repartit. La brume était toujours aussi épaisse. Au ras de la mer, on tentait de distinguer la silhouette d'une coque ou d'une épave, peut-être. Rien. Rien que ce magma blanchâtre qui confondait le ciel et la mer. Les hommes débarquèrent en plusieurs endroits du cap Small. Sans résultat.

Seavy haussa les épaules.

— Nous perdons notre temps, dit-il.

Il revenait à sa première hypothèse : c'était au large que le *Don* avait disparu. Celui-ci dérivait peut-être dans la brume par suite d'une panne de moteur.

La journée du lundi s'acheva dans la même incertitude. A l'aube du mardi, la brume enfin se dissipa. Elle se leva sur le théâtre vide de la mer. Un théâtre où, on en était sûr maintenant, s'était déroulé un drame. Un drame qui serait sans doute inconnu pour toujours.

On hochait la tête. Dans ces parages, depuis le cap Cod jusqu'à la baie de Fundy, avec ses courants violents, ses fortes marées, ses brumes et ses tempêtes, on avait déploré de nombreux naufrages. Et certains de ces naufrages étaient restés inexpliqués. Les plus célèbres de ceux-ci était celui de l'*Industry*, un sloop qui, en 1770, avait disparu au cours d'un voyage vers Boston, et du *Portland*, un vapeur à roues qui, en 1898, n'atteignit jamais Portland, et dont on retrouva quelques épaves au cap Cod.

Pour le *Don*, le mystère paraissait encore plus total. Aucun débris, aucune trace, aucun indice ne permettaient même d'imaginer quel avait été son sort. De Rumford, de Mexico les parents et amis des victimes étaient accourus. A Dyer's Cove, ils avaient contemplé, le cœur serré, les onze voitures vides des excursionnistes, les seules reliques des disparus, et voulaient financer une expédition de recherches, mais leur activité brouillonne et leur affolement gênaient plutôt les sauveteurs. Ces derniers, profitant du ciel dégagé, sillonnaient de nouveau la mer avec le farouche désir de découvrir la vérité sur la disparition du *Don.*

Leurs recherches duraient depuis plusieurs heures, lorsqu'une vedette s'approcha du canot de sauvetage. A l'avant de la vedette, un homme faisait de grands signes et, au porte-voix, lança quelques mots. Seavy sursauta et donna l'ordre de rentrer immédiatement à la station de Damariscove.

On avait retrouvé le *Don ?* Non, hélas ! Des épaves ? Non plus. Rien du bateau lui-même. Mais peut-être ses passagers.

Un pêcheur de langoustes avait découvert, au large de l'île Bailey, les corps de deux femmes de quarante ans. Ces corps furent ramenés à terre. Ils furent tout de suite identifiés par les amis des disparus. Il s'agissait bien de deux touristes du *Don.* On explora les parages de l'île Bailey. Avant la fin de la journée, on découvrit encore douze corps. Parmi eux, celui du capitaine Johnson.

★

On en avait donc maintenant la certitude : le *Don* avait coulé. La découverte des corps aurait pu mettre fin au mystère. Celui-ci changeait seulement d'aspect. Car une question subsistait, tenace : comment et pourquoi le *Don* avait-il fait naufrage ?

On pouvait maintenant fixer le lieu approximatif du sinistre : la montre d'une des victimes étant arrêtée à 11 h 42. Le *Don* avait alors parcouru, à la vitesse de sept nœuds, une dizaine de kilomètres. Sur la carte, à partir du cap Small, on traça un cercle dont le rayon était égal à cette distance. Dans ces parages, il n'y avait ni haut-fond ni roche à fleur d'eau. Le *Don* n'avait donc pu heurter un écueil dans la brume, comme on l'avait d'abord cru.

— Peut-être une explosion, dit un enquêteur.

On avait constaté qu'aucune des victimes ne portait de brassière de sauvetage qui s'endosse pourtant en quelques minutes. Le *Don* avait dû couler avec une rapidité stupéfiante, comme désintégré à la surface de l'eau. L'explosion pouvait être une explication, en effet. On imaginait une fuite de combustible suscitant un dégagement de gaz dans la cabine. Un marin aurait allumé un feu pour faire cuire le « chowder », la traditionnelle soupe de poissons des pêcheurs américains. Et ce feu aurait provoqué la déflagration des gaz. Une objection à cette hypothèse : une explosion aurait entraîné l'incendie du combustible. Or, les corps des naufragés ne portaient aucune trace de brûlures. Seulement des contusions.

La vérité semblait se dérober à mesure qu'on cherchait à l'atteindre. Seul l'examen des épaves aurait pu sans doute dissiper le mystère. Mais des épaves, on n'en trouva pas. Sauf une seule. Et encore, on ne put établir avec certitude si elle appartenait bien au *Don*. Cette épave était un tonnelet de bois qui dérivait parmi les corps. Et ce tonnelet était entouré d'un cordage. Un cordage auquel était attaché le corps du capitaine Paul Johnson !

Une nouvelle énigme. Pourquoi et comment le corps du capitaine avait-il été attaché au tonnelet ?

En attendant d'autres éventuelles épaves, les enquêteurs cherchèrent dans quelle condition le *Don* avait entrepris le fatal voyage.

Le *Don* était, nous l'avons vu, un bateau vieux d'une quinzaine d'années. Il ne naviguait qu'en été. En hiver, il restait le plus souvent mouillé dans une crique du Dyer's Cove, parfois encerclé par les glaces. Des riverains affirmèrent que le capitaine Johnson négligeait souvent l'entretien de son bateau et que même, par deux fois, celui-ci serait allé par le fond — alors qu'il n'y avait heureusement personne à bord — et avait été renfloué. On le considérait, dit un pêcheur, comme un « bateau rapiécé ».

Nous accueillerons ces témoignages avec réserve. Les catastrophes font naître des racontars incontrôlables. Il est difficile d'admettre que Johnson ait été assez inconscient pour prendre la mer avec un bâtiment prenant eau. On aurait pu imaginer une fatigue de la coque par mauvais temps ou après une longue traversée. Or le naufrage s'était produit par mer calme et quarante minutes seulement après le départ.

Les enquêteurs baissaient la tête. Décidément, la raison et la logique se heurtaient à cette énigme de ce qui n'aurait dû être pourtant que le banal naufrage dans la brume d'un banal bateau à passagers.

« Dans cette disparition de trente-quatre personnes et du *Don*, il y a quelque chose de si mystérieux et de si éloigné du réel que, selon moi, ce mystère ne sera jamais résolu », écrit l'écrivain maritime américain Edward Snow Rowe. Il savait de quoi il parlait. Il avait étudié sur place tous les éléments du drame. En 1958, lorsqu'on découvrit des épaves qui auraient pu être celles du *Don*, il organisa une expédition. Les plongeurs ramenèrent seulement des débris qu'on ne put identifier.

Edward Snow Rowe ajoutait : « J'ai entendu des rumeurs si étranges de différentes sources que je crois maintenant que toute cette affaire était programmée du commencement jusqu'à la fin.

Essayons de comprendre cette phrase sibylline et de soulever nous-mêmes le voile du mystère. Alors apparaît l'explication étrange de l'événement étrange. Le *Don* n'aurait pas été victime de la mer, mais de l'homme.

Dans une première hypothèse, il y aurait eu crime. Une bombe aurait été déposée dans le navire. Pour viser qui ? En examinant les professions des victimes, nous ne trouvons pourtant aucune personnalité marquante. La plupart avaient des emplois modestes : employés ou secrétaires. On trouve aussi un peintre, un professeur, un joaillier, un dentiste, un agent d'assurances. Des gens qu'on imagine sans histoire.

Alors, une vengeance personnelle ayant pour mobile la jalousie, l'intérêt ? En ce cas, le mystère du *Don* basculait dans l'énigme policière. L'auteur du crime — si crime il y avait — pouvait être satisfait : il avait réalisé un crime parfait.

Pour comprendre la seconde hypothèse, il faut se rappeler que le Maine borde un pays en guerre : le Canada. Les côtes de ce pays sont menacées par les grands sous-marins allemands qui sont capables de traverser l'Atlantique. Ce n'est pas une crainte chimérique : six mois plus tard, après l'entrée en guerre des Etats-Unis, les U-boote envoyèrent par le fond 198 navires au large des côtes américaines, de janvier à avril 1942.

Les Canadiens sont conscients du péril. Ils ont protégé les passes de Halifax par un chapelet de mines. Il est possible que l'une de celles-ci ait brisé son orin et ait dérivé le long de la côte est de la Nouvelle-Ecosse. Au large du cap Sable, elle aurait été entraînée vers l'ouest par les courants et aurait atteint le golfe de Casco. C'est en heurtant cette mine que le *Don* aurait coulé.

On imagina aussi qu'un sous-marin, profitant de la brume, se serait aventuré dans les eaux américaines pour explorer les parages de ses futurs exploits — à cette époque, les Allemands savent bien que l'entrée en guerre des Etats-Unis est probable. Surpris par la présence du *Don*, ce sous-marin aurait voulu supprimer ce témoin en l'éperonnant. Près de l'île Bailey, on aurait repêché un sac portant une inscription allemande.

Que retenir de tout cela ? Aucune preuve mais seulement des présomptions pour étayer ces dernières hypothèses qui s'apparentent plus au roman qu'à l'Histoire. Mais l'Histoire de la mer ne ressemble-t-elle pas parfois à la plus délirante des fictions ?

VII

Le Robinson du large

Il y a des marins qui disparaissent. D'autres qui reviennent. Morts. Et qui ressuscitent pour raconter leur incursion dans les enfers de la mer. Ainsi Antonio Maximo, le mort-vivant du large, le Robinson de l'océan.

Le 29 octobre 1879, à 600 milles au nord-est de San-Juan del Norte, au Nicaragua, le brick américain *Centaur* rencontra une grande embarcation à la dérive.

Stanley, le capitaine du brick, mit le cap sur l'embarcation qui semblait vide et abandonnée. A deux encablures de celle-ci, il mit en panne et lança plusieurs coups de corne de brume.

Là-bas, sur l'embarcation, aucun signe de vie.

Cette épave n'était pas forcément la relique de quelque drame marin, d'un naufrage, d'un abandon de navire. Elle avait pu, mal amarrée, partir à la dérive ou encore avoir été arrachée de son chantier par gros temps. Le capitaine du *Centaur* voulut en avoir le cœur net. Il détacha un canot avec trois hommes vers l'embarcation mystérieuse.

Les hommes revinrent un quart d'heure plus tard.

— Eh bien ? demanda Stanley.

— Personne à bord. Personne de vivant du moins. Dans le fond, il y avait un paquet de toile à voile. On allait déborder quand on a remarqué quelque chose qui gonflait la toile. On la souleva et on découvrit un cadavre. Celui d'un homme de vingt-cinq ans, au teint basané, vêtu d'un pantalon de tricot bleu. Il était gonflé comme un noyé. Son visage était bleu plombé.

— S'il s'est noyé, comment expliquez-vous qu'il était au fond d'une embarcation ? dit Stanley.

— On n'explique rien, commandant. On vous rapporte ce qu'on a vu. C'est tout.

Intrigué, Stanley décida de transporter le cadavre à son bord. Il désirait l'examiner avant de l'immerger.

Le corps était bien tel que les matelots l'avaient décrit. Le visage était boursouflé et c'était horrible à voir. Son volume était presque le double de celui d'un visage normal. Les chairs recouvraient les yeux. Même le nez disparaissait sous un amas de peau bleuâtre. Quant à la bouche, on la devinait plus qu'on ne la voyait. Ce n'était plus qu'un léger renfoncement dans cette face qui avait été naguère celle d'un homme.

En revanche, le corps n'était pas gonflé. Le torse et les membres étaient squelettiques. La peau moulait les os. Et devant ces jambes, ces bras grêles, on avait l'impression absurde que toute la chair avait reflué vers le visage comme si elle avait été en quelque sorte aspirée par ce dernier.

C'était à la fois funèbre et grotesque. Stanley, au cours de sa longue carrière, avait vu, hélas !, des noyés, mais aucun qui ne présentait un aspect semblable. Une sorte de monstre comme, au Moyen Age, on en imaginait au fond des mers. Autour de Stanley, les matelots contemplaient, impressionnés, ce corps qui n'en était plus un, dans un silence lourd qui trahissait bien leur désarroi et presque leur peur.

Stanley, sentant leur malaise, réagit.

— Allez me chercher de la toile à voile, ordonna-t-il. Nous allons l'immerger.

Le charpentier obéit. Il revint bientôt avec de la toile et du fil de caret. Deux matelots l'aidèrent à soulever le corps avec des gestes précautionneux, presque craintifs.

L'un d'eux leva vers Stanley un visage effaré.

— Commandant !

Le matelot ouvrait de grands yeux.

— Vas-tu parler ? dit Stanley.

— Le corps...

— Quoi, le corps ?

— Il me semble...

— Parleras-tu, enfin ?

— Il... il est tiède.

Stanley haussa les épaules. Le soleil avait sans doute chauffé la peau.

— Voyez vous-même, commandant.

Stanley, excédé, se pencha sur le corps. Il posa la main sur le bras, resta quelques secondes immobile et, maîtrisant une certaine répugnance, colla son oreille contre la poitrine du mort.

Il se redressa et, se tournant vers un matelot :

— Va dans ma cabine. Sur le coffre, tu trouveras un miroir. Amène-le-moi. Vite !

Le matelot revint bientôt avec le miroir que Stanley approcha de la bouche du cadavre.

Stanley regarda le miroir.

Il était terni par une légère buée.

— Il vit ! murmura le commandant.

La stupéfaction saisit les assistants. Et aussi, curieusement, une sorte de panique. C'était si étrange, si fantastique, cet homme qui appartenait à la fois au monde des morts et à celui des vivants.

Le charpentier avait lâché la toile à voile qu'il avait commencé à coudre. Les matelots restaient immobiles, les bras ballants.

— Alors, qu'attendez-vous ? cria Stanley. Transportez-le dans le poste. Et avec précaution !

Pendant que le *Centaur* reprenait sa route, Stanley, perplexe, se demanda comment soigner le naufragé. Il consulta le « médecin de papier », un gros volume où étaient mentionnés tous les cas de maladie et de blessures qui pouvaient affecter les marins. Tous les cas sauf celui de ce mort-vivant qu'on avait découvert dans un canot à la dérive.

Stanley se contenta d'abord de lui donner de l'eau, eau qui fut versée lentement, à l'aide d'un entonnoir, dans la bouche gonflée du naufragé.

Puis on lui retira avec mille précautions ses vêtements humides pour lui mettre un chandail et un pantalon secs.

Stanley hocha la tête. Il faisait son devoir pour tenter de sauver ce malheureux, mais il doutait que celui-ci survécût. On avait essayé de lui faire boire du bouillon qu'il avait rejeté. Il restait immobile, inerte, le teint cireux, les yeux clos, dans une sorte de coma inquiétant.

Le lendemain, on ne nota aucune amélioration. Toutefois, l'ingestion de l'eau et du bouillon semblait mieux supportée. Les membres, les pieds, les mains étaient moins froids, mais il fallait beaucoup de patience et d'attention pour percevoir, l'oreille collée à la poitrine décharnée, les battements du cœur.

Le second jour, on désespéra. Le visage était toujours gonflé et le naufragé ne faisait aucun mouvement. Pourtant, Stanley s'obstinait. La survie de ce miraculé, il en faisait une affaire personnelle. Naviguer, c'est lutter. Lutter sans cesse. La mer paraissait lui lancer un défi. Il le relèverait. Et tout l'équipage du *Centaur* se passionnait pour cet étrange combat dont l'enjeu était un homme qui paraissait être déjà passé de l'autre côté. On se relayait à son chevet, guettant sur ce corps ravagé par l'inanition un signe d'espoir, un peu de couleur aux joues, un mouvement de la main, un frémissement de la bouche.

Le troisième jour, Stanley était sur la dunette lorsqu'un matelot lui cria :

— Commandant ! Il a remué !

Stanley descendit aussitôt dans le poste d'équipage.

— C'est quand on lui a donné du bouillon, expliqua un homme. Il était peut-être trop chaud. Alors, le naufragé a tourné la tête. Vous voyez, elle est du côté droit maintenant. Et les pieds n'ont plus la même position.

Stanley se pencha sur le visage de l'inconnu. Il entendait un léger souffle qui s'échappait régulièrement de la poitrine.

— Ayons confiance, les enfants, dit Stanley. Je crois qu'il pourra s'en sortir.

Un espoir plus qu'une certitude. Les yeux du naufragé restaient fermés et les chairs présentaient la même boursouflure.

Le quatrième jour, comme la bouche était plus ouverte, on tenta d'y introduire une sorte de bouillie faite de biscuits écrasés dans de l'eau. La bouillie resta d'abord collée aux lèvres. On écarta celles-ci avec une cuillère et lentement, très lentement, la nourriture fut absorbée.

Le lendemain, les paupières se soulevèrent un peu. Chaque amélioration était commentée par l'équipage du *Centaur* avec joie, comme autant de victoires : le naufragé avait poussé un gémissement... On voyait ses yeux... Le visage était moins bouffi... Les mains étaient moins froides.

Et rapidement, ce fut une sorte de miracle. L'inconnu se redressa sur son séant, mâcha quelques aliments, esquissa un sourire et balbutia des mots incompréhensibles. Les chairs gonflées se résorbèrent ; le visage se remodela, comme sous les doigts d'un sculpteur invisible, et reprit son aspect normal. La veille de l'arrivée à New York, le naufragé demanda une pipe de tabac. D'une voix faible et hésitante il commença à parler. Et l'on connut enfin son histoire.

★

Il s'appelait Antonio Maximo. Il était matelot sur le trois-mâts barque *Toronto*, qui, le 3 octobre 1879, avait quitté l'île de Navassa dans la mer des Antilles pour l'Europe, avec une cargaison de guano.

Quelques jours après l'appareillage, la mer commença à se creuser. D'abord, le *Toronto* étala bien le gros temps. Sous voilure réduite, il épaulait la lame et tenait sa route. Son capitaine était pourtant inquiet. Le déclenchement soudain de la tempête, la température élevée, la violence croissante des rafales, la baisse subite du thermomètre lui faisaient craindre un cyclone.

Il fit arrimer les objets qui, à bord, pouvaient se déplacer et condamna les panneaux de cale. Puis il prit une allure de fuite, sous la misaine et le petit foc.

La nuit fut terrible. La coque du *Toronto* était noyée sous d'énormes paquets de mer. Les hommes de quart s'étaient amarrés pour ne pas être enlevés par les vagues. La mâture gémissait sous la violence d'un vent de près de 200 km/heure. Les deux dernières voiles, encore établies pour alléger l'avant dans les coups de tangage, furent arrachées.

A l'aube, une effroyable rafale écrasa le *Toronto*.

Au sifflement des agrès rompus succéda une série de craquements. Le voilier oscilla, parut se dégager de l'étreinte des lames, plongea, remonta de nouveau à la surface. Le jour gris naissant éclaira le désastre : le *Toronto* avait été démâté. Totalement. Les tronçons des mâts pointaient sur le pont jonché de cordages et d'espars.

Le démâtage est la plus terrible avarie qui puisse affecter un voilier. Sans moyen de propulsion, il n'est plus qu'une épave à la dérive. Le capitaine du *Toronto* ne perdait pas pourtant espoir. Son bâtiment, allégé, donnait moins de prise au vent et, à la première embellie, il pourrait établir une voilure de fortune qui lui permettrait de gagner les Antilles.

A la fin de la matinée, il s'inquiéta. La coque paraissait lourde et s'élevait mal à la lame. Il envoya le maître d'équipage et le charpentier examiner les cales : elles étaient noyées. Au cours de la tourmente de la nuit, la coque du *Toronto* n'avait pu résister aux formidables coups de boutoir de la mer. Le bordé avait été défoncé en plusieurs endroits. De larges voies d'eau s'étaient ouvertes qu'il était impossible d'obturer. Le *Toronto* coulait.

Par chance, la grande baleinière du bord était encore sur son chantier, intacte. Elle représentait la seule voie de salut pour l'équipage. On plaça vivres et eau dans la baleinière et les quatorze hommes y prirent place. Le *Toronto* enfonçait droit, ce qui facilita la mise à l'eau de la baleinière qui s'éloigna rapidement.

Des scènes semblables se sont déroulées tant de fois dans l'histoire de la mer que leur nombre échappe aux statistiques. Certains canots, chargés de naufragés, disparurent à jamais, et la découverte du navire qu'ils abandonnèrent, parfois trop tôt, sera à l'origine de nombreux mystères de la mer. D'autres de ces canots atteindront la terre avec une poignée d'hommes épuisés, mourant de faim, balbutiant sur l'origine de leur naufrage une histoire étrange et peut-être fausse. D'autres encore seront recueillis par un navire.

La baleinière du *Toronto*, elle, logiquement doit disparaître. La côte est à plusieurs centaines de milles, et surtout la mer, bien que le cyclone s'éloigne, est toujours creusée par un vent violent. Malgré les efforts des rameurs, et en dépit de l'action d'une voile de fortune, il est difficile de garder un cap. Tout au plus peut-on se maintenir face aux lames, des lames énormes, déferlantes, couvertes d'une écume sinistre. Après le passage de chacune d'elles, les naufragés se demandent comment ils sont encore vivants.

Deux heures après l'abandon du *Toronto*, un paquet de mer noya la baleinière. Les hommes lâchèrent leurs avirons. Le barreur ne put redresser l'embarcation qui embarda, fut projetée en l'air par la crête d'une vague, retomba sur l'eau et chavira.

Atonio Maximo, assommé par le choc liquide, fut lancé loin de la baleinière. Quand il reprit connaissance, il réussit, excellent nageur, à se maintenir à la surface de l'eau.

Il cherchait ses compagnons.

Il était seul.

Autour de lui, il ne voyait que des montagnes mouvantes, une sorte de chaos verdâtre qui le frappait de terreur. Il continuait d'instinct à nager. Soudain, il aperçut, à une cinquantaine de mètres, la baleinière, non plus chavirée, mais redressée par une lame.

Il se dirigea vers elle avec une énergie farouche. Plusieurs fois, il fut sur le point de l'atteindre, mais une rafale ou un coup de mer l'en éloignaient. Enfin, il put s'agripper à la lisse de la baleinière et, après un rétablissement, il y embarqua. Il s'évanouit.

Le froid de l'eau qui stagnait dans la baleinière le ranima, après un temps qu'il ne put préciser, plusieurs heures peut-être. La mer s'était calmée. Machinalement, il commença à vider l'eau avec un seau qui avait été attaché à un banc.

Il travaillait avec une sorte de rage, s'efforçant de ne pas penser au tragique de sa situation. Les vivres, les tonnelets d'eau douce étaient tombés à la mer au cours du chavirement. A moins de rencontrer un navire dans les jours prochains, il était condamné à mourir de faim et de soif.

A la nuit, il s'arrêta. La baleinière était à peu près vidée de son eau. Maximo découvrit une toile à voile qui, inexplicablement, était restée coincée entre deux bancs. Il la déploya afin de la faire sécher. Elle lui servirait à la fois d'abri et de réceptacle pour la pluie. Puis, écrasé de fatigue, il tomba dans une longue torpeur qui ne cessa qu'au matin.

Le ciel roulait toujours des nuages, mais le cyclone était passé. Les lames ne déferlaient plus. Antonio Maximo se reprit à espérer. Quoi ? D'abord un navire. Ces parages étaient fréquentés par les voiliers et les vapeurs qui allaient des Antilles en Europe. Ensuite, la pluie qui lui permettrait d'étancher sa soif. Enfin, la capture de quelques poissons.

Sur ce dernier point, l'entreprise était aléatoire. Il ne disposait ni de ligne ni de filet. En fabriquer ? Avec quoi ? Maximo avait heureusement gardé son couteau dans la poche de son pantalon. Il commença à couper quelques cordages qui pendaient le long de la coque, attacha les brins de manière à former une ligne rudimentaire de trois mètres de long. Mais il ne put trouver un morceau de fer pour fabriquer un hameçon.

Découragé, il s'assit. Le soleil qui perçait à travers les nuages le réchauffa un peu. Il se déshabilla pour faire sécher ses vêtements. Il but quelques gorgées de l'eau qui stagnait sur la toile de tente, une courte averse étant tombée au cours de la nuit. Puis il s'absorba dans la surveillance de l'horizon, cherchant une voile et supputant les chances d'être aperçu par un navire. Il s'imaginait se dressant à l'avant de la baleinière en agitant son chandail en guise de signal.

Un rêve... La mer restait déserte, désespérément. Sans doute le cyclone avait-il fait fuir les navires de ces parages.

Antonio Maximo tressaillit. Il avait senti comme une présence non loin de lui. Peut-être une illusion de ses nerfs fatigués.

Il entendit comme un remous le long de la coque. Il se pencha sur l'eau. Non, ce n'était pas une illusion. Une ombre frôlait la coque. Il se pencha encore et distingua nettement le corps d'un grand poisson.

Il saisit la ligne qu'il avait fabriquée et la laissa pendre dans la mer. Par chance, le poisson pourrait mordre l'extrémité ou, du moins s'arrêterait-il un instant, le temps de lui donner un coup de couteau.

Il guetta la ligne anxieusement pendant de longues minutes.

En vain. Le poisson avait disparu.

Cet incident pourtant lui donna espoir. Il avait vu un poisson. Il en verrait d'autres, d'autres qu'il faudrait capturer coûte que coûte. A défaut d'hameçon, il pourrait employer autre chose. Un morceau de bois, par exemple. Il en trouva un qu'il tailla le plus finement possible à une extrémité comme un harpon.

Jusqu'à la nuit, il travailla à façonner son harpon. Avant de s'étendre sous la toile à voile, il scruta le ciel. Il était couvert. Peut-être pleuvrait-il. Il arrangea la toile de manière à former une sorte de cuvette. Et il s'endormit.

A l'aube, il saisit son harpon qu'il fixa à sa ligne et guetta la surface de la mer qu'animait une large houle. Plusieurs fois, il crut voir une tache sombre ou un sillage à proximité de la baleinière. Mais ce n'était que reflets et jeux de lumière.

Toute la matinée, Antonio Maximo guetta l'approche d'un

poisson. Vers midi, il s'allongea, découragé. Contrairement à son attente, il n'avait pas plu au cours de la nuit et, de nouveau, la soif asséchait sa bouche qu'il humecta avec de l'eau de mer.

Le soleil se montra entre deux nuages. Sa chaleur et sa lumière l'engourdirent. Une heure plus tard, il se redressa d'un bond. Il avait encore entendu un clapotis près de la coque.

Il saisit son harpon, examina l'eau en retenant son souffle.

A l'avant, il vit une forme oblongue se dessinant nettement à un mètre de la surface de la mer. Il visa avec soin et, d'une main sûre, lança le harpon.

Il ressentit dans l'avant-bras une sorte de vibration, celui du harpon qui s'était enfoncé au milieu du corps du poisson !

Maximo leva vivement le harpon et il éprouva, avouera-t-il, la plus grande joie de sa vie : un grand poisson se débattait à son extrémité. D'un mouvement sec du poignet, il le lança dans la baleinière. C'était une sorte de daurade qu'il dépeça aussitôt avec son couteau. Cette chair crue était pour lui le plus délicieux des repas. Il s'en rassasia et mit les restes du poisson à l'abri.

Il était heureux. Il avait pris un poisson. Il en prendrait certainement d'autres. Il pourrait survivre. Il pourrait attendre l'arrivée d'un navire qui sûrement ne tarderait pas.

Une sorte d'ivresse suscitée par ses nerfs surexcités s'empara de lui. Avec fièvre, le harpon à la main, prêt à être lancé, il se pencha sur l'eau, levant parfois les yeux vers l'horizon. Cette première capture était de bon augure. Bientôt une voile apparaîtrait. Bientôt il serait sauvé.

Antonio Maximo entretint cette illusion jusqu'au coucher du soleil. Il craignait la nuit. Elle soulignait sa solitude et lui interdisait les deux occupations qui lui faisaient oublier sa détresse : la pêche et la surveillance de l'horizon. Il s'allongeait au fond de la baleinière et finissait par s'endormir d'un sommeil peuplé de cauchemars. Et le réveil était pour lui un autre cauchemar, bien réel celui-là. Quelle atroce situation que la sienne ! Il dérivait seul sur l'eau, sans vivres, sans eau, sans vêtement chaud.

Parfois, une brusque dépression l'abattait. Il était tenté d'abandonner toute lutte, d'attendre, immobile, une mort qui lui semblait inévitable. Puis, après avoir murmuré des prières, il se levait dans un sursaut d'énergie, inspectait longuement la mer et prenait son harpon dans l'espoir d'assurer sa subsistance.

Une subsistance qui n'était pas, hélas !, quotidienne. Plusieurs jours passaient parfois sans que Maximo harponnât aucun poisson. Surtout quand la mer était agitée. Des eaux calmes et tièdes favorisaient les captures. Parfois, il pêchait des algues qu'il mâchait longuement, mais elles lui laissaient dans le palais une saveur salée qui lui brûlait la bouche.

Il examinait le ciel, supputant les chances de voir un nuage crever au-dessus de lui. Il avait remarqué que les précipitations se produisaient surtout la nuit. Il priait avant de s'endormir et, parfois, il était exaucé : il découvrait, au matin, dans le creux de la toile, une petite mare d'eau qu'il buvait avidement. Et cette eau le ranimait pendant de longues heures.

Une chose l'angoissait : le courant le poussait au large et il ne pouvait rien faire pour diriger la baleinière. Il avait bien pensé à utiliser la toile de tente comme voile, mais, sans le moindre espar pour l'étarquer, il avait dû y renoncer.

Sa dérive durait déjà depuis une semaine. Il avait commencé à marquer les jours d'une entaille dans un morceau de bois, puis il avait renoncé. Ce décompte lui semblait inutile et l'angoissait. Ces entailles paraissaient matérialiser sa marche inéluctable vers la mort.

Une nuit, il se réveilla en sursaut. Sans cause apparente. Aucun bruit autour de lui, sauf l'habituel clapotis le long de la coque.

Maximo sortit de la tente et leva les yeux vers le ciel. Celui-ci était dégagé. Il reconnut les constellations familières qu'il avait maintes fois contemplées durant ses quarts.

Il regarda la mer qui luisait faiblement sous la lueur des étoiles et sur cette mer, droit devant lui, à une distance qu'il ne put évaluer, il vit un feu, un feu qui ne pouvait être que celui d'un navire.

Alors, il se dressa, cria, hurla et cette voix rauque d'angoisse qui montait sous les étoiles avait des accents à la fois étranges et tragiques. D'autant plus tragiques que ces appels étaient inutiles : ils ne pouvaient être entendus du navire. Alors, naïvement, Maximo se dénuda, comme si son corps, par sa blancheur, se détachant sur l'ombre nocturne, pouvait être aperçu, là-bas. par les marins.

Le naufragé resta ainsi plus d'une heure. Enfin, sans voix, les muscles endoloris à force de gesticuler, il se laissa tomber au fond de la baleinière en sanglotant.

Il espérait au moins qu'à l'aube, le navire serait encore en vue. Espoir vain : le soleil se leva sur la mer déserte.

Curieusement, la première déception passée, la pensée que ces parages étaient fréquentés rassura Antonio Maximo. Et ce réconfort, il en avait besoin : il n'avait pas pris de poisson depuis trois jours et sa provision d'eau était épuisée.

Ce jour-là, il ressentit une impression d'attente heureuse, comme s'il était sûr que sa délivrance était proche. Cette euphorie était due sans doute à un état de demi-inconscience suscité par l'inanition.

Le lendemain, la faim recommença à le torturer. Malgré ses

souffrances d'estomac qui le ployaient en deux, il reprit son harpon. Il ne captura rien, mais une bienheureuse pluie lui permit d'étancher sa soif. Plus tard (sa notion du temps devenait de plus en plus imprécise), il entendit un remous non loin de la baleinière, et même de légers coups contre la coque. C'était un grand poisson qu'il put harponner sans trop de difficulté.

Ce fut la dernière capture dont il eut le souvenir. Entre ce moment et celui où il reprit vie à bord du *Centaur*, Antonio Maximo ne gardait que des images confuses de voiles aperçues dans le lointain, de crises de désespoir qui le tenaient, prostré, dans le fond de la baleinière, d'une courte tempête qui malmena son embarcation et le laissa transi et transpercé par les embruns. Il se rappelait aussi une vision, celle de sa mère qui se dressa en face de lui en lui offrant de la nourriture. Puis toutes ces images, ces fantasmes sombrèrent dans une nuit atroce.

★

Le *Centaur* était arrivé à New York et Antonio Maximo achevait rapidement sa convalescence. Son corps avait repris son aspect normal. Son histoire extraordinaire se répandit rapidement. Il reçut la visite de curieux, de journalistes, de médecins. Il devint une sorte de célébrité.

La baleinière du *Toronto* fut exposée à la Maison du marin de New York, puis à la Société de sauvetage. On estimait que la survie du naufragé servirait d'exemple aux marins : avec du courage et l'aide de la Providence, ils ne devaient jamais désespérer de leur sort.

Que devint Antonio Maximo ? Dégoûté par son aventure, il chercha un poste à terre ? Il éprouva de l'aversion pour tout ce qui touchait aux choses de la mer et, à la vue même d'un navire, il était saisi d'angoisse ?

Non : Antonio Maximo, le ressuscité de l'océan, le Robinson du large, le mort-vivant, Antonio Maximo continua de naviguer. Mais comme il était attaché au bâtiment et à l'équipage qui lui avait porté chance et l'avait ramené à la vie, il s'embarqua sur le *Centaur*.

Narcisse Pelletier, lui, resta à terre après être rentré dans son pays natal. Qui est Narcisse Pelletier ? Un naufragé qui a vécu, comme Antonio Maximo, l'extraordinaire aventure que voici.

VIII

Pelletier, le rescapé sauvage

Jamais Wilson, le capitaine du *John Bell,* n'avait éprouvé une telle surprise. Douze hommes se tenaient devant lui avec des porcs et des cocos qu'ils voulaient échanger contre de la pacotille : ciseaux, miroirs, étoffes, arcs posés par terre sur un morceau de toile à voile. Et parmi ces hommes, ces aborigènes du cap Flattery, sur la côte nord-est de l'Australie, se tenait un Blanc.

— Ce n'est pas possible, murmura Wilson.

Il l'examinait. Ce morceau d'os qui traversait son nez, ces scarifications sur la poitrine, ces tatouages, tous ces détails prouvaient que l'homme appartenait bien à la tribu. Et pourtant ce teint clair, cette stature droite, la morphologie du crâne étaient ceux d'un Européen.

Wilson avança vers lui et prononça quelques mots en anglais.

L'aborigène ne répondit pas. Il tendait la main, dans l'attente de son cadeau.

Par signes, Wilson lui fit comprendre qu'il n'avait plus rien pour lui, mais que s'il venait à bord du *John Bell* il recevrait beaucoup de choses.

L'homme se tourna vers son chef. Il y eut un court colloque. Finalement la convoitise l'emporta sur la peur et l'homme sauta dans le canot des Anglais.

Sur le pont du *John Bell* il tressaillit. Il regarda autour de lui. Il ouvrit la bouche, comme s'il allait parler.

Wilson lui sourit et posa les deux mains sur ses épaules.

— Eh bien, parle maintenant. Tu ne crains rien. Tu étais prisonnier, n'est-ce pas ?

Pas de réponse.

— Tu n'as plus rien à craindre de ces sauvages. Tu peux tout me dire. Ils ne viendront pas te chercher ici. Tu es en sécurité maintenant.

L'homme regardait ses cadeaux.

— Tu pourras les garder. Je t'en donnerai encore d'autres si tu restes avec nous.

Wilson souriait.

— Tu as bien un nom ?

L'inconnu regardait alternativement la terre et le capitaine.

Wilson insista.

— Ton nom, voyons, ton nom ?

Toujours le silence.

Wilson réprima un mouvement d'impatience.

— Nous n'en tirerons rien, dit le second.

Wilson s'obstina pourtant. Il flairait un mystère et ce mystère il voulait le résoudre. Il ordonna au maître d'équipage : « Des vêtements à sa taille. Un tricot et un pantalon. »

L'homme prit les vêtements, les regarda, les palpa.

— Tu es un homme civilisé, dit Wilson. Tu dois être habillé comme nous.

Ses paroles n'eurent aucun écho.

— Allons, aidez-le.

Un matelot habilla l'homme qui se laissa faire comme un enfant.

— Tu te sens mieux maintenant, n'est-ce pas ?

— Je crois que vous perdez votre temps à lui parler, dit le second. Il ne comprend rien.

— Ce n'est pas sûr, murmura Wilson.

Il ajouta.

— Allez lui chercher à manger.

A la vue de la nourriture, une tranche de lard et du biscuit de mer, l'œil de l'homme brilla. Il commença à mâcher, cracha une première bouchée, mordit à nouveau dans la viande, mastiqua pensivement comme si la saveur de celle-ci lui rappelait quelque chose. Il tourna la tête autour de lui, regarda Wilson d'un air égaré et ses yeux se remplirent de larmes.

— Plus rien ne nous retient sur cette côte, dit Wilson. Dérapez l'ancre et appareillons.

Le *John Bell* quitta le cap Flattery. C'était le 12 avril 1875.

Wilson avait recommandé à ses matelots de ne pas s'occuper du nouveau venu et surtout de ne pas le considérer avec curiosité, espérant que, dans l'atmosphère du bord, il retrouverait peu à peu sa personnalité.

Son espoir fut d'abord déçu. Les premiers jours de navigation, l'homme restait prostré, s'alimentant à peine, dormant sur un tas de cordage et ne se mêlant pas aux matelots. Parfois même, son visage se crispait comme sous l'effet d'une crise de désespoir, les yeux fixés vers la côte qu'il avait quittée.

Peu à peu il se calma pourtant. Il examinait les agrès, les apparaux, la voilure.

— Il est sûrement un ancien matelot, pensa Wilson.

Mais de quel navire et à la suite de quelle aventure extraordinaire s'était-il intégré à une tribu d'aborigènes du cap Flattery ?

L'homme ne répondait toujours pas à Wilson qui, de temps en temps, l'interrogeait en anglais ou en espagnol.

— Il est peut-être français, allemand ou hollandais, dit Wilson.

— Il y a un moyen de le savoir, répondit le second.

— Lequel ?

— Il a su écrire, je suppose.

— Eh bien ?

— Donnez-lui une feuille de papier et un crayon. Sa main retrouvera des gestes familiers. On ne sait jamais.

Wilson tenta l'expérience. Il emmena l'inconnu dans sa cabine. Il le fit asseoir devant une feuille de papier quadrillé, mit un crayon dans ses doigts et s'en alla.

Il revint une demi-heure plus tard. L'homme n'avait tracé que des lignes ou des dessins informes.

Le lendemain, Wilson recommença l'expérience. Cette fois, la feuille était couverte de sortes de ronds, de carrés, de triangles qu'on aurait pu prendre pour des lettres. Le surlendemain, le doute n'était plus permis : l'homme savait ou plutôt avait su écrire. Mais en quelle langue ? On pouvait deviner çà et là quelques mots de trois ou quatre lettres ou d'une suite de voyelles qui n'avait de sens ni en anglais ni en espagnol.

— Encore un peu de patience, dit Wilson.

Sa patience fut récompensée. En traçant ses lettres, l'homme poussa d'abord une sorte de grognement. Puis il articula des sons qui étaient des mots, sans aucun doute.

— Ce doit être un Français, estima Wilson.

Un de ses matelots parlait cette langue. Il prononça devant l'inconnu des mots usuels : boire, manger, dormir, bateau et ce dernier les répéta. C'était bien un Français.

— Sans doute un naufragé, murmura Wilson.

Un naufragé ou un déserteur. Un de ces hommes tentés par les mirages des mers du Sud et dont certains avaient connu des destins surprenants. Ainsi Joseph Kabris, un matelot bordelais qui devint roi de Nuku Hiva, ou David O'Keefe, un Américain qui régna sur l'île Yap, ou encore cet « homme à la tête de lion » qui fut considéré comme un dieu par les habitants d'un archipel polynésien. Qui donc était l'inconnu qu'on avait embarqué sur le *John Bell ?* Quel secret détenait-il, le double secret d'une énigme de la mer et d'un homme qui avait oublié et sa langue et sa civilisation ? Un secret qui se cachait derrière quelques lettres grossièrement tracées sur une feuille de papier.

— Dans quelques jours, nous serons à Sydney, dit Wilson. Le consul de France l'interrogera. Nous saurons bien alors la vérité.

Pour savoir cette vérité, il fallut une longue, une très longue patience. A Sydney, des Français charitables s'occupèrent de l'inconnu du *John Bell*. Peu à peu, celui-ci retrouva quelques souvenirs de sa vie passée. Il se rappela son nom : Narcisse Pelletier. Il était matelot à bord du *Saint-Paul*.

On fit une première enquête. Aucun navire portant ce nom n'avait disparu récemment. Etait-il bien sûr que ce navire fût baptisé le *Saint-Paul ?*

Oui, Narcisse Pelletier était formel. Il put même préciser le port d'attache de ce bâtiment : Nantes.

On écrivit aux autorités de Nantes. On fit des recherches. Dans les archives de l'Inscription maritime, on découvrit le rôle d'équipage du *Saint-Paul*, un trois-mâts transportant des marchandises diverses à destination des Indes et de la Chine. Quelques rescapés avaient affirmé que le *Saint-Paul* avait coulé dix-sept ans auparavant. Où cela ? Sur l'île Rossel, au sud de l'archipel de la Louisiade, près du groupe des Salomon.

A l'époque du naufrage, Narcisse Pelletier devait être bien jeune. On l'interrogea encore. Il précisa qu'il s'était embarqué comme mousse. On contrôla son affirmation. Son nom figurait bien sur le rôle d'équipage.

Cependant, la mémoire revenait tout à fait à Narcisse Pelletier. Il écrivit d'abord une première lettre à ses parents, lettre qui commençait ainsi : « papa nanan gene seui pap nore ge sui vivant. »

Un mois après, sur un navire de guerre qui l'amenait à Nouméa, il rédigea une seconde lettre datée du « onze juliette 1875 » : « Je vous écrie une autre foi. Je vous embrasse de tout mon cœur ci vous ête vivant... il mon en poissonnez la gambre. Mais seulement je me porte bien. » Enfin, dans une troisième lettre, il montrait qu'il avait recouvré ses facultés et signait : « Pelletier Narcisse Pierre, Naufragé. » En France, il parla. Et on sut enfin toute la vérité sur le *Saint-Paul* et sur lui-même.

C'était à la fin de 1857 que le *Saint-Paul* avait quitté Nantes sous le commandement du capitaine Pinard, avec une cargaison de vin pour Bombay. De là, il mit le cap sur Hong Kong pour embarquer des coolies chinois, main-d'œuvre pour les mines d'or australiennes.

En juillet 1858, le *Saint-Paul* navigue par le travers des îles Salomon. Les 317 coolies sont mécontents : les vivres et l'eau sont rationnés. Une série de calmes a retardé le voilier ; les provisions de la cambuse s'épuisent.

Pinard craint une révolte. Il décide pour abréger la route de passer entre les îles Salomon et la Louisiade, bien que ces parages soient peu sûrs et encore mal connus.

Le 25 juillet, à une heure du matin, le *Saint-Paul* se traîne dans la nuit grise. Le second est de quart avec Narcisse Pelletier. Pinard dort dans sa cabine. Il a donné l'ordre de redoubler de vigilance à cause des écueils mal ou pas marqués sur la carte et surtout du temps bouché qui sévit depuis trois jours.

Sur la dunette, personne ne parle. On guette au fond du silence le bruit particulier des brisants. La visibilité est médiocre bien que la lumière de la lune filtre à travers la couche de nuages.

Soudain, une masse noire apparaît devant le *Saint-Paul*. Sans doute les nuages épais d'un grain.

Prévenu aussitôt par Pelletier, Pinard sort de sa cabine. En prévision d'un coup de vent, il fait carguer perroquets et cacatois. Il regarde attentivement les nuages qui lui barrent la route. Des nuages ? Ne serait-ce pas plutôt...

— Brisant un quart tribord ! hurle la vigie pendant que Pinard lui-même prend la barre vivement.

Le *Saint-Paul* vire de bord.

Il vire de bord, mais lentement, trop lentement. Plusieurs secondes s'écoulent et Pinard aperçoit un écueil bouillonnant d'une écume sinistre. Et derrière cet écueil, une montagne aux contours bien visibles, une montagne toute proche, à deux milles peut-être, cette montagne qu'on avait prise pour la masse nuageuse d'un grain.

Le *Saint-Paul* continue à virer de bord, mais pas longtemps. Les membrures craquent ; toute la coque vibre et l'évolution du bâtiment s'arrête net.

Le *Saint-Paul* vient de s'échouer.

Une sorte de stupeur frappe à la fois l'équipage et le navire. Pinard hurle des ordres de la dunette ; sa voix se perd dans le bruit des lames déferlantes et du vent. Et aussi dans un mugissement étrange qui soudain court à ras de pont.

Les matelots tressaillent. Les panneaux des écoutilles sautent. Non pas sous la poussée de l'eau. Les coolies affolés et exaspérés par leur jeûne et l'inconfort du transport ont envahi le pont, criant de peur. Ils s'entassent dans les baleinières avant même qu'elles ne soient mises à flot, s'agrippent aux matelots, grimpent aux mâts, redescendent sur le pont.

Enfin Pinard dominant le tumulte lance un appel au calme. Il faut attendre l'aube. Le *Saint-Paul* ne coulera pas tout de suite. Au jour, on mettra les embarcations à la mer pour atteindre l'île qui est proche.

Dès les premières lueurs du matin le transbordement commence. Un transbordement laborieux, car on ne dispose que d'une chaloupe et de deux canots. Enfin, au début de l'après-midi, tout le monde a débarqué sur un îlot proche d'une autre terre plus grande, l'île Rossel.

Le lendemain, Pinard et quelques hommes se rendirent sur cette dernière afin d'y étudier les possibilités de séjour, l'îlot étant trop petit et sans ressources alimentaires. L'île Rossel était fertile en effet, mais l'établissement des Français ne fut pas du goût des Mélanésiens qui pourtant avaient bien accueilli d'abord leur arrivée. Pinard et ses compagnons furent attaqués à coups de pierres et durent regagner à la hâte l'îlot.

C'était comme un second naufrage : presque pas de vivres, peu de munitions et une seule embarcation capable de tenir la mer. Une situation sans issue. Il était à la fois impossible de chasser les Mélanésiens qui interdisaient l'accès de l'île Rossel, de prendre la fuite et de subsister en attendant le passage, d'ailleurs improbable, d'un navire.

La nuit vint. Les Chinois, paralysés par la peur, se serraient les uns contre les autres ; les Français, groupés autour de leur embarcation, parlaient peu et, pour tromper leur faim, ouvraient machinalement, avec leurs couteaux, quelques rares coquillages.

Quand l'aube se leva, les Chinois étaient toujours à la même place. Les Français, eux, avaient disparu.

Le capitaine Pinard prétendit qu'il quitta l'île pour chercher du secours dans une possession anglaise avec l'accord des Chinois auxquels il laissait des munitions et la plus grande partie des vivres. Narcisse Pelletier affirme, lui, que les Français partirent à l'insu des coolies.

Ce fut le début d'une de ces aventures de mer qui déconcertent l'imagination. Le poste anglais le plus proche gisait à quelque 2 000 kilomètres, une distance que les neuf hommes de l'embarcation devaient franchir avec une douzaine de boîtes de conserve, un peu de farine et de l'eau douce contenue dans des bottes de mer en guise de citerne.

« Les premiers jours, nous pûmes subsister, dira Pinard, grâce à un véritable miracle : des oiseaux épuisés tombaient le long du bord et se laissaient prendre à la main. Nous les faisions cuire, non pas sur un feu, n'ayant pas de combustible, mais au soleil, pendant une trentaine d'heures. »

Pendant douze jours, les hommes naviguent sur une mer déserte. Ils estiment être au large du cap York, mais aucune terre n'apparaît à l'horizon. Le treizième jour, la lune à son lever éclaire, droit devant, une ligne très nette. On craint d'abord un mirage. Pourtant dans le ciel laiteux ondule le contour de montagnes et plus bas se dessine une ligne de palmiers. Quelques heures plus tard, les naufragés du *Saint-Paul* avancent en titubant sur une terre baignée d'une odeur végétale.

Ils se croient sauvés et s'endorment d'un sommeil lourd. Le lendemain, ils se rembarquent précipitamment : trois hommes partis en reconnaissance sont revenus en courant, poursuivis par des indigènes armés d'arcs. La chaloupe des Français s'éloigne, encadrée par les brèves gerbes d'écume des flèches qui heureusement manquent leur but.

La chaloupe erra au large une partie de la nuit. Tenaillés par la soif, ses occupants abordèrent de nouveau sur une partie de la côte qui semblait déserte. Ils se nourrirent de végétaux et de coquillages. Le surlendemain, lorsqu'ils reprirent la mer, deux hommes manquaient. Un qui avait succombé d'épuisement et le mousse Narcisse Pelletier qu'on avait laissé près d'un point d'eau — une eau boueuse et rare — et qui, inexplicablement, avait disparu, bien qu'on l'eût longtemps recherché. « Le malheureux a dû être capturé par les membres d'une tribu », dit Pinard.

Ce fut de nouveau une navigation hallucinante sur une mer déserte, le corps vidé par la faim, brûlé par la soif. Les vents contraires s'opposaient à la marche de la chaloupe et, le 30 octobre 1858, Pinard décida de remonter au nord pour tenter d'atteindre Timor.

Les naufragés sont maintenant dans le détroit de Torrès après avoir parcouru en zigzag près de 2 000 kilomètres depuis leur départ de l'île Rossel. Trois hommes sont étendus au fond de la barque, trop faibles pour faire un seul geste. Pinard et les trois derniers matelots valides guettent une terre, la langue gonflée, la tête toute bruissante du battement de leur sang.

La visibilité n'est pas bonne, à peine deux milles. Ils n'aperçoivent que la mer et le ciel, un ciel aux nuées basses qui descendent jusqu'à la houle grise.

Or cette terre dont ils rêvent existe. Où cela ? A quatre milles à peine. C'est un îlot, l'îlot Booby que les Anglais ont aménagé en radeau de sauvetage. On pose le pied sur la grève, une grève peu accueillante, rongée par les lames. On pense d'abord que cette terre n'offre aucune ressource jusqu'au moment où on découvre un panneau avec une flèche peinte en noir. Et cette flèche conduit à une autre flèche qui indique une grotte. Une grotte qui contient des vivres, tout ce dont peut rêver un naufragé dans son délire : des conserves de porc et de bœuf, des biscuits, des barils de rhum et d'eau. Et plus loin, dans d'autres barils du tabac, du thé. On sort de la grotte et c'est un nouveau miracle : des champs cultivés de pommes de terre, de citrouilles. Et encore, dans une hutte, des vêtements chauds.

« Les marins de toutes nationalités, lit-on sur un écriteau, sont invités à inscrire toutes les informations qu'ils pourront posséder sur le détroit de Torrès. Les capitaines sont priés d'entretenir les ressources de l'asile des naufragés. » Au pied de cet écriteau, une boîte aux lettres avec, dans un petit coffre, de l'encre, des plumes, du papier.

Et cet îlot miracle, ce paradis est presque à la portée des naufragés. Si l'un d'eux, saisi par un de ces pressentiments qui visitent parfois les hommes au bord de l'agonie, était grimpé au mât, il aurait pu distinguer, à tribord, la masse sombre d'une terre. Le destin aurait pu intervenir : une embellie, un rayon de soleil, une déchirure de la boucaille, le vol d'un oiseau. Le destin n'interviendra pas. Les naufragés ne débarqueront pas sur l'îlot Booby où ils auraient pu retrouver de nouvelles forces et reprendre espoir. Ils continuent leur navigation misérable en direction de Timor.

Un îlot, les naufragés en verront quand même un, le surlendemain. Mais celui-là est désert, hostile, sans ressources. Ils tombent à terre, anéantis par la fatigue, et s'endorment d'un sommeil lourd. Au jour, ils ouvrent les yeux et tressaillent : la chaloupe a disparu.

Ils pensent d'abord que, dans la demi-inconscience où ils étaient la veille, celle-ci a été mal amarrée. Mais non : ils constatent que le cordage a été coupé.

Pourtant, l'îlot est désert.

Pinard imagine que l'un de ses hommes, dans une crise de démence, a, au cours de la nuit, coupé l'amarre. Une heure plus tard, il abandonne cette hypothèse. Des hommes nus aux corps peints entourent les naufragés, les ligotent et les emmènent dans leurs pirogues. Les membres d'une tribu du cap Grenville, venus pour pêcher sur l'îlot, avaient découvert les Français endormis, leur avaient coupé la retraite, c'est-à-dire l'amarre de la chaloupe et étaient retournés sur l'îlot, en force, pour les capturer.

Le 11 octobre, Pinard, parqué avec ses compagnons derrière un enclos, porte un regard las sur l'horizon et pousse un cri. Il voit un navire, une goélette battant pavillon anglais longer la côte, mouiller l'ancre. C'est le *Prince of Denmark* qui collecte des écailles de tortue le long de la côte australienne.

Mac Farlane, le capitaine, débarque et aperçoit des Blancs qui lui font signe et implorent secours en mauvais anglais.

— Combien ? demande Mac Farlane au chef de la tribu.

Ce dernier demande une rançon en objets de pacotille. Une heure plus tard, les naufragés sont sur le *Prince of Denmark*. Pinard supplie Mac Farlane de relâcher au plus vite en Nouvelle-Calédonie afin que les Français envoient un navire de secours à l'île Rossel. Le capitaine anglais refuse d'interrompre son voyage. Ce n'est que le 25 décembre 1858 que le *Prince of Denmark* arrive à Port-de-France, en Nouvelle-Calédonie. Dix jours plus tard, l'aviso *le Styx* arrive devant l'île Rossel.

Avec émotion, Pinard observait à la longue-vue les lieux du naufrage de son bâtiment dont une partie de l'épave émergeait encore. L'îlot où s'étaient réfugiés les Chinois paraissait désert. Un détachement y débarqua. Sous les pieds des hommes craquaient des coquilles et des débris calcinés, sans doute des restes de repas. A un arbre aux branches mutilées pendait un lambeau de tente. Voici encore des troncs creusés, sans doute des réservoirs d'eau douce. A l'écart, deux monceaux de pierres : des tombes.

Pinard conféra avec le commandant du *Styx*. Les Chinois n'avaient pu s'échapper de l'île ; ils n'étaient pas tous morts sur place. Donc ils avaient été recueillis par un navire ou avaient gagné l'île Rossel.

Le lendemain, deux chaloupes armées longent la côte verdoyante de l'île. Elle est déserte. Voici pourtant six habitants dans deux pirogues à balancier. A la vue des Blancs, ils fuient vers le rivage, malgré gestes d'amitié et cadeaux brandis à bout de bras.

Une demi-heure s'écoule. Partout c'est le vide, le silence.

Soudain, un officier lève le bras. Les matelots arrêtent leur nage. Il croit avoir entendu un cri.

Les chaloupes dérivent. Des gouttes d'eau ruissellent des avirons suspendus.

D'où vient ce cri ? Un oiseau, un animal, un guetteur indigène ?

Encore le cri, cette fois plus fort.

— Là, dit Pinard, voyez, cet homme dans l'eau !

Un homme, en effet. Seul le buste émerge. Il fait de petits gestes timides. On s'approche de lui. Ce n'est pas un Mélanésien. C'est un Chinois.

On le hisse, ruisselant, dans l'embarcation pendant que les matelots braquent leurs fusils vers la terre. Il regarde, hébété, chaque homme. Soudain, il reconnaît Pinard. Il se jette dans ses bras et murmure : « All dead... All dead. »

Tous morts !

Il raconta qu'après le départ des Français, les Mélanésiens apportèrent aux Chinois de la nourriture et les jours suivants les embarquèrent par petits groupes vers l'île Rossel. On ne les revit jamais. Ils furent massacrés et mangés. Une dizaine d'entre eux furent épargnés. Ils furent adoptés par le chef de la tribu.

Pendant quatre jours, les marins du *Styx* recherchent ces supposés survivants. Il y eut quelques brefs contacts avec les Mélanésiens, des palabres, quelques escarmouches. Les Chinois restèrent invisibles. Peut-être avaient-il été massacrés, eux aussi.

« All dead... »

★

Revenu en Bretagne, Narcisse Pelletier avait recouvré la mémoire. Et on connut enfin les détails de son extraordinaire aventure.

Comment avait-il perdu la trace de ses compagnons ? Il ne put le dire. Trop faible pour suivre ces derniers, partis à la recherche d'une source, il était resté près d'un trou d'eau boueuse. Ecrasé de faiblesse et de fatigue, il perdit conscience. Quand il ouvrit les yeux, sans doute quelques heures plus tard, il était seul.

Il appela, cria puis marcha au hasard en suivant une sorte de sentier qui serpentait dans la savane. Brusquement, il s'arrêta. Il distinguait deux silhouettes. Ce n'étaient pas des matelots, mais deux femmes. Elles l'aperçurent à leur tour et s'enfuirent en courant. Pelletier rebroussa chemin. Ses jambes le trahirent. Il tomba. Avant qu'il ait pu reprendre souffle, deux Mélanésiens étaient devant lui.

Pelletier, pensant les amadouer, leur tendit un gobelet et son mouchoir. Les deux hommes s'emparèrent des objets, saisirent Pelletier par les épaules et le traînèrent jusqu'à leur village où il fut enfermé dans une case.

— Expliquez-nous comment vous avez eu la vie sauve, demanda-t-on à Pelletier. Ces Mélanésiens sont cruels, cannibales. Trop de naufragés, hélas !, en ont été victimes. Et d'autant que vous étiez sans arme, sans défense.

Pelletier répondait que c'était justement parce qu'il était sans arme que les indigènes ne l'attaquèrent pas. Et puis ils avaient été sans doute amadoués par ses cadeaux.

On insistait.

— Des cadeaux semblables, les Européens en font souvent. Cela n'empêche pas les rixes, les massacres.

— Ils attaquent les Blancs parce qu'ils se présentent en

groupe. Ils en ont peur. En revanche, ils ne craignent pas l'homme seul. Ils ne m'ont pas vu arriver en bateau. Ils ont sans doute expliqué ma présence par je ne sais quelle intervention surnaturelle.

Pelletier fournit une autre explication complémentaire de la première. Les hommes de sa tribu croyaient à la réincarnation des morts. Ceux-ci dans leur nouvelle vie changent de couleur de peau et s'assemblent dans un grand pays à l'ouest de l'Australie. En fait, on l'avait pris pour un mort, un mort qui avait revêtu la couleur de la mort, le blanc, celle des ossements.

Et Narcisse Pelletier se résigna à son sort. Tatoué, l'os rituel traversant ses narines, il participa à la vie de la tribu par une sorte de fatalisme voisin de la sagesse. Il apprit à pêcher, à chasser. Il dut guerroyer aussi contre les tribus ennemies. Sur ce point pourtant, Pelletier resta évasif.

Sous l'effet de cette vie primitive, ses facultés intellectuelles s'affaiblissaient et en premier lieu sa mémoire. Pendant quelque temps, des images du passé subsistaient en lui. Il oublia vite son existence à bord du *Saint-Paul*, ses camarades, le capitaine Pinard, le naufrage. En revanche, il se souvint longtemps de son enfance, de ses parents, des jours précédant l'appareillage du *Saint-Paul*. Mais tout cela comme un rêve, quelque chose de très doux, sans consistance, sans rapport avec la réalité.

— En dix-sept ans, demanda-t-on encore à Pelletier, des navires ont dû passer au large du cap Flattery.

Des navires, Narcisse Pelletier se rappelait en avoir vu. Jamais il ne songea à faire des signaux, à attirer leur attention, pas plus qu'il n'essaya de s'enfuir en pirogue, ce qui lui aurait cependant été facile. Il n'avait plus le désir de revenir en France. Il ne se rappelait même plus qui il était. Il avait oublié sa famille, son pays et jusqu'à sa langue.

D'autres Blancs ? Non, Pelletier n'avait pas rencontré des naufragés comme lui ou des aventuriers, des déserteurs. Pourtant, on parlait dans sa tribu d'un Européen qui avait vécu quelques années dans un village voisin. Il avait été tué pour avoir refusé d'épouser la fille du chef. On ne sut jamais qui était cet Européen.

Narcisse Pelletier, revenu en France, devint gardien du sémaphore de Saint-Nazaire. Taciturne, il ne fréquentait personne. Dans ses yeux passait parfois comme une flamme lointaine qui révélait peut-être une nostalgie ou un regret de sa vie passée.

IX

Hudson a-t-il traversé l'Atlantique ?

L'extraordinaire navigation d'Antonio Maximo suscita de nombreuses discussions, notamment sur les capacités d'une embarcation de sauvetage à franchir de longues distances sur l'océan. Treize ans auparavant, deux hommes avaient tenté de prouver qu'une telle embarcation pouvait traverser l'Atlantique. Et ç'avait été une surprenante aventure, à la fois héroïque et cocasse, qui resta quelque peu mystérieuse.

Le 11 juillet 1866, au milieu de l'après-midi, dans l'Atlantique, à 35 milles de la côte américaine, la vigie de la goélette *Pequonneck* signala un bâtiment à l'horizon.

Au large, un navire est toujours une attraction qui rompt la monotonie des longues traversées. Aussi, l'équipage de la goélette fut bientôt sur le pont.

Le lieutenant de quart examinait à la longue-vue l'inconnu qui n'était encore qu'une tache sombre sur le bleu de la mer.

— Curieux... dit le lieutenant. Voyez donc, commandant.

Le commandant venait de sortir de sa cabine où il avait fait la sieste. Bien reposé, le teint frais, la pipe à la bouche, il jouissait de ce beau temps et de cette navigation sans histoires sur une mer calme.

— Qu'y a-t-il donc de si curieux, lieutenant ? demanda-t-il d'un ton indifférent, comme s'il pensait à autre chose.

— Ce bateau. Il me semble bien petit.

— Sans doute quelque pêcheur.

— Si loin des côtes ?

Le commandant eut un mouvement d'épaules qui signifiait : « Pourquoi pas ? ». Puis il se décida à prendre la longue-vue.

Dans l'oculaire, le bateau apparaissait avec plus de netteté, la distance entre celui-ci et le *Pequonneck* qui filait à bonne allure ayant diminué.

— Curieux, trouvez-vous, lieutenant ? Moi je dirai plutôt inquiétant.

— Inquiétant ?

— Eh oui. Cela m'a tout l'air d'une baleinière ou d'un canot de sauvetage.

Ce soleil glorieux et cet océan bleu ne suggéraient guère une possibilité de naufrage. Et puis ces rescapés présumés se seraient dirigés vers la goélette. Or ils continuaient leur route vers l'est, parallèlement à celle du *Pequonneck*.

— On va bien voir, dit le commandant.

Il ordonna au timonier d'infléchir le cap de quinze degrés sur la droite.

Le commandant avait reposé la longue-vue. Il ne cherchait pas trop à imaginer ni la nature de ce bateau ni l'identité de ses occupants. En mer, il ne faut s'étonner de rien et les surprises de la navigation sont innombrables.

Un quart d'heure s'écoula.

Sur le pont, les marins, après avoir observé le bateau inconnu, semblaient maintenant s'en désintéresser. Ils flânaient en parlant ou en plaisantant. Certains même redescendirent dans le poste d'équipage.

Ces derniers n'y restèrent pas longtemps. Ils entendirent des éclats de voix, des exclamations, des pas précipités. Ils rejoignirent leurs camarades.

— C'est un trois-mâts, leur dit-on.

Ils crurent d'abord à une plaisanterie. Bien que le bateau fût encore trop loin pour en distinguer les détails, il n'avait manifestement pas la taille d'un trois-mâts.

— Le maître d'équipage affirme qu'il voit des huniers.

Sur la dunette, le lieutenant avait repris sa longue-vue. Il n'osait pas parler, certain d'être la victime d'une hallucination ou d'un rêve.

— Alors, lieutenant, ce bateau ? demanda le commandant qui s'était absenté quelques instants.

Le lieutenant hésitait à répondre. Il dit enfin :

— C'est tellement invraisemblable. Voyez vous-même.

Le commandant saisit la longue-vue avec un brin d'agacement. Pourquoi tant de mystère ?

Il observa le bateau quelques secondes et grommela.

— Mais c'est une farce ! Qui a construit ce bateau de fou ?

La longueur du bâtiment inconnu ne dépassait pas huit mètres et pourtant il était gréé en trois-mâts. Il portait clin foc, grand foc et petit foc, misaine, grand-voile, brigantine, huniers et volants. L'avant était incurvé comme celui d'un clipper. Il évoquait un jouet géant, une fantaisie pour enfant de milliardaire. Une impression accentuée encore par le fait qu'on ne voyait personne à bord. Parfois, on a rencontré au large de semblables bateaux miniatures. Shackelton, en 1915, en verra un dans un cimetière d'épaves en Georgie du Sud. On pouvait donc imaginer que cette réduction de trois-mâts avait rompu son amarre et avait échappé à son propriétaire, que celui-ci fût un enfant ou un collectionneur de modèles réduits.

Les hommes du *Pequonneck,* les yeux grands ouverts, contemplaient l'incroyable apparition qui n'était plus qu'à une encablure de la goélette : celle d'un trois-mâts Lilliput dont l'immensité de la mer semblait encore réduire les proportions.

— Il y a quelque chose d'écrit sur la coque, dit un matelot.

Quand la distance diminua, on put déchiffrer cette inscription : « Ingersoll's improved metallic lifeboat », c'est-à-dire : « Canot de sauvetage métallique Ingersoll amélioré ».

Un canot de sauvetage !

Pourquoi diable ce canot de sauvetage était-il gréé en trois-mâts ? Que signifiait cette fantaisie de mauvais goût ? Et que faisait-il en haute mer ?

A toutes ces questions, le commandant du *Pequonneck* ne donnait pas de réponse. Et le spectacle de ce bateau l'irritait. Il n'admettait pas, lui, marin, qu'on défigurât, qu'on ridiculisât presque un canot de sauvetage dont le nom seul évoquait le drame et l'héroïsme.

— Une mascarade, murmurait-il.

La goélette rangeait maintenant à une cinquantaine de mètres le canot que tous les marins du *Pequonneck* examinaient, ébahis. Et d'autant plus ébahis que l'équipage se composait de deux hommes seulement qu'on héla avec un porte-voix.

— Votre nom ?

— *Red, White and Blue.*

— Votre destination ?

— Grande-Bretagne.

On crut avoir mal entendu. Comment ce canot de huit mètres avec sa voilure farfelue pourrait-il atteindre la Grande-Bretagne ?

On reposa la question et on obtint la même réponse. Ces deux hommes avaient bien l'intention de traverser seuls l'Atlantique sur cette réduction de trois-mâts ! Une prétention grotesque à la mesure même de ce bateau grotesque.

On aurait voulu se persuader qu'on rêvait, que cette vision allait se dissiper, que tout cela était seulement la supercherie de deux fous qui voulaient faire parler d'eux. Mais pour quelle raison ?

Un des matelots tendit le bras. Il désignait un troisième

occupant du canot, occupant qu'on n'avait pas encore remarqué. Ce n'était pas un homme, mais un chien. Un chien qui se dressait sur ses pattes et, hargneux, aboyait en direction du *Pequonneck* comme s'il voulait chasser un intrus.

Cette hostilité du chien de ce minuscule trois-mâts était si cocasse qu'un matelot éclata de rire. Et un second. Et un autre encore. L'hilarité gagna l'équipage entier et les officiers. Tous furent secoués d'un fou rire que suscitaient à la fois l'attitude du chien, le gréement du canot et ses deux bizarres occupants dont on ne voyait que les bustes immobiles. Et ce rire qui ne s'arrêtait plus, ce rire de faces congestionnées et de claques sur le dos, soulignait davantage le ridicule de ce bateau, le ridicule de ces deux hommes et le ridicule de leur prétention de franchir l'océan.

★

C'était le 9 juillet 1866 que William Hudson avait quitté New York avec Frank E. Fitch sur le *Red, White and Blue.*

A cette époque, et presque simultanément dans les grands pays maritimes, on coordonnait les efforts des sauveteurs qui furent regroupés en sociétés. Il y avait là pour les constructeurs des canots de sauvetage un marché considérable, surtout aux Etats-Unis dont les côtes, y compris celles des Grands Lacs, s'étend sur 16 000 km.

Précisément, William Hudson avait conçu un bateau de sauvetage qu'il comptait bien vendre à ces sociétés. Ce bateau mesurait 7,92 mètres de long, 1,85 mètre de large et, ce qui était une nouveauté, sa coque était en fer galvanisé. Il était insubmersible grâce à des coffres à air latéraux et à des compartiments étanches.

Ce canot avait ses avantages (encore que, pour ce type de bateau, on préférât employer le bois, plus léger et plus souple), mais la concurrence était forte. Pour attirer l'attention des acheteurs éventuels sur son canot, William Hudson chercha à frapper un grand coup. Pourquoi pas la traversée de l'Atlantique ?

A cette date — 1866 — aucun petit bateau n'avait traversé l'Atlantique. Deux ans auparavant, une tentative avait été faite sur le *Vision,* d'une taille encore inférieure à celle du *Red, White and Blue.* On n'entendit jamais plus parler du *Vision* qui avait d'ailleurs la réputation d'être instable avec sa coque trop fine et sa voilure trop importante.

William Hudson, lui, était persuadé que son canot était capable d'affronter l'Atlantique Nord en été. Pour sensibiliser l'opinion, pour donner plus d'éclat à une réussite qu'il croyait certaine, il chercha un moyen et ce moyen il crut le trouver. Il eut l'idée saugrenue de déguiser son canot en trois-mâts. C'est sous cette forme qu'il appareilla de New York, le 9 juillet 1866. Il eut droit à quelques articles de journaux, à une foule non négligeable de badauds à son appareillage et à un succès de curiosité quand il traversa la rade.

Le surlendemain, les hommes du bateau pilote *A.T. Stewart* affirmèrent, en arrivant à New York, avoir rencontré, la veille, le *Red, White and Blue,* à 25 milles de la côte. Par vent de nord-est frais et mer creuse, le trois-mâts miniature n'avançait guère, ayant dû prendre la cape, mais tout allait bien à bord.

Le 11 juillet, il y eut encore la rencontre avec le *Pequonneck,* puis ce fut le silence. Des amis de Hudson interrogèrent les capitaines en provenance d'Europe. Aucun n'avait vu le canot de sauvetage. On ne s'en inquiéta pas trop. Un bâtiment aussi petit ne pouvait être aperçu qu'à faible distance. Hudson avait estimé que sa traversée durerait de cinq à six semaines. On espéra donc recevoir une lettre de lui à la fin du mois d'août.

★

Le dimanche 5 août, à 10 h 30, le trois-mâts barque *Princess Royal* mit en panne à 250 km de la côte irlandaise. Le capitaine venait d'apercevoir une embarcation qu'il imagina être celle d'un navire naufragé. C'était le *Red, White and Blue.* Hudson rangea son bateau le long du *Princess Royal* et annonça au capitaine, stupéfait, qu'il venait de New York.

L'admiration de l'équipage pour cet exploit fut telle que nul ne songea, cette fois, à rire de l'aspect saugrenu de l'embarcation. On proposa des vivres à Hudson. Il n'en avait pas besoin. Il accepta pourtant deux bouteilles de rhum et demanda un feu blanc de position, indispensable pour naviguer la nuit, maintenant qu'il approchait des parages fréquentés. On lui donna aussi deux journaux de Dublin que le *Princess Royal* avait quitté onze jours auparavant. Puis on se souhaita mutuellement bonne route et l'amarre fut larguée.

Il y eut un léger incident, sans gravité. Une vague fit faire une embardée au *Red, White and Blue.* Son bout-dehors vint donner contre l'arrière du trois-mâts et se brisa. Hudson procéda à une réparation provisoire qui tiendrait bien, si le temps ne se gâtait pas, jusqu'à l'arrivée en Angleterre qu'il atteindrait, selon son estimation, huit à dix jours plus tard.

Il ne se trompait pas. Le 13 août, le *Nettie Merryman,* un trois-mâts de New York, rencontra le *Red, White and Blue.* Hudson demanda sa position. Il était à l'entrée de la Manche, à peu près entre les côtes françaises et anglaises, à mi-distance entre la pointe Start, en Cornouailles, et les îles anglo-normandes. Le commandant du *Nettie Merryman* ne crut pas d'abord William Hudson qui lui déclara venir en droite ligne de New York. Devant l'état du bateau qui, manifestement, avait passé de longues semaines en mer et à la vue des documents montrés par Hudson il dut se rendre à l'évidence. Il n'eut pas à souhaiter bonne chance à Hudson qui avait pratiquement atteint son but.

Le lendemain, une masse brune apparut à bâbord : la côte anglaise à la hauteur de Bill of Portland. Au crépuscule, ce fut l'île de Wight que Hudson longea à faible distance.

Il était un peu déçu. Il avait imaginé que son bateau susciterait une grande curiosité et que la nouvelle de son arrivée se répandrait rapidement en Grande-Bretagne. Or les hommes des navires qu'il croisa ne portèrent guère attention au canot, la Manche, ce boulevard maritime, étant parcouru par toutes sortes de bateaux. Ce ne fut que le lendemain, devant Hastings, que le *Red, White and Blue* fut aperçu pour la première fois. Le 15 août, Hudson, Fitch et leur chien arrivèrent à Deal, au nord de Douvres.

Ce fut la gloire, le triomphe ? Pas exactement. Plutôt un certain succès de curiosité amusée. L'originalité de la mâture, l'aspect insolite du canot étonnèrent plus le grand public que l'exploit lui-même. Cet exploit, les marins, eux, l'apprécièrent, mais leur admiration fut nuancée de doute. Cette mâture de trois-mâts ne faisait pas sérieux. Pouvait-on accorder confiance aux dires de ces originaux qui, semblait-il, cherchaient surtout à attirer l'attention sur eux ?

Hudson comprit que la partie n'était pas gagnée d'avance. Après tout, ce n'était pas des habitants d'un petit port comme Deal qu'il devait attendre la célébrité. C'était à Londres que son exploit trouverait la consécration.

Hudson et Fitch restèrent huit jours à Deal pour prendre du repos et procéder à quelques réparations. Et le *Red, White and Blue* arriva enfin à Londres.

Là encore, déception. Ce canot de sauvetage, perdu dans la foule des bateaux qui fréquentaient le port de Londres, n'attira que quelques curieux qui s'arrêtaient, intrigués, devant le minuscule trois-mâts. Des marins visitèrent pourtant le *Red, White and Blue*. Ils s'intéressèrent à la conception de sa coque insubmersible, examinèrent les aménagements, mais ils étaient décontenancés par la bizarre conception de la voilure dont ils ne voyaient guère l'utilité. Cela sentait la publicité de mauvais aloi et ne faisait guère sérieux.

William Hudson était inquiet. Les représentants du Royal

National Lifeboat Institution ne semblaient pas tentés par l'achat éventuel du « canot Ingersoll amélioré », et il lui fallait de l'argent. Il avait engagé sa modeste fortune dans l'entreprise. Un homme d'affaires lui proposa alors de lui procurer des fonds. Comment ? En organisant une visite payante du *Red, White and Blue.*

William Hudson accepta. Le canot fut transporté à Hyde Park, au Crystal Palace. Des affiches, des articles de presse vantèrent l'exploit extraordinaire des deux hommes qui, pour la première fois, avaient traversé l'Atlantique sur un canot. Et cet exploit extraordinaire avait été accompli sur un bateau extraordinaire, un voilier miniature, une reproduction fidèle d'un trois-mâts. On mit en vente un « livre de bord original » qui retraçait les principales péripéties de la traversée.

A notre époque, un tel battage publicitaire n'aurait choqué personne. En 1866, il suscita une sorte de méfiance, surtout dans les milieux maritimes. William Hudson affirma plus tard que son bateau attira une grande foule. En fait, selon les témoins, le succès de l'entreprise fut médiocre. Hudson gagna tout juste de quoi vivoter pendant l'hiver.

Au printemps 1867, il reprit espoir. L'agent d'affaires qui avait organisé l'exhibition du Crystal Palace lui proposa de montrer le *Red, White and Blue* à l'Exposition universelle de Paris. Cette fois, ce serait la gloire et la fortune. Hudson ne demandait qu'à être convaincu.

L'Exposition fut inaugurée par Napoléon III le 1er avril. Elle s'étendait de part et d'autre de la Seine, sur le Champ-de-Mars et sur la colline de Chaillot. La plupart des pays étaient représentés. La foule se rendait du Palais du Bey au Bazar égyptien, du pavillon ottoman au village des Peaux-Rouges où le grand chef U-Ta-Wa-Un, de la tribu des Callapooses, accueillait les visiteurs, coiffé de plumes multicolores et armé d'une lance et d'un tomahawk.

On aurait pu craindre qu'au milieu de cette débauche d'exotisme et de pittoresque facile le *Red, White and Blue* passerait inaperçu. Sa présence aurait été déplacée, en effet, si, de par la volonté de Napoléon III qui s'intéressait aux choses de la mer, la navigation n'avait pas été représentée dans cette Exposition. Dans les différents pavillons nationaux, une place avait été réservée aux maquettes de navires, aux engins de sauvetage, aux souvenirs des marins célèbres, aux cartes, aux documents nautiques. En outre, des régates se déroulaient sur la Seine.

Le *Red, White and Blue* faillit pourtant ne jamais arriver à Paris. Lui qui avait affronté les périls de l'océan manqua être victime de la Seine. Des remorqueurs devaient faire au trois-mâts miniature une escorte triomphale. Las ! par suite d'une fausse manœuvre, le *Red White and Blue* dériva, heurta la pile d'un pont et endommagea sa coque et sa mâture. C'est en piteux état qu'il put enfin s'amarrer au poste qui lui avait été désigné.

Hudson et Fitch durent réparer à la hâte le gréement du canot. Ils eurent le tort de repeindre celui-ci. C'était une erreur de psychologie. Il aurait dû garder son aspect primitif qui suggérait les difficultés de la traversée qu'il avait accomplie.

Les visiteurs regardaient le trois-mâts qu'ils prenaient d'abord pour une maquette flottante. Quand un guide leur expliquait que le bateau avait traversé l'Atlantique avec deux hommes seulement à bord, les visiteurs hochaient la tête, incrédules, refusaient de payer pour monter à bord et visiter les aménagements, et passaient leur chemin. Il y avait tant de choses plus attirantes à voir dans cette Exposition !

L'homme d'affaires qui s'était chargé des intérêts de William Hudson estima que le *Red, White and Blue* n'était pas mis en valeur sur les quais de la Seine, parmi d'autres bateaux. Il intrigua, se démena et finalement obtint que le canot fût transporté sur un terrain du Champ-de-Mars. Cette fois, la présence insolite d'un voilier trônant au milieu des marchands de victuailles piqua enfin la curiosité des visiteurs et Hudson commença à faire recette.

Un jour, il reçut la visite d'un Anglais, John Mac Gregor qui avait acquis une certaine célébrité en longeant les côtes de la mer du Nord et de la Baltique sur un simple canoé, le *Rob Roy,* qui était d'ailleurs lui-même exposé.

Mac Gregor s'intéressait d'autant plus à William Hudson que lui-même comptait naviguer en solitaire, non plus sur un canoé, mais sur un voilier de 6,40 m. Il eut avec Hudson de longues conversations. Il lui faisait préciser les difficultés particulières de ce genre de navigation, lui demandant des conseils, sans doute avec l'arrière-pensée de réaliser, lui aussi, la traversée de l'Atlantique. (En fait, Mac Gregor se contenta de croiser dans les eaux européennes.)

Tout en écoutant parler Hudson, il tâchait de contrôler la réalité de son exploit. Beaucoup de personnes — et notamment des marins — soupçonnaient Hudson de supercherie. On estimait que le canot avait pu être pris à bord d'un bâtiment et remis à l'eau à proximité de l'Angleterre. On s'étonnait qu'une traversée de quelque 3 000 milles eût été accomplie en 35 jours. Et pourtant, cela représentait une moyenne de 86 milles par jour, à une vitesse de 3,6 nœuds, ce qui était peu.

Mac Gregor, lui, fut convaincu de la sincérité de Hudson. « J'ai toutes raisons de croire, écrivit-il, qu'il ne reçut aucune aide extérieure pendant son voyage sur l'océan. » Il restait toutefois perplexe quant aux raisons qui avaient poussé Hudson à choisir un gréement bizarre pour son canot.

Hudson avait été réconforté par la rencontre de Mac Gregor. Il avait été heureux de parler à un homme qui l'écoutait, le comprenait et le croyait, alors qu'il devait, la plupart du temps, répondre aux questions banales ou même stupides des visiteurs. Gauche et peu loquace, comme beaucoup de marins à terre, il se sentait mal à l'aise dans son rôle de montreur de foire, excédé par le défilé de la foule, asphyxié par la poussière, assourdi par les musiques et les éclats de voix.

En outre, il s'inquiétait. Les visites de son bateau ne lui rapporteraient pas assez d'argent pour couvrir ses frais, d'autant qu'il devait verser un pourcentage à l'agent d'affaires.

A défaut de la fortune, il aurait put espérer la gloire, une gloire bien méritée pour un tel exploit. Il avait produit son journal de bord. Celui-ci était précis, donnant à la fois la route suivie, l'état de la mer, la direction du vent, la voilure établie et aussi les menus incidents de navigation. Ses détracteurs prétendaient que ce journal était peut-être un faux ou du moins pouvait cacher certains faits, comme la prise en charge par un grand voilier sur une grande partie du parcours.

En 1969, on découvrit abandonné, à mille milles au sud-ouest des Açores, le trimaran de Donald Crowhurst qui participait à une course de voiliers autour du monde. En compulsant le journal de bord resté sur l'épave, on s'aperçut que celui-ci avait été falsifié. Crowhurst était resté au large de l'Amérique du Sud pendant que les concurrents naviguaient dans le Pacifique et l'océan Indien. Puis il avait repris la tête de la course pour la dernière étape. On imagina qu'à l'approche de l'arrivée, comprenant que sa supercherie serait sûrement découverte, Crowhurst s'était suicidé en se jetant à l'eau.

C'était la première fois, dit-on, dans l'histoire de la navigation de plaisance qu'on falsifiait un journal de bord. Mais était-ce bien la première fois ? Est-ce que Donald Crowhurst n'avait pas eu un prédécesseur : William Hudson ?

L'Exposition s'achevait. Hudson avait fait des dettes. Ses créanciers menaçaient de saisir le *Red, White and Blue*. Il réussit à appareiller clandestinement ; il descendit la Seine, craignant aux escales de recevoir la visite d'un huissier. Enfin, il atteignit Londres, déçu, ruiné, amer. Il lui restait pourtant à recevoir un dernier coup du sort.

Dans les milieux maritimes courut, encore une fois, la rumeur selon laquelle le canot de William Hudson avait été transporté par un voilier. Et cette rumeur était maintenant étayée par le témoignage d'un marin.

Ce marin était un certain Kennedy Childs, lieutenant à bord

du *William Tapscott* qui avait quitté New York le 16 juillet 1866, c'est-à-dire une semaine après le *Red, White and Blue.*

Childs expliqua qu'il était en mer depuis deux jours lorsque le commandant du *William Tapscott* ordonna de mettre en panne sous le grand hunier et, afin de diminuer la dérive, la brise étant assez fraîche, de carguer et serrer les perroquets. La bordée de quart exécuta la manœuvre sans en comprendre la raison. Aucun navire n'était en vue. Le commandant, à une question des officiers, répondit par une vague phrase comme : « Vous verrez bien », ou quelque chose de semblable.

Une heure passa. Puis une autre heure. Les matelots se regardèrent. Le « grand-mât » était-il devenu fou ? Le cas s'était déjà présenté... On l'observait à la dérobée. Il arpentait la dunette, prenant parfois sa longue-vue, comme s'il cherchait un navire à l'horizon.

A bord, l'étonnement faisait place à l'irritation. Pourquoi cette perte de temps ? Les hommes, désœuvrés, erraient sur le pont, mécontents de l'ignorance dans laquelle on les tenait.

Enfin, au milieu de l'après-midi, on sentit qu'un événement allait se produire. Le commandant avait déposé sa longue-vue et donnait des ordres à un lieutenant afin de préparer mâts de charge et palans pour hisser une grande embarcation à bord.

Le lieutenant fut étonné, mais obéit sans poser de question. Absorbé par son travail, il ne vit pas approcher du *William Tapscott* un canot au bizarre gréement de trois-mâts que l'équipage observait avec stupéfaction. Aussitôt commença la longue et difficile manœuvre d'embarquement du canot. Il fallut renforcer les palans, doubler les élingues passées sous la coque de celui-ci. Puis le *William Tapscott,* huniers et perroquets déferlés, continua sa route, cap à l'est.

Le canot resta à bord pendant presque toute la traversée, précisa Kennedy Childs. Ce ne fut qu'à deux jours de mer du cap Clear qu'il fut mis à l'eau. Le *William Tapscott* s'éloigna rapidement pendant que Hudson rétablissait la bizarre voilure du *Red, White and Blue.*

Les partisans de William Hudson étudièrent les déclarations de Kennedy Childs. Ils firent remarquer qu'elles n'étaient pas aussi accablantes qu'elles le paraissaient d'abord. Pourquoi ? Pour un fait bien simple. Le *Red, White and Blue* avait franchi, on l'a vu, l'Atlantique en trente-cinq jours. Cette traversée, si elle avait eu lieu sur un grand trois-mâts, aurait duré normalement deux fois moins, à six ou sept nœuds de moyenne. Or le temps de navigation du canot pouvait être aisément contrôlé : le 10 juillet il avait été vu par le *A.T. Stewart* et le 13 août par le *Nettie Merryman.*

L'argument était de poids. Cependant, les détracteurs de

Hudson ne désarmaient pas. Pourquoi, disaient-ils, Kennedy Childs aurait-il inventé cette histoire ? Par jalousie, par méchanceté, par besoin de faire parler de lui, répondait-on.

Dans cette affaire, tout n'était décidément qu'ombre et mystère. Un mystère qu'aurait pu éclaircir le commandant du *William Tapscott*. On ne l'interrogea pourtant pas. Coupable ou non de complicité avec William Hudson, il aurait n'importe comment nié les faits et, qu'il fût sincère ou non, on ne l'aurait pas cru. Quant aux membres de l'équipage du trois-mâts qui auraient pu, eux, faire des révélations, il aurait fallu effectuer de longues recherches pour les retrouver, le *William Tapscott* ne faisant pas de voyages réguliers en Grande-Bretagne. D'ailleurs, les matelots ne posaient pas longtemps leurs sacs sur le même bateau et, un an après le voyage de William Hudson, ils étaient dispersés aux quatre coins du monde.

William Hudson, lui-même, disparut. Est-il retourné en Amérique ? Mystère encore. Nous perdons sa trace. Nous ne pouvons juger avec certitude s'il fut coupable de supercherie ou victime de calomniateurs. C'est sur ce point d'interrogation que commence l'histoire des traversées de l'Atlantique sur des petits voiliers, traversées dont la période contemporaine donne et continue de donner de nombreux exemples.

Avec le recul du temps, l'exploit de Hudson est loin d'apparaître invraisemblable. Mais invraisemblable — et pourtant vrai — nous apparaît un autre exploit, celui des naufragés de la *Nathalie* qui réussirent à atteindre la terre sans même avoir d'abord un canot à leur disposition, exploit dont nous allons revivre les dramatiques péripéties.

X

Le glaçon de sauvetage

Il était interdit de dormir. Dans cette nuit, dans cette brume, par ce froid, fermer les yeux c'était les fermer pour toujours. De temps en temps, les deux hommes marchaient. Ils s'arrêtaient au bout de quelques mètres et revenaient. Ils ne pouvaient pas aller plus loin : au-delà c'était la mer. Devant et derrière eux. D'autant plus effrayante qu'elle était invisible. On n'en percevait la présence que par la résonance sinistre de quelques clapots.

Les heures passaient. La nuit semblait sans fin. Le froid était plus vif. Ce froid dont ils souffraient pourtant cruellement, les deux hommes espéraient qu'il allait durer. Leur survie était à ce prix. Pourquoi ? Parce qu'un réchauffement de l'atmosphère aurait entraîné la fonte de ce glaçon sur lequel ils s'étaient réfugiés.

C'était le 29 mai 1826 que la *Nathalie*, de Grandville, se rendant sur les bancs de pêche de Terre-Neuve, avait coulé, par 51° de latitude nord et 56° de longitude ouest, à l'entrée du détroit de Belle-Isle qui sépare le Labrador de Terre-Neuve. Le printemps ayant été tardif, la *Nathalie* avait été encerclée par des glaces flottantes. Sous leur pression, la coque éclata littéralement. Le naufrage fut si rapide que les hommes, affolés, s'entassèrent dans un canot qui déborda de l'épave déjà aux trois quarts submergée. Les autres membres de l'équipage furent happés par la mer, suffoquant, se débattant, appelant à l'aide.

Le second de la *Nathalie*, Jean Houiste, nageait avec énergie pour éviter d'être happé par les tourbillons de l'épave. Soudain, il heurta quelque chose de dur. C'étaient deux espars liés par un cordage. Il s'y accrocha pour reprendre souffle.

Houiste regarda autour de lui. Dans la pénombre, il distingua le visage crispé de Bernard Potier, un de ses matelots. Il fit signe à celui-ci qui se hissa à son tour sur les espars.

Les deux hommes ne parlaient pas. La soudaineté et l'ampleur de la catastrophe les écrasaient. Ils n'avaient même pas peur. En eux, c'était comme un grand vide noir. Noir comme la mer qui les entourait. De temps en temps, Houiste et Potier lançaient des appels. Des appels qui se perdaient dans le silence.

Les deux hommes attendaient. Quoi ? L'arrivée du canot qui, espéraient-ils, recherchait les naufragés. Ils guettaient le bruit d'un aviron sur l'eau, le choc d'une lame sur une coque. En vain. Toujours le même silence pesait sur eux comme une dalle.

Du battement de leurs pieds, ils dirigeaient les espars au hasard, sans but, uniquement parce que se mouvoir c'était encore vivre. Mais pour combien de temps ?

L'ombre paraissait encore plus dense à mesure qu'ils avançaient. Ils avaient l'impression absurde qu'elle s'opposait à leur progression.

Potier s'arrêta de nager. Il murmura.

— Oh ! lieutenant, là-bas...

— Quoi ? Je ne vois rien.

— On dirait... Quelque chose bouge.

Ils pensèrent d'abord à la baleinière. Dans ce cas, ils auraient entendu des voix, le bruit de l'étrave fendant l'eau.

« Une illusion », estima Houiste. Pourtant, Potier reprenait.

— Je vous assure, lieutenant... Comme une masse blanche.

Les deux hommes lancèrent de nouveaux appels qui furent étouffés par le silence aussi dense que l'était l'ombre.

Houiste continuait de regarder dans la direction indiquée par Potier. Il ne voyait pas de masse blanche, mais l'eau paraissait moins sombre, comme si elle reflétait quelque chose.

De vagues histoires de fantômes hantèrent l'imagination de Potier, tant il avait l'impression d'être au milieu d'un monde surnaturel où la vie et la mort se confondaient. Il n'avait pas repris sa nage, paralysé par une sorte de crainte superstitieuse. Il balbutia.

— Changeons de direction, lieutenant.

— Continuons, au contraire, répondit Houiste. Je la vois ou plutôt je la devine cette masse blanche. J'aurais pu y penser plutôt : c'est un glaçon. Essayons de l'atteindre. C'est notre seule chance de salut.

Un quart d'heure plus tard, les naufragés se hissèrent sur une dalle de glace dont la surface, par chance, était plane et lisse. Ils s'y étendirent d'abord pour reprendre souffle. Puis, mordus par le froid, ils se relevèrent et marchèrent de temps en temps pour se réchauffer. Ils guettaient la baleinière, mais sans trop d'illusion, car une brume épaisse les enveloppait maintenant. Une brume glaciale qui ne se leva qu'au matin.

Houiste et Potier examinèrent l'horizon. Ils cherchaient la chaloupe, des navires peut-être. La mer n'était que l'étendue désolée et sinistre des lendemains de naufrage, une surface houleuse où erraient seulement quelques glaçons.

— Oh ! Nous ne sommes pas seuls ! cria Potier.

Là-bas, très loin, quatre silhouettes d'hommes apparaissaient sur un glaçon et une cinquième sur un autre. Bien que ces naufragés ne pussent rien faire les uns pour les autres, leur lointaine présence réconforta Houiste et Potier.

Vers dix heures, ils sentirent la vague chaleur du soleil perçant les nuages. Le froid, l'humidité s'atténuèrent. Ils reprirent d'abord courage, puis, une misère succédant à une autre misère, ils sentirent la faim les tenailler.

A Potier qui se plaignait, Houiste ne répondit rien. Immobile, les muscles tendus comme un chasseur aux aguets, il fixait l'horizon. Il dit enfin au matelot.

— Bientôt, vous n'aurez plus faim.

Il tendit le bras. Un trois-mâts était sorti de la brume qui stagnait encore sur l'horizon et se dirigeait vers eux. Il était encore à plusieurs milles.

Vivement, Potier saisit un aviron qu'il avait repêché et l'agita jusqu'à épuisement de ses forces.

— Ils vont nous voir, dites, lieutenant, ils vont nous voir, répétait-il convulsivement.

— C'est très probable si ce trois-mâts garde le même cap, répondit Houiste qui, les mains en visière, observait le voilier.

Il y eut un silence. Puis, de nouveau, la voix un peu déçue du lieutenant :

— Non... Ils mettent en panne. Son équipage doit recueillir les quatre naufragés, là-bas. Après, ce sera notre tour.

Ils attendaient, une lueur de joie sur leurs visages fatigués. Bientôt, la nuit passée sur le glaçon ne serait plus qu'un misérable souvenir.

Un quart d'heure... Une demi-heure... Les quatre naufragés devaient être depuis longtemps sur le voilier. Qu'attend donc son capitaine pour reprendre ses recherches ? Ah ! voilà le trois-mâts qui vire de bord. Il déferle ses voiles basses. Enfin !

Mais que se passe-t-il ? Ce n'est pas possible ! Le voilier ne se dirige pas vers le glaçon. Il s'en éloigne au contraire !

Houiste brandit l'aviron ; Potier gesticule et hurle, comme si on pouvait l'entendre.

Un espoir pourtant. Le voilier reste dans les parages. Il louvoie parmi les glaces.

— Ils cherchent d'autres naufragés. Bientôt ce sera nous, murmure Houiste sans conviction.

— Ils sont donc aveugles sur ce bateau, gémit Potier.

Ils n'étaient pas aveugles. Contrairement à ce qu'avait imaginé Houiste, le voilier ne recherchait pas d'autres naufragés dont l'équipage ne soupçonnait pas d'ailleurs l'existence. Il s'efforçait de sortir du dédale des glaces et de trouver une voie d'eau libre.

Au crépuscule, Houiste baissa la tête.

— Peut-être demain... dit-il.

Potier eut une crise de désespoir. Il sanglotait.

Et ce fut encore la nuit, la brume glaciale, le froid et la faim. Tantôt l'un des hommes, pour se reposer, s'allongeait sur les espars pour se protéger de la glace. Il se levait bientôt, endolori, transi. Alors, il marchait, tournait en rond, vacillant, hébété, soutenu par son compagnon. On tentait de se réconforter, espérant qu'à l'annonce du naufrage de la *Nathalie* des sauveteurs partiraient de Terre-Neuve à leur recherche.

A l'aube, les deux hommes scrutèrent l'horizon.

Le voilier avait disparu.

Houiste tenta de consoler le matelot.

— Nous sommes près des bancs, dit-il, dans des parages fréquentés par des pêcheurs. Des bateaux, nous en verrons d'autres qui, cette fois, nous sauveront.

S'ils n'étaient pas morts de faim d'ici là. Sans ligne et sans armes, les naufragés ne pouvaient ni pêcher ni tirer sur les oiseaux de mer.

Le glaçon dérivait au milieu des débris de la *Nathalie*, ces débris qui leur rappelaient leur naufrage et serraient le cœur des deux hommes : morceaux de vergues, lambeaux de voile, tronçons de cordages, vêtements, débris qui étaient trop loin pour être recueillis. D'ailleurs, à quoi bon ? Ils ne pouvaient être d'aucune utilité, sauf les vêtements. Pourtant, Houiste désigna un objet en bois à demi submergé. Il cria.

— Là.. Une cage... Une cage à poules.

Si elle contenait encore les corps de volailles, on avait de la nourriture pour plusieurs jours !

Avec son couteau, Potier fit rapidement dans la glace une entaille pour y insérer l'aviron. Il put ainsi diriger péniblement le glaçon sur la trajectoire de la cage. Il s'empara de celle-ci. Elle contenait quatre poules noyées.

Les deux hommes s'en saisirent avidement, en plumèrent une dont ils dévorèrent la chair crue et fade, gorgée d'eau de mer. « Jamais nous n'avions fait un plus délicieux repas », dira Houiste.

Une heure plus tard, apparut une barrique. Elle fut hissée

sur le glaçon et défoncée à coups d'aviron. Elle était pleine de cidre mélangé d'eau, un breuvage qui parut aux deux hommes aussi savoureux que l'avait été la chair des poules noyées.

Et peu après, le glaçon heurta un petit baril. Il renfermait du beurre ! La chance tournait. Les naufragés eurent l'impression qu'un génie bienfaisant les avait pris en pitié et leur apportait son aide. Houiste comprit vite l'origine de ce miracle. La coque de la *Nathalie*, nous l'avons dit, avait éclaté sous la pression des glaces. Le contenu des cales, au lieu d'être entraîné par le fond, s'était répandu à la surface. Le glaçon flottait maintenant parmi le contenu de la cambuse.

Rassasiés, les deux hommes reprirent courage. Et d'autant plus qu'au milieu de l'après-midi, ils aperçurent une petite chaloupe vide, à deux encablures. Elle avait été dissimulée jusqu'alors par un glaçon.

Cette chaloupe représentait une réelle chance de salut. A condition toutefois qu'on pût l'atteindre et qu'elle fût en état de naviguer. En utilisant l'aviron, on plaça le glaçon sur la trajectoire de la chaloupe. La distance entre eux diminua : la chaloupe, légère, poussée par le vent, dérivait plus vite que le glaçon. Bientôt, Potier put y embarquer. Elle était pleine d'eau, mais la coque paraissait intacte.

— Nous sommes sauvés, répétait Potier en riant nerveusement.

Il commença à écoper l'eau d'abord avec ses deux mains, ensuite avec son bonnet.

Après deux heures d'effort, la chaloupe flotta normalement. On put recueillir l'homme seul qui s'était réfugié lui aussi sur un glaçon. Il se nommait Julien Joret et faisait partie de l'équipage de la *Nathalie*. Les trois hommes, à l'aide de l'aviron et des planches, dirigèrent la chaloupe vers la terre.

— En faisant de l'ouest nord-ouest, on doit atteindre Belle-Isle ou l'îlot de Grouays, dit Houiste.

Sans boussole, il était difficile de tenir un cap exact, mais, en s'orientant sur le soleil, on put maintenir la chaloupe en direction des deux îles.

Au crépuscule, une masse grise perça l'horizon.

— C'est sans doute le cap Bould, dit encore Houiste. Demain, nous serons à terre !

Au cours de la nuit, ils continuèrent de ramer au jugé, les muscles durs, les oreilles bourdonnantes, espérant l'aube et croyant voir parfois des feux de navires, illusion suscitée par leurs yeux fatigués.

Enfin le jour parut.

Et ce jour n'éclaira qu'une étendue blanche : les naufragés étaient de nouveau cernés par les glaces !

— On est peut-être près de la terre, suggéra timidement Potier.

Il était difficile de s'en rendre compte. L'horizon n'était dégagé que sur quelques milles.

Vers midi, le ciel s'éclaircit. Les naufragés guettaient le recul de la brume. Elle se dissipait par grands lambeaux qui s'effilochaient, stagnaient encore, se dissipaient. La mer était baignée d'une lumière laiteuse, une mer qui s'offrait aux regards de plus en plus étendue, une mer sur laquelle apparurent un, deux, plusieurs blocs sombres.

— La côte, s'écrièrent les matelots.

Houiste, les mains en visière, tâchait d'identifier ces blocs qui paraissaient se multiplier. Il en compta une dizaine, puis une vingtaine. Ce pouvait être la terre, en effet, une succession de rochers qui dominaient l'eau. A moins que...

Houiste hésita avant de parler. Ç'aurait été tellement inattendu, invraisemblable même...

— Des bateaux ! dit-il enfin.

Des bateaux, en effet. Maintenant que l'horizon était bien dégagé, il en dénombrait une trentaine, toute une flotte de pêche qui stationnait au-delà de la banquise, soit qu'elle eût repéré un banc de morues, soit qu'elle fût bloquée par les glaces.

Houiste estima à quatre ou cinq milles la distance à laquelle la chaloupe se trouvait de cette flotte qui représentait pour eux une inespérée chance de salut. Mais comment l'atteindre ? En contournant la banquise ? Celle-ci s'étendait sur une longueur qu'il ne pouvait déterminer et il n'était pas sûr qu'à son extrémité s'ouvrît une voie d'eau libre qui les conduirait à la flotte des pêcheurs.

Il y avait bien une autre solution pour rejoindre celle-ci, mais risquée et qui imposait de jouer le tout pour le tout : abandonner la chaloupe et progresser à pied, de glaçon en glaçon, vers les bateaux. Un coup de dés : Houiste n'était pas sûr que ces bateaux fussent assez près de la banquise pour que, une fois arrivés à l'extrémité de celle-ci, les naufragés fussent aperçus des marins.

Il consulta ses deux compagnons. Ils décidèrent de tenter l'aventure. Pour pouvoir retrouver éventuellement la chaloupe, ils mâtèrent l'aviron auquel fut accroché un lambeau d'étoffe. Puis ils partirent, emportant la dernière poule, leur seule nourriture (le baril de beurre étant malencontreusement tombé à la mer). Ils se munirent aussi de planches qui serviraient de pont pour franchir les crevasses.

Ils marchaient avec une énergie démente, la tête basse, glissant, se relevant, se soutenant. Ils parcoururent ainsi un, puis deux kilomètres, surveillant les navires pour s'assurer qu'ils restaient bien à la même place, ces navires qui représentaient peut-être leur dernier espoir.

Houiste levait les yeux vers le ciel. Le temps l'inquiétait. Le vent soufflait plus fort, tournait au nord, puis au nord-ouest. En moins d'une heure, la banquise se déplaça devant les naufragés. Çà et là zigzaguèrent des crevasses, crevasses qu'ils durent contourner jusqu'au moment où l'une d'elles, large de quatre mètres, leur interdit le passage.

Par places, la mer apparut. Creusée par le vent, elle dispersait et disloquait les glaces tout autour des trois hommes qui tentèrent de revenir vers la chaloupe.

Il était trop tard : ils étaient prisonniers d'un morceau de banquise que le vent poussa vers le sud-est.

Houiste, Potier et Jorret passèrent une nuit atroce. Pour éviter l'engourdissement mortel du sommeil, lorsque leur fatigue était trop forte, ils s'étendaient sur une planche. Dès qu'ils commençaient à dormir, ils perdaient l'équilibre, tombaient sur la glace dont le contact les réveillait.

Au matin, Houiste examina la situation. Le vent était tombé. La banquise s'était reformée par endroits. Il décida donc de reprendre la marche vers la terre.

On était le 10 juin. Douze jours s'étaient écoulés depuis le naufrage de la *Nathalie*. Douze jours de résistance surhumaine, une résistance qui allait sans doute prendre fin. La faiblesse des rescapés était telle qu'ils ne pouvaient avancer qu'en se tenant par les bras.

Une journée encore à se traîner sur la glace et une autre nuit. Le lendemain, le jour gris éclaira la terre. Le 12 juin, les naufragés n'en étaient plus qu'à deux milles lorsqu'ils s'arrêtèrent, découragés : l'eau s'étendait devant eux.

Cette fois, les naufragés ne réagirent plus. Ils n'eurent même pas la force de se laisser aller au désespoir. Ils se traînèrent machinalement jusqu'à une voûte de glace qui s'élevait à une cinquantaine de mètres. « Recueillis dans la pensée de l'éternité, nous attendions la mort avec résignation », dira Houiste. « Nous étions atterrés. Nos regards se portèrent tristement vers le ciel et nous nous dîmes adieu. D'une voix presque éteinte, nous exprimions nos derniers regrets. Il est si cruel de mourir loin de nos parents et de nos amis ! Le souvenir de ma jeune femme que je quittais pour la première fois depuis notre union me poursuivait sans cesse et ajoutait encore à mes maux. »

L'impression que la glace se déplaçait réveilla les naufragés de leur torpeur. Ils sortirent de la voûte. Il leur semblait que la terre s'était rapprochée. Le vent s'était levé et leur glaçon dérivait vers la terre.

Les malheureux sont, cette fois, sauvés ? On n'ose l'espérer et on a raison : quelques heures plus tard, le glaçon heurte la banquise et s'immobilise dans une anfractuosité. Houiste conduit ses deux compagnons vers un autre glaçon, plus petit, qu'ils pourront déhaler facilement. Ramant avec des planches, ils approchent de la terre. Ils n'en sont plus qu'à un demi-mille lorsque le glaçon se fissure, se désagrège. Ils peuvent sauter sur un autre glaçon. Enfin ils abordent à la côte. C'est le 13 juin, à 17 heures.

Les naufragés titubèrent sur une plage pierreuse et atteignirent une lande couverte d'herbes rases. Ils tombèrent, assommés par la fatigue et par les souffrances de ces quinze jours de lutte insensée contre les glaces, le temps, le froid, la faim, la peur.

Le premier, Houiste se réveilla dans l'aube grise. Il se pencha sur Potier.

— Relevez-vous. Nous allons chercher de la nourriture. Puis nous marcherons vers l'intérieur de l'île.

Potier ne bougea pas.

Houiste tressaillit. Est-ce que...

Il secoua les membres du matelot. Ils étaient raides. Il tâta le visage. Les yeux s'ouvrirent.

— Potier ! Dieu merci ! J'avais cru... Allons, du courage ! Nous sommes sauvés, cette fois !

Le matelot secoua la tête. Il fit comprendre au lieutenant qu'il ne pouvait pas bouger. Il était paralysé.

Potier se tourna vers Joret.

— Je ne vois plus, balbutia ce dernier.

Houiste pensa qu'un peu de repos et de nourriture ranimerait les deux malades. Mais quelle nourriture ? Il chercha sur la côte et découvrit des moules qu'il ramena aussitôt à ses deux compagnons.

Ils survécurent ainsi deux jours. La réserve de moules épuisée, ils mangèrent de l'herbe. Joret et Potier ne pouvant toujours pas marcher, Houiste se résolut à partir seul à la recherche d'une habitation. Epuisé, il ne put parcourir que quelques kilomètres. Il se traîna vers la plage et se coucha près des deux matelots que transperçait une pluie froide et s'endormit.

Une douce sensation de chaleur le réveilla. Le ciel était dégagé et le soleil brillait.

Joret remua lentement bras et jambes et se redressa à demi. Il poussa un cri.

— Je vois !

Il voyait en effet. Quoi ? Une goélette battant pavillon anglais. Et cette goélette longeait la côte à courte distance.

Houiste se leva. Et Jorret. Et aussi Potier, Potier le paralysé que la surprise et l'espoir avaient guéri. Tous gesticulaient et appelaient « d'une voix à peine plus forte que celle d'un enfant ».

Une heure plus tard, les matelots anglais portaient à bout de bras les trois naufragés « couverts de plaies, à demi nus, décharnés, les yeux caves et presque éteints ».

On embarqua ces fantômes et, d'abord, on ne crut guère à leur histoire qu'on attribua au délire. Mais certains épisodes de l'histoire de la mer ne s'apparentent-ils pas au délire ?

XI

Des naufragés au-dessus de la mer

Les naufragés de la *Nathalie,* c'est le miracle après le drame, le miracle du courage et de l'ingéniosité. Mais comment définir cet autre miracle, la survie d'une douzaine de naufragés de la *Junon,* naufragés qui survécurent pendant plusieurs semaines sans vivres, sans eau, non dans une embarcation, sur un radeau ou sur une épave, mais *au-dessus* de la mer ?

La *Junon* est une corvette de 450 tonneaux de jauge qui appareille de Rangoon pour Madras, le 29 mai 1796, avec une cargaison de bois de teck pour Madras. A son bord, 53 membres de l'équipage et une vingtaine de passagers.

Rangoon-Madras, c'est la traversée du golfe de Bengale : six à sept semaines pour franchir 900 milles. Pas de difficulté, si ce n'est que la mousson d'été du sud-ouest amène souvent nuages et fortes pluies. Pour Bremner, le capitaine, et pour Jean Mackai, le second, un Français, le seul Européen du bord, ce devait être une navigation sans histoire. La mer en décida autrement.

Les malheurs de la *Junon* commencent par un banal échouage sur un banc sablonneux de l'estuaire de l'Irawadi. Rien de grave apparemment. La *Junon* se dégage à marée haute, mais, au large, la tempête l'attend et malmène la coque de ce vieux bâtiment, la coque qui a été avariée, on s'en rend compte maintenant, par l'échouage. Dès la première embellie, Bremner fait mettre des paillets sur les brèches et reprend sa route.

Quelques jours de répit et, de nouveau, le 12 juin, c'est la tempête. Les vagues cognent sur la coque malade. Les pompes crachent à grand-peine l'eau sale qui envahit les cales. La *Junon,* alourdie, tient mal son cap. Des manœuvres cassent. Une voile, deux voiles se déchirent, partent en lambeaux.

— Il faut relâcher, suggère Jean Mackai à Bremner.

Relâcher, bien sûr, mais où ? Il arrive à Bremner la pire chose pour un marin : il situe mal sa position. Depuis dix jours, sans soleil ni étoile, il n'a pu faire le point. L'estime ? Elle est incertaine avec cette marche zigzagante, ce vent violent et cette forte dérive. Bremner se penche sur la carte. A tribord, c'est la côte birmane. A bâbord s'étendent les bouches du Gange. Mais à quelle distance ?

La violence de la tempête s'accroît encore : chevauchée de nuages bas crevant en violentes averses et vagues énormes sous lesquelles la coque disparaît. L'angoisse creuse le visage de Bremner. Il sent que son navire lui échappe. Et c'est vrai que la *Junon* va peu à peu réagir comme une épave avec son autonomie, ses caprices, son comportement bizarre.

Le 19 juin, Bremner tente de sauver son bâtiment en faisant abattre le grand-mât. Il espère que la *Junon* donnera moins de prise au vent et gouvernera mieux. Le charpentier et deux hommes, amarrés pour ne pas être emportés par les lames, saisissent des haches. Une pluie d'éclats de bois se mêle aux embruns. Le grand-mât oscille. Un craquement, puis un choc sourd. La *Junon* a fait une embardée et, au lieu de tomber à la mer, le grand-mât écrase le pont, ébranle le bordé, causant de nouvelles fissures dans la coque. Les pompes n'étalent plus l'eau.

Des bruits sinistres montent qui annoncent la perdition : gémissement des membrures et de la muraille, grincement des planches disjointes. A ces bruits s'ajoute soudain un autre bruit qui, dans ce climat dramatique, prend une dimension fantastique. C'est un sifflement, comme celui d'un serpent géant, un sifflement sonore, insinuant, qui vrille les oreilles, met les nerfs à vif et suscite inquiétude, affolement, panique. La plupart des membres d'équipage et des passagers refluent vers la dunette pendant que le sifflement continue, agressif, obstiné.

— C'est l'air ! crie Jean Mackai.

On se regarde. On croit avoir mal entendu. Quel air ?

Mackai a raison. Dans les cales, l'eau monte et comprime l'air qui s'échappe par les jointures du pont. L'explication, quand on la comprend enfin, accroît la panique. Ainsi, la *Junon* risque à la fois d'être écrasée par la tempête et d'éclater sous la pression de l'eau !

D'instinct, on se tourne vers les canots. Ils ont, hélas !, été démolis par les coups de mer. D'ailleurs, même en bon état, ils n'auraient pu aller bien loin dans cette tempête. On reflue vers la dunette qui émerge encore. Elle est bientôt envahie. Des matelots lèvent la tête et, après un court instant d'hésitation, grimpent convulsivement aux agrès, aux vergues d'où ils contemplent, hagards, la *Junon* qui se désagrège sous eux.

Cette attitude absurde, le naufrage étrange de la *Junon* va pourtant lui donner une justification. La tombe de la corvette ne sera pas le fond de la mer. Elle sera la mer elle-même. La coque, sans doute sous la poussée de sa cargaison de bois, continuera à flotter entre deux eaux. Seuls les mâts de misaine et d'artimon (le grand-mât ayant été abattu) émergeront et serviront de refuge aux naufragés.

Ce navire mort, ce spectre marin restera habité par son équipage et ses passagers. A demi inconscients, ils croient avoir quitté la vie alors qu'ils continuent à vivre. Ils s'étonnent à peine lorsqu'une sorte de fantôme, une forme blanche, apparaît sur le pont noyé et se dirige vers la dunette. Les naufragés qui ne sont pas encore montés dans le gréement s'écartent, apeurés. Bremner, un instant pétrifié, lui aussi, par la stupeur, tend un bras vers l'apparition et pousse un cri. Il vient de reconnaître sa propre femme. Ecrasée de fatigue, celle-ci était restée dans sa cabine. Bremner, absorbé par sa lutte contre la tempête, avait oublié son existence !

Il entraîne sa femme et lui fait gravir les haubans jusqu'à la hune d'artimon où il la rejoint bientôt avec le second, Jean Mackai, et quelques hommes.

Et le reste des naufragés ? Regardons-les. Regardons-les bien. C'est une vision unique dans l'histoire de la navigation que ces corps étagés sur les haubans avec leurs visages gris de terreur, leurs bras crispés, leurs jambes arc-boutées, cherchant un appui sur un cordage, un espar, une vergue.

Certains, lorsquc le roulis cst trop fort, lâchent prise — sans doute volontairement — pour ne plus souffrir ce cauchemar. D'autres résistent, bien que la raison leur conseille d'abandonner une lutte inutile, insensée. Un ultime instinct les retient à la vie, les pousse à poursuivre cette croisière de bateau-fantôme dont le port ne peut être que la mort.

La mort que quelques-uns appellent d'une voix navrante, insoutenable. Un cri monte qu'emporte le vent. Des lamentations s'entrecroisent avec des gémissements, des imprécations contre le sort, des prières, des mots sans suite, composant une symphonie sinistre qui s'élève au-dessus des eaux.

Une faim atroce serre les estomacs. La cambuse est noyée et d'ailleurs inaccessible. Quant à l'eau, un seul espoir pour s'en procurer : la pluie. Elle tombe parfois en courtes averses. On tend les mains ; on tord les vêtements pour en extraire l'humidité ; on mâchonne les cordages ruisselants.

La soif apaisée — pour combien de temps ? —, les naufragés ressentent la faim avec encore plus d'acuité. Jean Mackai consulte le capitaine Bremner. Que faire ? Tuer des oiseaux de mer ? Les fusils sont restés à leur râtelier au moment de l'immersion de la coque. Pêcher des poissons ? Quelques matelots ont déjà fabriqué des lignes de fortune, mais sans appât ils n'ont rien pris. Jean Mackai jette un regard sur les haubans. Il voit des corps que bientôt la vie va quitter. Ne pourrait-on pas ?...

Bremner a compris. Il a un geste las. Si les hommes sont d'accord, pourquoi pas ? Il y a des circonstances où manger de la chair humaine n'est pas un crime. Ne nous indignons pas : des naufragés qui n'étaient ni des sauvages ni des brutes ont raisonné ainsi et sont passés de l'intention à l'acte.

Jean Mackai a l'idée bizarre d'organiser à ce sujet une sorte de référendum. Il en parle à quelques hommes réfugiés comme lui sur la hune d'artimon. Ils acquiescent. Puis la question court de bouche à bouche chez les malheureux agrippés aux agrès. « Seriez-vous d'accord pour... » Et ils sont d'accord. Ils seraient prêts à tout pour ne plus ressentir ces atroces douleurs d'estomac et cette faiblesse mortelle qui les envahit peu à peu. Un seul naufragé refusera : le canonnier « qui était catholique romain », note un chroniqueur. Ce dernier ne précise pas toutefois si les naufragés se sont effectivement nourris de chair humaine. Est-ce pudeur de la part de ce chroniqueur ? Est-ce que les naufragés n'ont pu mettre leur projet à exécution ? Il aurait été difficile, il est vrai, de transporter un cadavre sur une des deux hunes, de le dépecer et d'en passer les morceaux à chacun des naufragés.

La *Junon* poursuivait sa navigation d'outre-naufrage. Les deux mâts oscillaient au-dessus des lames, parfois éclairées, la nuit, par les éclairs d'un orage dont la lueur crue et fantomale faisait sortir de l'ombre les silhouettes de ces hommes et de ces femmes suspendus entre la mer et le ciel, comme crucifiés sur les cordages.

Le 25 juin 1796, le troisième jour après l'immersion de la coque, pour la première fois depuis le drame, le soleil brilla. Les vagues s'apaisèrent ; le roulis cessa et, miracle !, le pont affleura la surface de l'eau.

La chaleur, la lumière, ranimèrent les courages. Une petite flamme d'espoir apparut dans les yeux fiévreux des naufragés. Sur l'horizon dégagé, on chercha la terre.

Le charpentier et quelques hommes descendirent sur le pont et, de l'eau jusqu'au ventre, tentèrent de fabriquer un radeau en assemblant tronçons de vergues et espars. Un travail lent, pénible et qui semblait, au départ, impossible. Les hommes œuvraient avec une sorte de rage anxieuse. Le désir de quitter l'épave décuplait leurs forces et leur ingéniosité. Le 26 juin dans la soirée, le radeau était prêt, ce radeau qui représentait l'espoir d'échapper à cet hallucinant perchoir marin. Espoir bien précaire. Illusoire même. Que la tempête souffle de nouveau et ce fragile assemblage de bois risque de se disloquer. Embarquer sur le radeau est un saut dans l'inconnu, d'autant qu'on ignore la distance de la terre et son gisement.

Une sorte de folie anime pourtant les naufragés qui dégringolent des haubans, envahissent le pont, s'entassent sur le radeau qui a été amarré à la hauteur de la dunette. Il y a des bousculades, des heurts et même des coups, des cris, des supplications de femmes en pleurs, des menaces. Bremner veut faire embarquer son épouse. On ne l'écoute pas. Jean Mackai essaie, sans succès, de calmer la foule des malheureux. Enfin, le radeau, lourdement chargé, déborde de l'épave et s'éloigne vers le nord, sous la poussée d'avirons grossièrement façonnés.

— Ils n'iront pas bien loin, dit Jean Mackai pour consoler ceux qui restent.

La nuit tombe. Un étrange silence recouvre la *Junon* désertée par la moitié des naufragés. Chacun rêve maintenant que le radeau atteindra la terre et que des secours seront dépêchés vers l'épave. Et ce rêve insensé semble se réaliser au matin lorsque, très loin, on aperçoit le radeau. On imagine maintenant que ses occupants ont découvert la côte et qu'ils reviennent pour prévenir ceux de la *Junon*.

Quelques heures après, le radeau accoste à l'épave. La tête basse, le charpentier avoue qu'il s'est perdu dans la nuit et qu'il a préféré regagner la *Junon* en attendant des circonstances plus favorables pour repartir.

Le beau temps continuait. Au vent et à la pluie avait succédé la chaleur qui dessèche les lèvres et engendre le délire dans les cerveaux affaiblis.

Dans la hune d'artimon, le capitaine Bremner qui, jusque-là, était resté prostré se redressa brusquement. Les yeux brillants, il tendit un bras.

— Là-bas... murmura-t-il.

On crut d'abord qu'il s'imaginait voir un navire ou la terre. Son hallucination était autre. Quelque chose était apparu devant lui. Quoi ? Un fantôme ? Une de ces dernières visions qui visitent parfois un mourant ? Non. Ce que voyait le capitaine Bremner symbolisait à la fois ses souffrances et ses hantises. C'était une table couverte de mets succulents, de pâtés à la croûte dorée, de poulets arrosés de jus, de rôtis saignants. Et Bremner désignait tel ou tel plat pour qu'on le lui servît.

— Donnez-les-moi ! hurlait-il. Pourquoi ne voulez-vous pas me les donner ?

Il se levait à demi, gesticulait. Des matelots durent le maîtriser.

— C'est la calenture, dit Jean Mackai à Mme Bremner.

Qu'est-ce que la calenture ? « Sous la zone torride, le sang, trop raréfié, se porte en trop grand quantité vers l'organe encéphalique, et exerce sur les nerfs cérébraux une lésion qui, aidée par l'impureté de l'air vital, donne lieu à un délire frénétique. » Cette analyse de la calenture serait sans doute contestée de nos jours par les praticiens. Nous la citons néanmoins. Pourquoi ? Parce qu'elle est due à un médecin qui avait été bien placé pour constater les effets de la calenture sur les naufragés. Ce médecin est Savigny, le chirurgien de la *Méduse*, un des dix rescapés du funeste et célèbre radeau.

Etait-ce bien de la calenture dont Bremner était victime ? Comment garder sa raison dans un univers qui défie la raison ? De la folie de Bremner, presque tous les naufragés étaient atteints, même si les visions engendrées par cette folie n'étaient pas de la même nature.

Certains voyaient un vaisseau qui s'approchait d'eux ou encore une terre verdoyante à quelques milles. Ils gesticulaient, frénétiques, lançaient des appels ou des mots qui s'étranglaient dans leurs gorges. Certains imploraient la divinité. Un malheureux hurla d'une voix navrante : « La mort ! La mort ! La mort ! » avant de se jeter à la mer.

Ces paroles, ces cris, ces appels, glaçaient le cœur des survivants au point qu'un passager, nommé Wade, voulut fuir à tout prix cet enfer. Avec six hommes, il décida d'effectuer une nouvelle tentative avec le radeau. Ils s'éloignèrent de l'épave, le 28 juin. Le soir, une bourrasque éclata. La mer se creusa. On ne les revit jamais.

Bremner avait cessé de délirer. Il restait prostré dans les bras de sa femme, ouvrait parfois des yeux qui ne voyaient plus rien. Une averse tomba. On put lui faire avaler quelques gorgées d'eau qui ne le ranimèrent même pas. Il n'était déjà plus qu'un fantôme, capitaine de ce navire fantôme qu'était devenue la *Junon*. Il mourut le 1er juillet.

Huit jours plus tard, la *Junon* flottait encore.

D'après les observations courantes, la résistance d'un homme à l'inanition dépasse rarement une vingtaine de jours. Elle peut atteindre une quarantaine de jours si l'individu peut boire normalement. Après quatre semaines, une vingtaine de naufragés de la *Junon* survivaient toujours. Dans la mâture, c'était toujours un murmure d'agonisants, une suite de phrases déformées, balbutiées dans le délire, des mots informes qui n'avaient plus de sens dans aucune langue. Le 10 juillet pourtant, un de ces mots, hurlé par un matelot, fit sursauter les autres naufragés qui tournèrent la tête, ouvrirent les yeux, les refermèrent.

Le matelot continuait à crier ce mot qui prenait maintenant une signification précise, sans équivoque. Il tendait un bras décharné et tremblant vers la droite. Il insistait et cette fois on comprit ce mot. Et ce mot était : « Terre. »

Alors, il se passa une chose étrange. Les naufragés ne réagirent pas. Comme si la terre ne les intéressait plus, elle qui était cependant un espoir de vie. Ils se sentaient déjà au-delà de la vie.

Le matelot répéta plusieurs fois encore : « Terre ! Terre ! », puis il se tut, soit qu'il fût épuisé, soit qu'il ne croyait plus lui-même à la réalité de sa vision.

Mme Bremner, la première, reprit conscience. Elle distingua, très loin, une ligne sombre.

Elle se dressa.

Maintenant, cette ligne sombre s'élargissait, devenait une vaste étendue ocre. Le vent apportait une odeur douceâtre. Non, ce n'était pas une illusion. C'était bien la terre !

Elle secoua l'épaule de Jean Mackai, répétant, comme une litanie : « La terre ! La terre ! »

Mackai ne bougea pas.

Elle eut peur que, comme son mari, le second ne fût mort d'épuisement. Ses doigts se crispèrent sur le corps décharné de Mackai qui finit par pousser un gémissement. Ses lèvres remuèrent, mais il ne parla pas. Alors Mme Bremner saisit la tête du second et la tourna de force dans la direction de la côte en continuant de crier d'une voix que la fatigue commençait à essouffler : « La terre... la terre... Mais regardez donc : la terre... »

Mackai sortit enfin de sa léthargie. Ses yeux s'ouvrirent. Il murmura : « La côte d'Arakan... »

C'était bien la Basse Birmanie, en effet. Mais la terre ne représentait peut-être pas le salut. Que l'épave touchât un écueil et la *Junon* faisait pour la seconde fois naufrage, un naufrage définitif. La coque se disloquerait ; les mâts s'effondreraient ; les agrès se rompraient. Les rescapés seraient précipités à l'eau et, sans force, ne pourraient pas nager jusqu'au rivage.

La nuit tomba.

Une nuit qui fut un long rêve pour la douzaine de rescapés. Ils imaginaient l'accueil chaleureux des riverains qui les soigneraient, les réconforteraient. Dans l'ombre, ils entendaient le roulement lointain des lames déferlant sur la côte.

L'aube éclaira la terre. Elle était basse, sablonneuse, sans récifs.

— Une chance... murmura Mackai.

Poussée par le reflux, l'épave s'échoua doucement, bien droite, et s'immobilisa.

Les rescapés, hébétés par la joie, contemplaient le rivage, un rivage tout proche, mais ils en étaient encore séparés par une bande d'eau de plusieurs centaines de mètres de large.

Jean Mackai s'était dressé sur la dune d'artimon, les jambes encore tremblantes. Il voyait les rescapés tournés vers lui et comprenait leur interrogation muette.

— Attendonc le reflux, cria-t-il. Nous pourrons sans doute atteindre le rivage à pied.

L'eau se retire lentement, trop lentement. Le pont de la *Junon* se découvre. Il est verdâtre, sinistre, un cadavre de navire décomposé qui achève sur la côte d'Arakan sa croisière d'outre-naufrage.

Le rivage approche. On en a du moins l'illusion, car la bande d'eau qui le sépare de la *Junon* diminue : cinq cents mètres... quatre cents mètres...

Les yeux brillants dans les visages émaciés guettent la descente de l'eau. Puis après l'espérance, c'est l'inquiétude. Cinq heures se sont écoulées. La mer est étale maintenant et un chenal de plusieurs centaines de mètres isole encore les naufragés de la terre. Ceux-ci se désespèrent : avoir survécu pendant plusieurs semaines, avoir souffert, et tellement qu'ils se demandent comment ils sont encore en vie, et risquer de mourir alors que le salut est tout proche...

Trois hommes se décident alors à descendre des agrès. Ils cherchent sur le pont glissant et gluant d'algues des espars, des bouts de vergues qu'ils poussent à la mer. Puis ils se mettent à l'eau. Ils esquissent quelques faibles mouvements de brasse, essoufflés, le sang battant aux tempes, et s'accrochent aux espars que la marée montante entraîne vers le rivage.

A demi conscients, les hommes se laissent porter, sondant avec leurs jambes dans l'espoir d'atteindre le fond. Il y a encore assez d'eau pour se noyer. Un temps s'écoule, comme une éternité. On craint maintenant d'être écarté du rivage par le courant ou par le reflux. On est tenté de lâcher les espars. Ah, que tout cela finisse...

Enfin, un des matelots pousse un cri. Ses pieds ont touché le fond. Quelques minutes encore et les naufragés s'effondrent sur la plage.

Ils se relèvent en proie à une hantise : manger. Voici des algues qu'ils mâchonnent et trois providentielles noix de coco amenées par les vagues.

Ils cassent les noix entre deux galets, d'une main fébrile. Hélas ! elles sont vieilles, pourries par un long séjour dans l'eau. Qu'importe ! On mastique avidement la chair fibreuse.

Les naufragés s'éloignent ensuite du rivage. De la *Junon* on les voit disparaître derrière les buissons. On pense qu'ils sont à la recherche d'un village, mais le soir tombe et la plage reste déserte.

Au matin, on distingue des silhouettes d'hommes errant sur le rivage. Ce ne sont pas les matelots, mais des inconnus qui contemplent l'épave avec stupéfaction. Ils ne témoignent pourtant aucune velléité de secourir les naufragés.

Cette fois, Mackai retrouve son énergie. Trop faible pour nager et même pour s'agripper à un espar, il trouve quand même assez de force pour construire un radeau grossier avec l'aide des trois matelots restés à bord. Mme Bremner, sa suivante et trois hommes âgés refusent d'y prendre place. Il est convenu qu'on viendra les chercher avec l'aide des Indiens.

Le radeau, entraîné d'abord vers le large par le courant, finit par aborder à la côte. Mackai, conduit par une fumée, atteindra un village d'où trois hommes se précipitent vers lui : les matelots qui avaient quitté la *Junon* la veille.

Jean Mackai les reconnaît et éclate d'un rire crispé. Ses nerfs craquent. Il prononce des mots sans suite, délire et tombe évanoui. Lorsqu'il revient à lui, il voit Mme Bremner et les derniers naufragés que les Indiens ont sauvés. Il ne croit pas encore à leur présence. Il les prend pour des fantômes qui veulent le ramener sur la *Junon.*

Jean Mackai recouvra la raison. Il revint à Calcutta. La terrible et extraordinaire aventure qu'il avait vécue ne le détourna pourtant pas de la mer. Après quelques mois de repos, il s'embarqua comme commandant d'un navire marchand. Il continua de naviguer pendant une quinzaine d'années.

XII

La dernière nuit du Schooner

Voici une autre mâture avec sa grappe de naufragés. Cette mâture-là est immobile et non errante, comme celle de la *Junon* qui reste une des images les plus hallucinantes de l'histoire des océans. Elle appartient au *Washington B. Thomas*, un schooner américain. L'écume blanchit autour de lui. Il est encastré sur des récifs et sa coque est noyée par les lames d'une forte tempête. Sur les cinq mâts, sur les vergues, sur les enfléchures sont réfugiés les vingt hommes d'équipage.

Le *Washington B. Thomas* avait quitté Newport News, en Virginie, le 5 mars 1905, avec un chargement de charbon pour Portland, le grand port de l'Etat du Maine. Son commandant était le capitaine John Lermond qui était aussi le propriétaire du navire.

Lermond est un marin tel qu'aurait pu l'imaginer Joseph Conrad. D'origine modeste, il navigue depuis l'âge de douze ans. A vingt-trois ans, il commande déjà une goélette qui fait du cabotage le long de la côte canadienne. Il a la réputation d'un excellent navigateur. Aucun échouage. Aucun incident au cours de ses nombreuses traversées. Les chargeurs lui confient volontiers leurs frets.

A trente-cinq ans, Lermond achète son premier navire. Il délaisse le cabotage pour le long-cours et transporte du bois canadien pour les papeteries de Bristol et du charbon à destination des ports méditerranéens. Sa fortune s'accroît. Et toujours des navigations heureuses, sans histoires. Il est vrai qu'il recrute des marins de premier ordre. En 1905, il possède le *Washington B. Thomas*. C'est un schooner à cinq mâts, un nouveau type de voilier que construisirent les chantiers américains à partir de 1900. Une innovation : les mâts portaient des voiles trapézoïdales. Ce gréement simplifié permettait de limiter l'équipage à quinze ou vingt hommes. En revanche, ce bâtiment était surtout conçu pour utiliser les vents de travers, à l'allure grand largue.

Le *Washington B. Thomas* accomplit de nombreuses traversées, toujours sans incident notable. Lermond était célèbre chez tous les marins canadiens et américains. Il était une sorte de héros, un exemple, presque un symbole. C'était aussi un homme heureux : lorsqu'il appareilla, le 5 mars 1905, il venait de se remarier avec une jeune fille de vingt ans et son voyage de noces aurait lieu sur le *Washington B. Thomas*. Lermond avait fait aménager pour son épouse une belle cabine : boiseries de teck, tapis précieux et l'indispensable piano, la musique étant avec la broderie la distraction favorite des femmes de capitaines lors des longues traversées.

On imagine la jeune femme prenant possession de sa cabine, amusée, curieuse et fière d'occuper une place d'honneur sur le bâtiment de son mari, de cet homme célèbre. Et on l'imagine le cœur serré : ce voyage qui devait être celui du bonheur se terminerait sur le drame et sur la mort.

Dès la sortie de la baie de Chesapeake, après que le schooner eut doublé le cap Charles et mis le cap au nord nord-est, la mer se creusa. Et durement. Le bâtiment, avec ses cales lourdement chargées de charbon, s'élevait mal à la lame. Une forte houle d'ouest l'assaillait. Le pont était noyé par les paquets de mer.

Lermond ne s'inquiétait pas. Des coups de chien, il en avait connu d'autres au cours de sa carrière, et ce vent de travers convenait bien à la marche du schooner. Il regrettait toutefois que ce temps rendît pénible la traversée à sa jeune femme. Celle-ci se montrait parfois sur la dunette, enveloppée dans un grand manteau de pluie, un peu pâle, souriant gentiment aux matelots et aspirant l'air marin qui la guérissait de son mal de mer. Puis elle regagnait sa cabine, lisant où brodant, le roulis ne lui permettant guère de s'asseoir devant son piano.

Le *Washington B. Thomas* poursuivait sa route. Il contourna Nantucket, la vieille île des baleiniers, doubla le cap Cod. Portland n'était plus qu'à une centaine de milles. Lermond fut heureux d'annoncer à sa jeune femme que dans une vingtaine d'heures elle retrouverait les eaux calmes d'un port.

La mer en décida autrement. Le vent qui jusqu'alors était établi à l'ouest remonta au nord. Un schooner, nous l'avons dit, était surtout apte à la navigation grand largue. Il louvoyait mal. Le vent debout obligea Lermond à changer de cap, à tenter différentes allures en s'écartant de sa route.

Les rafales violentes l'obligèrent à diminuer la toile. La vitesse moyenne tomba à quatre, cinq nœuds. Portland, maintenant, semblait encore loin. C'était la tempête. Sur la dunette, son ciré luisant de pluie et d'embruns, Lermond observait le ciel. Des tempêtes, il en avait affronté beaucoup, mais celle-là ne lui plaisait pas avec ses vents mal établis, ses tourbillons, ses lames vicieuses, hargneuses, qui assaillaient son bâtiment. Et puis la côte était maintenant proche, trop proche, et il ne se sentait vraiment en sécurité qu'au large. Il se méfiait de la terre avec son bâtiment qui manœuvrait mal. Il se décida donc à infléchir son cap à l'est.

Il y eut comme une accalmie. Courant vent arrière, le *Washington B. Thomas* étala mieux la mer. Le roulis s'atténua. Jessie Lermond put même se mettre au piano et les sons d'une mièvre mélodie se mêlèrent étrangement aux souffles de la tempête.

Cette pause dura quelques heures. Et de nouveau tout changea.

Lermond s'inquiéta. Le vent tournait encore. Il soufflait de l'est et avec plus de violence qu'auparavant. Une fois de plus, le *Washington B. Thomas* changea de cap. Un cap qu'il tenait mal. Malgré les efforts de Lermond, le voilier zigzaguait. En fait, il dérivait vers la terre. Au milieu de cette tourmente, il lui serait peut-être difficile d'éviter un récif.

Lermond descendit dans la chambre de veille et se pencha sur la carte. Pour atteindre Portland, il devait doubler le cap Elisabeth, c'est-à-dire remonter au vent, puis, le cap doublé, se laisser porter. Une manœuvre qu'il aurait pu tenter avec un trois-mâts au gréement classique, mais non pas avec un schooner. Il décida de se réfugier à Portsmouth, au sud de Portland, à une quarantaine de milles. Il donna des ordres au timonier et descendit dans sa cabine pour rassurer sa jeune femme étendue, tremblante et malade, sur sa couchette. Il lui annonça que son épreuve allait bientôt finir. Puis, il remonta sur la dunette.

Le timonier lança à Lermond un regard effaré. Arc-bouté à la roue du gouvernail, il ne parvenait pas à garder correctement sa route. Le lourd bâtiment était comme fou. Il évoquait un animal terrorisé par la tempête.

Un matelot doubla le timonier. Mais que faire contre les soubresauts de la coque, ses brusques dérobades, sa lenteur à se redresser, ses glissades sur les lames et cette angoissante pesanteur qui semblait l'attirer au fond de l'abîme ?

Lermond ne pouvait imposer sa volonté au navire qui se heurtait au mur du vent. Mais quel vent ? D'où venait-il ? On ne savait plus. Des rafales tourbillonnaires enfermèrent le

Washington B. Thomas dans un labyrinthe dont il était obligé de suivre les méandres, méandres qui le rapprochaient inexorablement de la côte.

Il était impossible de joindre Portsmouth. Lermond regarda rapidement la carte. Ces parages étaient infestés de hauts-fonds orientés nord-est sud-ouest sur lesquels la coque de son bâtiment pourrait se crever.

Que faire ? Il cherche. Cette île, là, à proximité de la côte, c'est l'île Stratton, non loin de Richmond Island Harbour, un bon mouillage, mais qu'il est difficile d'atteindre avec un navire gouvernant mal et quasi désemparé. En revanche, le *Washington B. Thomas* pourrait se mettre à l'abri de l'île Stratton. Si le vent le permet...

Il ne le permettra pas. Le voilier tente d'abattre à gauche. Il amorce une évolution, mais la dérive est la plus forte. Les rafales d'est le poussent à la côte qu'on aperçoit toute proche, verdoyante avec ses maisons et ses bois en arrière-plan.

Les riverains — des pêcheurs pour la plupart — doivent suivre avec angoisse le drame du schooner. Sans doute s'apprêtent-ils à lui porter secours. Mais quel secours avec cette mer déchaînée, ses énormes vagues déferlantes ? Impossible de mettre une embarcation à l'eau.

Lermond le comprend vite : il ne pourra compter que sur lui-même pour sauver son bâtiment ou du moins sa femme et son équipage. La pensée de sa femme surtout le torture. Il devine son angoisse, son affolement.

Un sourd craquement, puis un autre. Le *Washington B. Thomas* vient de s'encastrer entre deux écueils. D'un coup d'œil, Lermond juge la situation. Son bâtiment ne chavirera pas et résistera au choc des lames. Mais pour combien de temps ? La coque est noyée, gorgée d'eau tumultueuse, écumeuse. Seule la dunette émerge encore. Une seule chance de survie : se réfugier dans les enfléchures. Tant que les mâts résisteront, les agrès constitueront un abri dans l'attente des secours.

Les matelots hésitent pourtant à grimper dans la mâture. Certains parlent de se jeter à l'eau pour atteindre la terre qui semble toute proche. Ils regardent alternativement la côte sur laquelle ils distinguent des groupes d'hommes contemplant l'agonie du voilier, et les vagues qui risqueront de les projeter sur les rochers. Décidément, plonger représente un péril trop grand. Et ils commencent à monter dans la mâture. Le maître d'équipage et un matelot restent près de Lermond, à la demande expresse de celui-ci. Ils l'aideront à hisser sa femme sur l'un des haubans.

Ils pénètrent dans la cabine attenante à la dunette et d'abord ils sursautent : ils ne voient pas la jeune femme. Ils craignent le pire. Celle-ci, affolée, a pu sortir de sa cabine au milieu de la confusion générale et être emportée par une lame. Ils cherchent et finissent par découvrir Jessie Lermond enfouie sous les draps de sa couchette, comme un enfant apeuré.

Elle roule des yeux fous. Elle tremble. Elle refuse de sortir de sa cabine, sourde aux objurgations de son mari qui lui assure que rester là, c'est aller vers une mort certaine. L'eau entre déjà dans la cabine qui, d'un instant à l'autre, risque d'être noyée.

La jeune femme s'arc-boute contre une cloison, tourne convulsivement la tête, le regard absent, secoué de sanglots.

Lermond lance un ordre aux deux hommes. Ils sortent de la cabine pour aller chercher un cordage avec lequel ils ligoteront la jeune femme qui sera ensuite hissée sur un hauban.

En attendant, Lermond tente encore de raisonner Jessie. Il s'approche d'elle, lui tend les bras.

Et soudain, un fracas formidable. Il suffoque. Son corps semble à la fois paralysé dans une gangue liquide et projeté hors de la cabine. Il voit le visage de sa femme dans un halo bizarre, comme si elle était passée dans un autre univers. Une angoisse lui serre la poitrine. Des images se dressent devant lui. Il se voit, enfant, en Nouvelle-Angleterre, puis jeune officier pendant son quart. Et encore le visage de sa première femme. Des paysages inconnus apparaissent, tantôt noyés par la brume, tantôt éclatants de soleil. Tout cela se mêle, devient indistinct. Un grand vide se fait en Lermond qui perd conscience.

Les deux marins qui venaient de sortir de la cabine avaient pressenti le drame. Ils avaient vu une lame rouler vers le navire, une lame énorme que les rafales écrêtaient en gerbes d'écume, comme la crinière d'un animal fabuleux.

Les deux hommes grimpèrent rapidement aux haubans. Il y eut une sourde détonation. La lame atteignit l'épave qui oscilla. Les naufragés réfugiés dans la mâture crurent que c'était la fin. Ils baissèrent la tête vers la coque qui disparaissait sous des tourbillons verdâtres, des ondulations heurtées, un magma effervescent, une sorte d'éruption liquide qui dura de longues minutes.

La coque apparut de nouveau. La dunette avait été rasée net, comme par une hache géante, emportant Lermond et sa femme.

La nuit tomba.

Ecrasés de peur, les naufragés se cramponnaient aux haubans. La vision de Lermond et de sa femme les hantait. Ils craignaient de connaître le même sort qu'eux. Dans l'ombre, les maléfices de la mer invisible leur semblaient plus terribles. Le mugissement des lames suggérait des périls inconnus.

Ils tournaient les yeux dans la direction de la côte. Les lumières des maisons évoquaient un bonheur calme qu'ils ne connaîtraient peut-être plus jamais, et c'était un supplice pour ces morts en sursis.

Ils espéraient cependant l'arrivée des sauveteurs. Ils voyaient des fanaux errer, çà et là, sur la grève. Mais tout secours était impossible avant le jour — ou une accalmie.

Les heures s'allongent, interminables, éternelles. Dans la mâture, sans abri, sans protection, on était encore plus sensible à la puissance inexorable des éléments. Les haubans vibraient à chaque rafale comme tremblaient les corps des hommes crucifiés sur ce lacis de cordages. Ils avaient faim et soif, mais c'était la peur qui leur tordait les entrailles. De temps en temps, ils échangeaient d'une voix étranglée des paroles que broyait le vent, des plaintes, des appels, des encouragements, parfois même de pauvres plaisanteries. Le ton familier des voix les rassurait, leur faisait comprendre qu'ils appartenaient encore au monde des vivants.

Pour combien de temps ? Minuit était à peine passé et déjà les membres des naufragés, raidis par l'immobilité, le froid, l'humidité, s'ankylosaient. Des hommes montaient de quelques degrés dans les haubans. Ou encore, ils tentaient de prendre appui sur une vergue. Celle-ci battant au vent, ils la quittaient pour ne pas tomber et, de nouveau, ils s'agrippaient aux cordages.

D'autres réussissaient à s'amarrer avec une ligne. Assommés par les rafales, ils s'assoupissaient, perdaient l'équilibre, poussaient un cri et se rattrapaient de justesse aux haubans.

Vers deux heures du matin, la force du vent diminua. Le va-et-vient des fanaux sur la côte reprit. Les naufragés comprirent que les gardes-côtes se disposaient à leur porter secours. Mais aucune action ne pourrait être entreprise avant le jour.

Le jour que les naufragés guettent avec un espoir anxieux. Ils tournent les yeux vers l'est, cherchant une ombre plus légère, une vague lueur qui aurait dessiné les contours des nuages et éclairé la mer. Partout, c'est le même grondement obscur des vagues. Parfois, dans une brève éclaircie, apparaissent quelques étoiles, vite voilées par un nouvel assaut des nuages.

Les voix qui se répondaient de hauban en hauban étaient plus rares et chacun craignait qu'un de leurs camarades n'eût lâché prise.

L'aube pointa enfin. Une aube sale, tourmentée, avec de grands lambeaux d'ombre qui stagnaient çà et là. Le jour n'apporta pas aux naufragés le réconfort qu'ils escomptaient : il soulignait au contraire leur situation dramatique. Les visages hâves, sur lesquels les terreurs de la nuit avaient creusé des rides, se tournèrent une fois encore vers le rivage où s'agitaient les silhouettes noires de marins en ciré. Très loin, au fond d'une baie, on distinguait des voiliers aux voiles ferlées : le temps ne leur permettait pas d'appareiller. Au large, aucun navire. La mer était un désert vert sombre, marbré d'écume.

A la longue-vue, les riverains observaient l'épave du *Washington B. Thomas*. Ils comptaient les hommes réfugiés dans la mâture. Etait-ce là tout l'équipage ? Des marins n'avaient-ils pas été enlevés par les lames au moment du naufrage ?

On eut bientôt une réponse à cette question. Un des gardes-côtes appela ses camarades. Il venait d'apercevoir un corps échoué sur un rocher. On se précipita. C'était une femme d'une vingtaine d'années, à moitié déshabillée par les lames : Jessie Lermond.

Le garde-côte se pencha sur elle. Il hocha la tête. La femme avait cessé de vivre. A peine l'avait-on emportée qu'on signala un deuxième corps. Celui d'un homme entre cinquante et soixante ans, engoncé dans un ciré.

— Le capitaine... murmura le garde-côte.

Il contempla le visage calme puis il saisit la main. Elle était froide, mais non pas raide. Il appuya le pouce sur le poignet. Il crut sentir comme le battement, très faible, du pouls.

Vivement, il dégrafa le ciré, écarta la veste, le tricot et posa l'oreille sur la poitrine nue. Le garde-côte se redressa et hurla : « Il vit ! De l'aide ! »

Le capitaine Lermond vivait en effet. Comment avait-il résisté à la noyade, à ces longues heures passées dans l'eau ? S'était-il accroché d'instinct aux débris de la dunette ? Avait-il nagé vers le rivage ? Lermond pourrait sans doute plus tard donner l'explication de sa survie. Il fut amené dans une maison et réchauffé pendant qu'on appelait un médecin.

Cette survie miraculeuse sembla de bon augure aux sauveteurs. La tempête s'apaisait. Cette embellie, provisoire peut-être, il fallait la mettre à profit. Mais comment ? La mer, quoique plus calme, était encore trop dure pour qu'on envoyât un canot parmi les brisants. Le pont de l'épave continuait à être balayé par les lames. Un accostage de celle-ci était impossible.

Quelques volontaires se présentèrent pourtant. Le chef des gardes-côtes ne les laissa pas partir. L'entreprise était trop risquée. Il avait une autre solution : le canon lance-amarre.

Le problème du sauvetage des navires échoués qu'on ne peut atteindre malgré la proximité de la côte a toujours préoccupé les marins.

A partir de 1820, on imagina d'utiliser un canon dont le projectile transporterait une ligne, cette dernière étant frappée à une amarre. Les naufragés, à l'aide de la ligne, hissaient l'amarre qui servait à établir un va-et-vient avec la terre.

On décida d'installer le canon à l'avant d'une petite goélette qui pourrait s'approcher efficacement de l'épave. Le pointage sur un bâtiment secoué par la houle serait plus difficile qu'à terre, mais, à faible distance, la cible serait plus aisée à atteindre.

La goélette mit le cap sur l'épave. Son capitaine, un marin de Richmond Island Harbour, connaissait bien les parages, ses hauts-fonds et ses écueils qui découvraient à peine à marée basse et dont on devinait les masses noires sous le bouillonnement de l'écume.

En tirant des bords, la goélette arriva à une encablure de l'épave. Plus près, elle aurait risqué d'être jetée elle-même sur les récifs, par suite d'une saute de vent ou de l'action de la houle ou du courant.

Aussitôt, un garde-côte pointa le canon vers l'épave. Il s'était longuement entraîné au maniement de l'engin. Un maniement difficile. Le projectile doit passer au-dessus de l'épave et assez loin d'elle. Le vent rabat alors la ligne dans la mâture, ligne que les naufragés devront saisir pour haler l'amarre fixée à l'extrémité de cette dernière.

Une détonation suivie d'un long sifflement. La ligne s'éleva très haut, mais au moment où elle allait atteindre l'avant de l'épave, une rafale la déporta et elle tomba à la mer.

Les naufragés, qui, d'un regard anxieux, suivaient la manœuvre, comprenaient la difficulté de celle-ci. Un canon porte-amarre tire le plus souvent de la terre. Sur la goélette, le pointeur devait tenir compte des mouvements de cette dernière, prévoir le balancement et l'amplitude du roulis afin de corriger la hausse du canon. Ils ne furent pas trop déçus par ce premier échec. Ils savaient que plusieurs tentatives étaient souvent nécessaires avant que l'amarre atteignît son but.

Pendant que l'équipage de la goélette récupérait la ligne, le pointeur chargea un nouveau projectile. Une clameur de triomphe monta. La ligne était tombée sur les agrès du mât de misaine avant. Retrouvant leurs forces, les naufragés sautèrent de hauban en hauban. Un matelot réussit à la saisir.

Et brusquement, il la lâcha. Il perdit l'équilibre et rebondit sur un cordage. Au moment où il allait s'écraser sur le pont, il se raccrocha par miracle à un hauban.

Il s'était passé ceci : alors que le matelot saisissait la ligne, celle-ci fut soumise à un brusque et inexplicable rappel. Elle tomba à la mer.

La déception fut aussi forte que l'avait été l'espoir. Et à cette déception se mêla de l'inquiétude. La goélette dérivait. La distance entre celle-ci et l'épave augmentait. Il fallait de nouveau manœuvrer, vent debout, et établir la voilure en conséquence.

Une demi-heure s'écoula. Enfin, la goélette fut dans une position convenable pour un tir efficace. Une nouvelle détonation sèche. Cette fois, la ligne fut rabattue par le vent sur le travers de la coque, entre deux mâts. Trois matelots la saisirent, la tournèrent solidement à une poulie et commencèrent à haler l'amarre, prenant appui sur la lisse qui émergeait à peine, au risque de se faire emporter par une lame.

Les hommes gémissaient sous l'effort, les muscles crispés, giflés par les rafales, mais ne relâchant pas leur énergie. Leur vie dépendait de cette amarre, de ce va-et-vient qu'il fallait établir avant la nuit, profitant de l'embellie qui serait peut-être de courte durée.

Ils réussirent enfin. Le premier d'entre eux fut halé par les matelots de la goélette laquelle, grâce à la science manœuvrière de son capitaine, restait à bonne portée.

Un hourra accueillit l'arrivée du premier naufragé. Le crépuscule tombait lorsque le dernier homme du *Washington B. Thomas* posa le pied sur le pont de la goélette. Il était temps. La tempête grondait de nouveau dans l'ombre naissante.

Lermond survécut, mais pour connaître un autre naufrage. Celui de sa vie. Le souvenir de sa femme morte ne le quittait plus. La plus grande partie de sa fortune disparut avec son bâtiment, celui-ci ayant été mal assuré.

Lermond travailla quelque temps dans une affaire de courtage maritime, puis il prit une pauvre retraite à New York, dans la Maison du marin. Il ne se mêlait guère aux autres pensionnaires et ceux-ci respectaient sa solitude et son silence. Il s'éteignit enfin en 1918.

XIII

Les rescapés du *Tigre* survivront-ils ?

Le *Washington B. Thomas*, c'est le naufrage non plus clandestin, dans le secret du large, mais le drame en vue de terre, lorsque l'océan affirme sa puissance destructrice sous les yeux mêmes des riverains. C'est le naufrage nu, sans mystère, dégagé des ombres dans lesquelles souvent il s'enveloppe. D'autres navires, eux, disparaissent sans traces. Et puis, un jour, quelques rescapés sont retrouvés par miracle, sur une île déserte. Et ils racontent alors de surprenantes aventures.

C'était une nuit de tempête comme sur un tableau romantique. La lune éclairait des lambeaux de nuages en fuite sous les rafales, une mer écumeuse et un voilier en perdition. Ce voilier était un brigantin, le *Tigre*, qui avait quitté Saint-Domingue pour la Louisiane. A son bord, seize personnes. Parmi elles, la femme et le fils de La Couture, le capitaine.

Ce 16 février 1766, l'équipage est inquiet. La tempête, bien sûr, mais surtout l'attitude du capitaine qui semble dépassé par les événements. Déjà, quelques jours auparavant, il avait confondu un phare avec un autre et le *Tigre* avait failli aller à la côte. Maintenant, La Couture hésite sur la manœuvre à effectuer pour sauver son bâtiment. Doit-il garder le cap sur la Louisiane, infléchir sa route vers l'ouest pour chercher un abri sur la côte, ou fuir devant la tempête ?

Les heures passaient. Il ne prenait pas de décision. Il s'était contenté de faire jeter les marchandises trop lourdes. Le *Tigre* gouvernait mieux et on espérait qu'on pourrait atteindre Mobile ou Pensacola, les ports les plus proches. Mais, à l'aube, le vent forcit, un vent tourbillonnaire qui empêchait de tenir la route.

Le *Tigre* dériva vers la côte, à l'est des îles Apalaches. Il évita d'abord quelques récifs, s'échoua sur un bas-fond, sans dommage heureusement pour la coque et une saute de vent le déséchoua.

A la fin de la matinée, l'arrière défoncé par les coups de mer, les vergues brisées, les voiles en lambeaux, le brigantin n'était plus qu'une épave.

Dans le lointain apparut une masse sombre, l'île des Chiens, au large de la baie Apalaches. Cette île représentait une chance de salut. On pouvait chercher refuge derrière un cap, dans une anse. Encore fallait-il pouvoir gouverner. Un passager, Pierre Viaud, était capitaine de vaisseau. Il proposa ses services à l'incapable La Couture et devint le véritable commandant du *Tigre*. Il tenta de garder le cap sur l'île des Chiens en manœuvrant la misaine, la seule voile en bon état. En vain. Malgré tous ses efforts, Viaud ne put maîtriser la dérive du bâtiment qui continua à errer au hasard des vagues et des rafales.

La nuit suivante fut terrible. L'obscurité, si dense qu'elle paraissait solide, pesait sur les hommes et les paralysait. Et l'orage ajouta encore à la terreur. De larges éclairs fouillaient le ciel et la mer, découvrant dans une lumière sulfureuse des montagnes de nuages et des montagnes d'eau.

A l'aube, la côte apparut de nouveau. On n'en était qu'à deux milles. Viaud décida de couper les mâts pour construire un radeau, seul moyen d'avoir quelque chance d'atteindre la terre. Sur le pont noyé d'eau, des matelots commencèrent à manier la hache. Ils ne travaillèrent pas longtemps. Un énorme paquet de mer écrasa le *Tigre* qui vacilla, roula lourdement bord sur bord. La coque s'enfonça et resta de longues minutes immergée. Lorsque enfin elle fit surface, le pont était désert. Les hommes qui travaillaient à abattre les mâts avaient disparu.

Viaud et La Couture pâlirent. Ils ne pouvaient rien faire pour sauver ces malheureux dont le drame préfigurait un autre drame, celui qui menaçait le reste de l'équipage.

Soudain, Viaud lança un cri. Un cri de joie. Il se tourna vers La Couture comme pour le prendre à témoin de ce qu'il voyait. Non, il ne rêvait pas : les deux matelots étaient à nouveau sur le pont ! Ils s'étaient, d'instinct, raccrochés à des cordages et une seconde lame les avait ramenés sur le *Tigre*.

Les rescapés se hissèrent sur la dunette, hagards, transis, paralysés par le froid et la peur. Ils refusèrent de reprendre leur travail. La mer se chargea d'achever celui-ci. Le 17 février, le *Tigre* était devenu un ponton dont l'équipage était prisonnier.

Le jour suivant, la mer se calma.

— Demain, à l'aube, nous tenterons d'utiliser le canot, dit Viaud.

Tous regardaient alternativement la terre, une fine bande noire qui apparaissait dans les dernières lueurs du crépuscule, et le canot, le canot miracle que les lames, inexplicablement, avaient épargné.

La nuit se passa dans le pauvre, le précaire espoir d'une proche délivrance. L'épave craquait, gémissait. Tiendrait-elle jusqu'à l'aube ?

Enfin, une lumière grise tomba du ciel. Les hommes tournèrent la tête vers le canot, le seul lien qui les rattachait à la vie.

Ils sursautèrent.

Le canot avait disparu !

Viaud se précipita vers le chantier. Il ne comprenait pas. Les lames, au cours de la nuit, n'avaient pas été assez fortes pour entraîner le canot.

Viaud revint vers La Couture.

— Les garants n'ont pas été arrachés, dit-il, mais détachés.

A ce moment, il s'aperçut que trois hommes manquaient. C'étaient eux qui, dans l'obscurité, avaient déserté le bord dans le canot.

On n'eut pas le temps de s'indigner. La côte tant attendue et tant redoutée à la fois était là, toute proche. Le *Tigre* dérivait lentement vers elle et les naufragés lui lançaient des regards anxieux. Cette côte, que signifiait-elle pour eux ? La mort ou la délivrance ?

On crut d'abord que c'était la mort. Un écueil approchait, noir, frangé d'écume. La coque s'y empala dans un atroce craquement de membrures.

— Le courant porte vers le rivage, cria Viaud. Que ceux qui veulent tenter leur chance le fassent !

Trois des matelots les plus forts sautèrent à l'eau, nageant avec une frénésie proche de la panique. Leurs têtes montaient au sommet des vagues, disparaissaient. Enfin, de l'épave, on distingua les matelots titubant sur les galets et s'effondrant. Trois hommes se dirigèrent vers eux. On crut d'abord que c'étaient des indigènes. C'étaient les déserteurs de la veille.

— Le canot est intact, dirent-ils. Nous allons chercher le reste de l'équipage.

A la fin de la matinée, tous les rescapés étaient à terre, saufs.

La terre, pour eux, c'est d'abord une sorte de paradis. Délivré du cauchemar de l'engloutissement dans les eaux, elle semblait un refuge sûr. On se nourrit d'huîtres ; on but de l'eau de source. L'espoir revint avec les forces. Viaud et quelques hommes retournèrent vers l'épave. La cambuse, hélas !, était noyée. On ramena seulement des caisses de biscuits, de l'eau-de-vie, des couvertures et surtout des fusils avec lesquels on abattit quelques oiseaux.

Le lendemain, on comprit que cette île était un paradis bien précaire.

— Il y a sans doute des habitants, dit Viaud. Ils seraient notre seule chance de salut. Eux seuls pourraient nous mener vers le continent.

Avec quelques hommes, il avança à l'intérieur de l'île. Au-delà de la plage s'étendait un maquis qui, par endroits, laissait deviner un vague sentier.

Viaud et ses compagnons hâtèrent le pas. Le sentier les conduisit à quelques huttes de branchages qu'entouraient des hommes aux visages basanés. D'abord stupéfaits de l'apparition de ces étrangers, ils saisirent leurs lances. Viaud s'avança vers eux, la main levée en signe de paix. Il prononça quelques mots en anglais, puis en espagnol. Un jeune homme lui répondit alors dans cette dernière langue. Il expliqua qu'il faisait partie d'un groupe de pêcheurs de Sainte-Marie-des-Apalaches, établis sur l'île pour un mois. Il accepta de conduire les naufragés jusqu'au continent en faisant plusieurs voyages avec sa pirogue.

Les naufragés se crurent sauvés. C'était au contraire pour eux le début d'une étrange et tragique aventure.

Cela commença bien pourtant. Antonio — le jeune homme — revint le lendemain avec des fruits et des poulets. Dans l'après-midi, il transporta les naufragés par petits groupes sur une autre île, la traversée directe vers le continent étant trop risquée.

Il y eut une étape, puis une autre. Antonio hésitait sur le choix de telle ou telle île, se trompait ou feignait de se tromper sur la direction de celles-ci. Parfois, il disparaissait pendant plusieurs jours, revenait avec des provisions, et la navigation en pirogue reprenait, aussi incertaine et, semblait-il, sans but.

Viaud et La Couture s'inquiétaient de l'attitude d'Antonio. Ils le mirent en demeure de les conduire enfin sur le continent. Antonio répondit par des sourires, de larges gestes et des paroles rassurantes. « Dentro de algunas dias. » Quelques jours encore de patience.

Le surlendemain, devant la ferme insistance de Viaud, Antonio promit que le jour suivant on atteindrait le continent. Le départ aurait lieu à l'aube.

A l'aube, Antonio avait disparu. Il avait emporté les armes ainsi que les outils et les quelques hardes qui avaient été récupérés sur l'épave.

Atterrés, les naufragés se regardèrent en silence. Trois semaines de fatigue, de souffrances et d'espoirs déçus pour en arriver là ! l'île sur laquelle ils avaient été abandonnés était déserte et éloignée de la route des navires. En scrutant l'horizon, ils distinguaient la ligne d'une côte. Etait-ce enfin le continent ou encore une autre île ?

Tout le jour on attendit. Quoi ? Un événement inattendu, miraculeux, comme en imaginent des malheureux désemparés : le passage d'un voilier, le retour des indigènes, des secours venus du continent.

Le lendemain, on se remit en marche, au hasard, le long du rivage. Un homme qui avançait en éclaireur revint en courant, criant : « Une pirogue ! J'ai trouvé une pirogue ! »

C'était vrai. Une pirogue abandonnée était échouée sur la plage. On se précipita vers elle. Elle représentait une chance d'évasion. On l'examina. Hélas ! Elle était pleine d'eau, la coque crevée, hors d'usage.

— On peut obturer les brèches avec des branchages, dit un matelot.

Viaud hocha la tête. Sans étoupe, sans goudron, l'entreprise était difficile.

On essaya pourtant. En tressant des brindilles, on fabriqua des sortes de paillets qui, maintenus avec des branches souples, furent appliqués sur les brèches.

La pirogue fut mise à l'eau. On gréa tant bien que mal une couverture en guise de voile. On s'éloigna pour un essai. Un quart d'heure plus tard, il fallut se rendre à l'évidence : la coque faisait toujours eau.

— On pourra écoper, dit La Couture.

— Chargée comme elle sera, la pirogue n'ira pas loin, je le crains, répondit Viaud.

La Couture s'obstina.

— Le temps est beau. Nous arriverons bien jusqu'au continent.

Les membres de l'équipage et les passagers l'approuvèrent. Ils étaient prêts à prendre des risques plutôt que de mourir de faim sur cette île déserte.

Ils s'entassèrent dans la pirogue.

Seuls restèrent sur l'île Viaud, la femme de La Couture, son fils et un serviteur noir. Il fut convenu que, dès leur arrivée sur le continent, La Couture alerterait les autorités du port le plus proche pour porter secours au reste des naufragés.

La pirogue s'éloigna péniblement. Pendant une heure, elle longea la côte. Puis elle disparut derrière un promontoire, vers la direction supposée du continent.

Viaud était persuadé que la pirogue reviendrait bientôt.

Il attendit quelques jours.

La mer resta déserte.

Il réfléchit. Si la pirogue avait atteint le continent, une expédition de secours serait déjà arrivée. Son salut et celui de ses compagnons ne dépendait plus que de lui-même.

Il tenta de construire un radeau. Avec l'aide du serviteur noir, il commença à assembler des bois flottants, heureusement en grande quantité sur le rivage, et de troncs d'arbustes abattus avec une machette qu'il avait gardée près de lui, ainsi que son fusil, et qu'Antonio, son voleur, n'avait donc pu emporter. Les troncs furent assemblés avec des lianes. Viaud fit l'essai du radeau. Celui-ci fut rapidement disloqué par les lames.

Il ne se découragea pas et chercha à améliorer le radeau. Il doubla l'épaisseur du bois, imagina de consolider les éléments du radeau avec des chevilles. Profitant de la mer calme, il s'embarqua avec ses compagnons, le 19 avril.

Ils naviguèrent une douzaine d'heures et, au crépuscule, atteignirent une terre.

— Peut-être le continent, pensa Viaud.

Tous s'installèrent pour la nuit sous une grossière hutte de branchages, hâtivement édifiée et, écrasés par la fatigue, ils s'endormirent.

Ce fut le Noir qui, le premier, s'en aperçut. Il fut réveillé par une sorte de frôlement, un bruit de feuilles froissées, non loin du campement.

Ce n'était pas le vent. L'air était calme. Alors, quelle était l'origine du bruit ? Une bête ? Un homme ? Inquiet, le Noir alerta Viaud. Les deux hommes tendirent l'oreille. Maintenant, ils percevaient un grognement intermittent.

— Un ours... chuchota Viaud.

Et il ajouta.

— Allume un feu. Vite !

Le Noir amassa des brindilles sèches et bientôt une longue flamme monta dans la nuit, éclairant le visage anxieux de Viaud qui, le fusil à la main, était prêt à s'opposer à une attaque des ours.

Derrière le crépitement du feu, on entendait les grognements qui s'étaient encore rapprochés.

Le noir ne cessait de jeter du bois dans le foyer qui dégageait maintenant une vive lumière. Mme La Couture et son fils s'étaient rapprochés des deux hommes.

— On dirait qu'ils s'éloignent, murmura Viaud.

Les grognements étaient plus espacés, en effet. Au bout d'une heure, ils cessèrent.

L'aube se levait. A l'est, le ciel devint bleu pâle. Jamais, depuis le drame du *Tigre*, le jour n'avait été accueilli avec plus de soulagement par les rescapés.

Jugeant l'endroit malsain, Viaud décida de s'éloigner vers le nord. A mesure qu'il avançait, il commençait à craindre d'être non pas sur le continent, mais sur une île, et une île déserte. Il ne voyait aucune trace de vie humaine.

La progression se poursuivait, lente, pénible, à travers buissons et forêts. Les vivres commençaient à manquer. On cueillait des baies inconnues, des feuilles qu'on mâchait pour tromper la faim. Et le soir, c'était de nouveau la hantise des ours qui rôdaient toujours autour du campement.

Le fils de Mme La Couture, un garçon de douze ans, épuisé, malade, était incapable de marcher longtemps. Le Noir devait le porter. Un matin, au réveil, Mme La Couture poussa un cri de terreur. Son fils ne bougeait plus.

Viaud l'examina. Il serra les bras de la femme.

— Il a cessé de souffrir, dit-il. Résignez-vous. D'ailleurs, notre sort vaut-il mieux que le sien ?

La malheureuse mère se laissa entraîner, à demi inconsciente.

La marche reprit.

Ici, nous devons ouvrir une parenthèse. Selon une version du voyage, Viaud, torturé par la faim, aurait tué le serviteur noir et se serait, ainsi que Mme La Couture, nourri du corps préalablement boucané. Cet épisode dramatique nous semble suspect. Non pas que ce cas d'anthropophagie soit invraisemblable. On en trouve des exemples dans les histoires de naufragés. La faim, l'horrible faim et un tenace instinct de survie peuvent pousser l'homme le plus civilisé à de telles extrémités. Il semble pourtant que si Viaud avait perpétré le meurtre du Noir, il aurait caché ce crime dans son récit. Remarquons toutefois que, dans la dernière partie de celui-ci, Viaud ne parle plus du Noir. Oubli ou volonté de cacher un acte répréhensible ?

A défaut de chair humaine, comment Viaud et sa compagne réussirent-ils à survivre ? Viaud tua un caïman et captura une tortue et ces aliments leur donnèrent la force de continuer à marcher.

Une marche hasardeuse et pénible. A la lisière d'une forêt vierge, les deux naufragés furent attaqués par des myriades de moustiques. Les malheureux étaient à peu près nus, leurs vêtements rongés par les intempéries étant partis en lambeaux. Sur tout le corps, la chair s'enflait sous de cruelles piqûres, était brûlée par des démangeaisons intolérables. Pour échapper aux moustiques, ils refluèrent vers la mer et se plongèrent dans l'eau. Puis ils repartirent en longeant le rivage.

Viaud, qui avait toujours fait preuve d'énergie et de raison, se sentait, pour la première fois, las, découragé, sans âme. Il avait encore essayé de construire un radeau, mais celui-ci s'était disloqué. Cet échec avait abattu son courage. Ses idées se brouillaient. Il déclara à Mme La Couture qu'il était malade et qu'elle devait l'abandonner. Celle-ci refusa. Par humanité, d'abord. Ensuite, elle savait bien que, sans l'aide de Viaud, elle courait à une mort certaine. Elle étendit celui-ci à l'ombre d'un arbuste et partit à la recherche de nourriture. Elle avait vu des poules sauvages parmi les taillis.

Viaud gisait, à demi inconscient. Il percevait les pas de la femme qui s'éloignait, le pépiement lointain des poules et le déferlement des lames sur le rivage proche. Ces bruits se mêlaient jusqu'à former une rumeur confuse, irréelle, comme s'il était détaché de la vie.

Il se laissa aller à cette torpeur qui aurait pu être mortelle, et d'autant plus dangereuse qu'elle suscitait en lui une détente heureuse.

Soudain, il se redressa péniblement. Il croyait entendre, il entendait des voix, des cris, des appels qui s'élevaient au-dessus du murmure des vagues. Et avec une telle netteté, une telle présence qu'ils ne pouvaient être l'effet du délire.

Viaud tenta de se lever. Il vacilla, tomba.

Il n'entendait plus rien.

— Une hallucination, pensa-t-il.

Plusieurs minutes s'écoulèrent.

Viaud sursauta. De nouveau, c'étaient les voix, les cris et les appels.

Il essaya de crier lui-même. Le son resta dans sa gorge serrée par l'émotion.

Alors, de tous ses muscles tendus, il se traîna dans la direction de la mer, marchant quelques pas, trébuchant, tombant, se relevant, avançant quand même.

Dans un effort surhumain, il se dressa, les deux bras levés. Il voyait la mer. Et sur cette mer, l'apparition miraculeuse d'un grand canot noir battant pavillon anglais. Et ce canot se dirigeait vers lui !

Un mirage ? Un fantasme de son imagination fiévreuse ? Viaud continuait d'agiter les bras. Il regardait le canot. Etait-il réel ? Son image n'allait-elle pas s'évanouir et la mer rester déserte, tragiquement déserte à jamais ?

Viaud voulut encore crier.

Un grand vide se fit en lui. Le ciel et la mer semblaient basculer, se confondre.

Il tomba évanoui.

Dix minutes plus tard, il ouvrit les yeux. Un homme était devant lui. Un homme qui portait l'uniforme d'officier de Sa Majesté Britannique. C'était le capitaine Wright, du fort de Saint-Marc-des-Apalaches. Il fit transporter Viaud et Jeanne La Couture à bord du canot.

Viaud reprenait connaissance. On lui avait donné un verre de rhum. Une vague rougeur colorait ses joues.

— Par quel miracle nous avez-vous retrouvés ? balbutia Viaud.

— Au cours d'une mission de routine dans l'archipel, dit Wright, nous avons trouvé sur cette île le cadavre d'un Européen. Nous avons supposé que celui-ci faisait partie de l'équipage d'un navire naufragé. Nous avons fait des recherches. En longeant la côte, nous vous avons aperçu vous traînant sur la plage. Puis une femme est arrivée. Et maintenant vous êtes à notre bord, sauvés. Voilà.

Viaud ne comprenait pas encore très bien.

— Un cadavre ?

Il pensa d'abord à un des occupants du radeau disparu.

Il insista.

— Vous pourriez me décrire ce cadavre ?

— C'était celui d'un garçon de douze à quatorze ans.

C'était donc le fils de Jeanne La Couture.

— Avant de revenir à Saint-Marc, demanda encore Viaud, j'aimerais lui donner une sépulture décente.

— Bien entendu, dit Wright.

On retrouva sans peine le cadavre. Il était couché sur le ventre. Une des jambes était putréfiée. Elle était couverte de vers.

Un marin creusa une fosse. Quand il eut fini, il s'approcha du cadavre afin de l'inhumer avec l'aide d'un camarade.

Il saisit une jambe du cadavre.

Et la relâcha brusquement.

Le marin avait pâli.

— Qu'avez-vous ? demanda Wright.

— Le cadavre a retiré sa jambe.

Wright haussa les épaules.

— Absurde ! Vous devriez dominer vos nerfs.

— Je vous assure, commandant !

Wright se tourna vers Viaud.

— Il y a combien de temps que ce garçon est mort ?

— Trois jours.

Après une longue hésitation, Wright se pencha sur le cadavre. Il écarta la mince chemise qui couvrait la poitrine et y posa la main.

Wright se redressa.

— Mais il vit ce cadavre !

Il y eut un mouvement de recul et des regards effarés. C'était pourtant vrai. Viaud avait cru que le jeune La Couture était mort. Il n'avait que l'apparence de la mort.

Le drame du *Tigre* se terminait par une sorte de résurrection.

Les rescapés restèrent un mois à Saint-Marc-des-Apalaches. Viaud revint en France. Jeanne La Couture vécut en Louisiane avec son fils. Elle ne revit pas la mer. Quant à son mari et à ses compagnons, on n'en découvrit jamais aucune trace.

XIV

Les Indiens attaquent le phare

Le phare, c'est le feu qui signale les écueils et indique le chemin du port, la lumière antinaufrage qui vainc les puissances obscures de la mer. Il arrive pourtant que ces étoiles terrestres s'éteignent et que l'ombre qui les recouvre recèle alors d'étranges drames.

La nuit finissait, ce 24 juillet 1836, dans les parages du détroit de Floride. Dans l'ombre luisaient les feux de position des navires qui venaient reconnaître la côte avant de faire route sur le golfe du Mexique ou, au nord, vers Charlestown.

Sur la dunette d'un de ces navires, l'officier de quart prit sa longue-vue qu'il braqua en direction du phare du cap Florida. Et ce phare l'intriguait.

Il régla avec soin l'oculaire de la longue-vue afin d'avoir une image bien nette de la lueur qui trouait la nuit.

L'officier resta un long moment immobile et fronça les sourcils. L'intensité de la lumière diminuait parfois comme si elle était occultée par un banc de brume, bien que l'horizon fût dégagé et le temps clair. Ou encore elle s'altérait, devenait rougeâtre ou bleuâtre avant de reprendre sa couleur blanche primitive. Parfois, cette lueur cessait d'être ponctuelle. Elle s'élargissait, faisait tache.

En mer, les illusions d'optique sont fréquentes. L'état de l'atmosphère altère, certaines nuits, l'éclat des phares. Des reflets, des déformations, des dédoublements que les marins interprètent pour prédire le temps (Feu qui rosit, pluie pour minuit. Feu bas sur l'eau, gros vent bientôt, etc.) Pourtant, l'officier du navire pressentait que dans ce cas précis il y avait autre chose. Quoi ? C'était justement ce qu'il cherchait à deviner.

Et dans cette nuit calme, il imaginait un événement insolite, mystérieux.

Le navire poursuivait sa route. Derrière lui, malgré la distance croissante qui le séparait du phare, la lumière de celui-ci restait constante. Bizarrement, son intensité semblait même au contraire augmenter avec, toujours, ces altérations qui continuaient d'intriguer et d'inquiéter le lieutenant.

Soudain, il y eut un cri. Celui du matelot de bossoir.

— Oh ! lieutenant, regardez !

Le lieutenant avait vu lui aussi. Il avait vu cette chose extraordinaire : là-bas, dans la direction du cap Florida, était apparue, comme un météore, une de ces boules de feu qui parfois traversent le ciel. Et cet astre fantastique était, pour l'équipage stupéfait, comme une résurgence des antiques magies de la mer médiévale.

Le météore brilla quelques secondes — de très longues secondes. Puis, nouveau sortilège, il s'évanouit. Non pas en s'élevant dans le ciel, suivi d'un sillage phosphorescent comme dans ces sortes de phénomènes : il disparut au ras de l'horizon.

Et c'était un autre mystère : ce phare qui, depuis une dizaine d'années, avertissait les navires des dangers de la côte infestée de récifs et qui leur permettait de trouver l'abri du Key Biscayne, ce phare avait cessé de briller, comme s'il avait été volatilisé par le météore.

★

L'événement avait été observé par d'autres navires et, bien vite, les autorités maritimes furent alertées. On s'interrogea sur les causes de celui-ci. Une hallucination collective ? Un phénomène atmosphérique ? Dans ce dernier cas, comment expliquer l'extinction du phare ? Il fut décidé d'envoyer un cutter, le *Motto,* au cap Florida afin de procéder à une enquête.

Le *Motto* approchait de la côte. La mer était calme et déserte.

A un mille du phare, la vigie signala une embarcation. Le *Motto* s'en approcha. Personne n'était à bord. La voile était en lambeaux et les agrès rompus. On pressentait quelque drame. Celui-ci avait-il un rapport avec le mystère du phare éteint ?

Le *Motto* prit l'embarcation en remorque et continua sa route. Il mouilla à quelques encablures du rivage. Un détachement débarqua. Tout de suite, on ressentit une indéfinissable atmosphère de catastrophe avec un silence lourd et, dans l'air, une odeur de brûlé.

Les hommes approchèrent de la tour blanche du phare, haute de vingt-deux mètres. Elle était zébrée de noir. La porte d'accès était brisée.

Armstrong, le commandant du *Motto*, ordonna à trois marins de monter au sommet du phare. Ils pénétrèrent à l'intérieur de la tour et en ressortirent rapidement. Ils expliquèrent que l'escalier était impraticable. Les marches n'étaient plus qu'un enchevêtrement de bois.

— Une explosion... dit Armstrong.

C'était la première hypothèse qui venait à l'esprit. Pourtant, à la réflexion, une explosion n'aurait pu se produire qu'au niveau de la lanterne dans le réservoir d'huile d'éclairage. Or c'était la base du phare qui avait été endommagée.

Les hommes marchaient près du phare, lentement, regardant autour d'eux, levant la tête, décontenancés par ce silence et par cette désolation.

— Et le gardien ? dit quelqu'un.

Il y eut des appels, des cris et même des coups de pistolets.

On attendit.

Aucune réponse.

— Le gardien a dû périr dans l'explosion, pensa Armstrong. Ou encore a-t-il cherché à fuir je ne sais quel péril dans l'embarcation que nous avons trouvée au large, et il est tombé à la mer pour une raison inconnue. Nous retrouverons peut-être son corps échoué sur le rivage.

Il allait donner l'ordre d'explorer la côte, lorsqu'on entendit un faible cri. Un cri qui semblait venir de très loin.

On chercha à localiser l'endroit d'où il avait été émis. On ne trouva rien d'abord parce qu'on regardait sur le terre-plein. C'était du haut du phare que venaient les appels.

Sur la galerie qui entourait la lanterne se dressait une sorte de fantôme noir, une silhouette d'homme chancelant, le corps aux trois quarts nu couvert de haillons. Il scandait ses appels ses gémissements plutôt — de gestes lents, ceux d'un être épuisé, malade, blessé peut-être.

Tous regardaient, effarés, cette apparition, ce fantôme au langage incompréhensible qui tentait de communiquer un message, la clef sans doute du mystère du cap Florida. Et, comme tous les fantômes, il paraissait appartenir à un autre monde, inaccessible.

Armstrong réfléchissait à la façon de joindre l'inconnu. L'intérieur du phare était impraticable avec son escalier démoli et ses éboulis de pierre. De l'extérieur ? La surface de la tour était lisse, sans aspérité aucune. Impossible de l'escalader.

Armstrong imagina d'abord un moyen en apparence absurde bien à la mesure de cette situation absurde. Il conféra avec le charpentier du *Motto* et lui demanda de fabriquer un objet que fabriquent rarement les charpentiers de marine : un cerf-volant.

Pourquoi un cerf-volant ? L'idée pouvait paraître ridicule. Elle répondait pourtant à une certaine logique. Puisqu'il était impossible d'atteindre l'homme de la lanterne, il fallait donner à ce dernier la possibilité de quitter le phare par ses propres moyens en descendant le long de la tour avec un filin.

Une ligne serait donc amarrée d'une part à une extrémité du filin et d'autre part à un cerf-volant. Celui-ci, grâce au vent fort qui soufflait, s'élèverait à la hauteur du phare et, convenablement orienté, atteindrait le sommet de la tour. L'homme pourrait alors saisir la ligne et haler le filin, le frapper à la rambarde de la lanterne et descendre enfin à terre.

Le charpentier, avec deux espars croisés et de la toile, fabriqua donc un cerf-volant. Retrouvant les gestes de leur enfance, des matelots tirèrent le cerf-volant, en courant contre le vent.

Par gestes, on avait fait comprendre à l'homme du phare ce qu'on attendait de lui. Il regardait le cerf-volant, tendant les bras lorsque la ligne approchait de la galerie.

Une dizaine de fois, on pensa qu'il allait réussir. Mais, chaque fois qu'il allait réussir à saisir la ligne, une rafale écartait celle-ci. A la fin, on renonça.

Il y eut un moment d'accablement.

Le cerf-volant gisait, inutile, au pied de la tour. Le malheureux se penchait vers les marins. On devinait son anxiété que devaient traduire des paroles qu'on ne comprenait pas.

Armstrong imagina alors un autre moyen pour délivrer le gardien. La ligne ne serait plus reliée à un cerf-volant, mais à la baguette d'un fusil introduite dans le canon de l'arme.

Cette fois, après plusieurs tentatives, la manœuvre réussit. Le filin fut enfin amarré à la galerie du phare. L'homme étant manifestement trop faible pour descendre seul, des marins se hissèrent au sommet de la tour et l'amenèrent à terre avec mille précautions.

Il restait comme prostré, encore sous le coup d'une émotion dont on ne connaissait pas encore la cause. Il frissonnait. On lui donna une couverture.

Armstrong attendit quelques minutes, puis il se pencha sur lui.

— Vous êtes le gardien du phare ?

Un regard étonné de l'homme. La question lui paraissait saugrenue. Evidemment, il était le gardien du phare.

— Que vous est-il arrivé ?

L'homme secoua la tête comme s'il avait voulu écarter un souvenir tragique. Ses lèvres remuèrent.

— Comment ? dit Armstrong. Je ne comprends pas.

Des mots lui parvinrent dans un souffle, incompréhensibles.

— Parlez plus fort !

L'homme fit un effort pour articuler.

— Les Indiens...

— Vous dites ?

— Les Indiens.

Armstrong regarda fixement l'homme et se tourna vers son lieutenant.

— La commotion, murmura-t-il. Il délire.

Quel rapport, en effet, entre les Indiens et l'explosion d'un phare ?

— Attendons qu'il reprenne ses esprits, décida Armstrong.

Il laissa passer un quart d'heure. Les marins tournaient autour du phare, désœuvrés.

Le gardien but un verre de rhum. Ses forces lui revinrent. Il se redressa et prononça quelques paroles.

Armstrong s'approcha de lui aussitôt.

— Qu'est-ce qu'il dit ? demanda-t-il au lieutenant qui était resté près du gardien.

Le lieutenant eut un geste d'ignorance.

Le gardien continuait à monologuer.

— Là-haut... Jack...

Armstrong se pencha vers lui.

— Qui ça, Jack ?

— Il est mort.

— Mort ? Où donc ?

Le gardien leva le bras vers le sommet du phare.

Armstrong lança un ordre. Des matelots se hissèrent de nouveau le long de la tour. Ils atteignirent la lanterne. Ils découvrirent sur le couronnement de l'habitacle, du côté opposé à la mer, le corps d'un Noir percé de plusieurs balles. Ils amarrèrent le corps et le ramenèrent sur le terre-plein.

Armstrong contemplait le cadavre. Il fronça les sourcils. Cette histoire d'Indiens n'aurait-elle pas été inventée pour masquer un meurtre, un de ces drames de la folie ou de l'alcool qui parfois ensanglantaient les phares ?

Bien sûr, dans l'immédiat, le gardien n'était pas en état de parler et encore moins de faire des aveux.

— Voulez-vous venir à mon bord ? Vous pourrez vous y reposer.

Le gardien accepta, trop heureux de quitter les lieux. Il se leva, soutenu par deux matelots.

Sur le *Motto* il se détendit et parla enfin. Par bribes d'abord, puis plus en détail à l'hôpital de Miami où il fut conduit. Et on connut enfin le drame qui s'était déroulé sur le phare du cap Florida. Et c'était une étrange histoire.

★

Le 23 juillet 1836, à la fin de l'après-midi, John W. Thompson s'apprêta à quitter sa petite maison pour prendre son service au phare du cap Florida. Il prit des vêtements chauds et des provisions. Avant de prévenir Jack, son assistant noir, il s'attabla dans sa cuisine pour une collation. Il mangeait en s'efforçant d'être calme. En fait, il était inquiet. Voici pourquoi.

A cette époque, la Floride est en guerre. En guerre contre elle-même. Une guerre civile ? Presque. Le territoire est encore occupé par ses premiers habitants, les Indiens Séminoles.

Ces Indiens, le président Jackson a ordonné qu'ils soient refoulés à l'intérieur du pays. Un ordre que, bien entendu, les Indiens n'ont pas accepté. Et c'est une guerre clandestine, harcelante, faite d'escarmouches, de massacres, d'attaques sournoises, d'enlèvements, de représailles, guerre qui, en cette année 1836, atteint son point culminant.

Le général Thompson est capturé par le chef Osceola, près de Wahoo Swamp, scalpé et tué. Ce meurtre est un défi à l'armée américaine qui, malgré son organisation, semble impuissante à réduire à sa merci ces ennemis habiles à utiliser les accidents de terrain d'une région qu'ils connaissent bien. Ils apparaissent, disparaissent, à la fois agressifs et insaisissables. On colporte des nouvelles tragiques : une plantation a été mise à sac ; une famille entière a été massacrée.

La région du cap Florida, précisément, a été balayée par la peur. Autour du phare, ce ne sont que maisons vides aux portes closes, aux salles nues, aux jardins abandonnés. Au milieu de ce désert, Thompson reste seul en compagnie de son adjoint. Il vit dans son bungalow, à proximité du phare, comme sur une île.

La nuit, il est absorbé par son travail de veille. Le jour, une vague mais lancinante appréhension le saisit. Il examine les alentours, craignant de voir apparaître entre les buissons les visages bruns des Séminoles.

Thompson se lève. Il a mangé sans appétit. Avant de regagner le phare, il regarde autour de lui le paysage familier ; il respire l'air frais qui vient de la mer. Puis, après avoir inspecté sa maison, il se prépare à réveiller son assistant.

Brusquement, Thompson s'arrête, comme pétrifié.

D'abord il croit, il s'efforce de croire à une hallucination. Depuis quelques jours, il a tant pensé aux Indiens, il les a tant imaginés rôdant autour de son bungalow qu'il lui semble les voir devant lui, à une centaine de mètres, rampant dans les herbes hautes.

Une hallucination ? Non, hélas ! Après quelques secondes d'hésitation, Thompson doit admettre qu'il ne rêve pas. Ces Indiens qu'il redoutait depuis des semaines, ces Indiens auréolés de leur sanglante réputation de pillage et de massacre, ces Indiens sont bien devant lui.

Ils n'attaquent pas encore. Ils se bornent à encercler la maison, craignant sans doute que ses habitants ne soient nombreux et armés, et cette prudence est la chance de Thompson. Il appelle Jack et, d'un geste, lui montre les Indiens. Vivement, les deux hommes prennent leurs fusils.

— Le phare, chuchote Thompson. C'est notre seule chance.

Ils sortent par la porte de la cuisine et, courbés en deux, en se dissimulant dans les buissons, courent vers le phare. Ils en verrouillent la lourde porte qu'ils consolident en hâte avec des tonneaux et des madriers. Quand ils achèvent leur travail, ils se sentent maintenant en sécurité, comme dans une forteresse.

Ils attendent. Ils ne parlent pas, comme si le bruit de leurs voix pouvait attirer leurs assaillants.

Soudain, les deux hommes sursautent. Ils entendent des cris. Des cris rauques, sauvages. Ceux des Indiens qui ont envahi la maison.

La mâchoire serrée, Thompson imagine les meubles éventrés, les provisions dispersées, les vêtements lacérés, les vitres brisées. Et il sait qu'après le pillage, les assaillants partiront à sa recherche et qu'ils assiégeront le phare. Il espère pourtant. Il est protégé par des murs épais. Il a vivres, armes, munitions, de quoi attendre l'arrivée des secours.

Mais quels secours ? Et quand viendraient-ils ? Comment envoyer un message ou du moins attirer l'attention sur le cap Florida ?

Autant de questions qui angoissent Thompson. Il n'a pas de fusées ; il ne dispose d'aucun signal d'alarme. Des appels au moyen d'une lanterne ? Ceux-ci seraient trop faibles pour être aperçus des navires et d'ailleurs ils seraient noyés par la puissante lueur du phare.

Un seul espoir, un pauvre espoir, c'est que les Indiens s'en aillent après le pillage de la maison. Thompson monta sur la galerie qui couronnait le sommet du phare. Le cœur serré, il observait la maison, toute sonore des cris de triomphe des Indiens. Le doigt sur la détente de son arme, il était prêt à tirer sur le premier d'entre eux qui sortirait de la maison. Il ne tira pas : le terre-plein restait désert, déjà noyé d'ombre.

Un quart d'heure s'écoula.

Aucun Indien ne se montrait autour du phare.

Dans la maison, les cris s'étaient tus.

Brusquement, la conscience professionnelle domina l'angoisse de Thompson. Le phare... Il était grand temps de l'allumer ! Il commanda à son assistant de faire le guet et de le prévenir au moindre mouvement suspect, puis il pénétra dans l'habitacle.

Il resta immobile, comme frappé d'une idée subite.

Il venait de trouver la réponse à la question qui l'obsédait :

comment attirer l'attention des navires sur sa situation dramatique ? Mais en n'allumant pas la lanterne ! Les marins ne manqueraient pas de signaler l'anomalie. Les autorités s'inquiéteraient et enverraient un garde-côte au cap Florida.

Thompson ne bouge toujours pas. En pensée, il voit les gestes familiers à accomplir, l'ouverture des robinets d'huile d'éclairage, l'allumage de la lanterne, et ces gestes il ne les accomplit pas. La tentation est forte. Son salut est peut-être là, dans cette solution toute simple : l'extinction du phare. Il rêve un instant à sa délivrance, à sa joie, à son soulagement.

Puis il imagine aussi autre chose. Là-bas, dans la nuit, au large, sur les navires, les longues-vues braquées en direction de la tour obscure, la surprise, l'angoisse même des officiers de quart, les erreurs possibles qu'ils commettraient sur leur route, leurs naufrages peut-être sur les dangereux récifs de la côte.

Thompson hésite encore.

Doit-il, a-t-il le droit de jouer son propre salut contre celui des navires ?

Pendant de longues secondes, il est en proie à un combat qui le torture. Puis il écarte la tentation. Non, il ne faut pas. Même s'il n'y a qu'un risque sur cent pour que se produise un naufrage, il ne peut pas mettre en balance sa vie contre celle de plusieurs dizaines d'hommes qui lui font confiance.

Thompson n'hésite plus. Quelques minutes plus tard, le feu du cap Florida, la lumière protectrice, la lumière rassurante brille dans la nuit.

Thompson revint sur la galerie. Jack surveillait toujours le terre-plein, le fusil pointé en direction de la maison.

— Rien, chuchota Jack.

La lune s'était levée. Une lumière blanche, douce et nette à la fois, baignait le terre-plein. Chaque pierre, chaque touffe d'herbe était visible. Cette lumière rassurait le gardien. Elle dessinerait les silhouettes des assaillants comme en plein jour. Tant qu'elle brillerait, les Indiens n'oseraient pas attaquer le phare.

★

Une heure s'écoula. Puis une autre. Les deux hommes jetaient parfois un coup d'œil inquiet sur le ciel. Il restait pur. La lune, plus haute, versait la même lumière sur le terre-plein. Les Indiens étaient invisibles. Thompson espérait, sans trop y croire, qu'ils étaient partis en emmenant le produit de leurs pillages.

Un peu après minuit, les deux hommes furent saisis pourtant d'une vague inquiétude. Ce fut d'abord une impression, comme un parfum plus vif de l'air nocturne. Enfin, la réalité s'imposa à eux : le temps changeait. Le vent avait tourné. Il soufflait de l'est. Bientôt, le ciel se chargerait de nuages. Des nuages qui voileraient la lune. Alors, l'ombre envahirait le terre-plein. Les Indiens pourraient approcher du phare et l'attaquer.

Thompson est sans illusion. Déjà, la ligne d'horizon est moins nette, presque floue. Des étoiles, çà et là, se voilent, disparaissent. Des nuages entourent la lune, se dispersent, se regroupent, formant une masse compacte.

Thompson les observe avec angoisse. A minuit et demi, il ne regarde plus le ciel. C'est inutile : la lune a disparu. L'ombre a recouvert le terre-plein comme une marée. Le phare est maintenant isolé, telle une île en haute mer.

Les deux hommes redoublent d'attention. Ils tressaillent au moindre souffle de vent, à un craquement d'arbuste lointain, à tous ces bruits qu'on remarque seulement lorsque la peur vous tenaille et qui prennent alors des résonances mystérieuses.

Et toujours le silence des Indiens, silence dans lequel Thompson puise tour à tour de l'espoir et de l'inquiétude. Sont-ils partis ou, au contraire, rampent-ils vers le phare, invisibles dans l'ombre ?

Si seulement la lune pouvait briller de nouveau... Les deux hommes lèvent la tête en même temps. Aucune illusion n'est permise : une épaisse couche de nuages couvre le ciel. Et dans cette nuit impénétrable, Thompson et son assistant se sentent isolés, perdus, à la merci d'un ennemi caché.

Parfois, sur le terre-plein, quelque chose dans l'ombre semblait onduler. Thompson s'apprêtait à tirer sur ce qu'il croyait être un corps rampant. Puis il abaissait son arme et se frottait les yeux. Une hallucination, sans doute...

Jack surveillait la partie de la galerie qui faisait face à la mer. De ce côté-là, le danger était moins grand, la bande littorale étant étroite et de surplus éclairée par la lumière du phare.

Au large, brillaient les feux lointains de navires. Leurs équipages ne soupçonnaient pas le drame qui se déroulait sur le phare. Un drame qui entra dans sa phase aiguë.

Ce drame, quelque chose l'annonça. Non pas un cri de guerre, des hurlements sauvages, la détonation d'un fusil ou le sifflement d'une flèche, mais une odeur. Une odeur d'abord indéfinie, puis qui se précisa. Une odeur chaude, piquante, une odeur de fumée.

— Le feu ! balbutia Thompson.

Le feu, en effet. Quelques Indiens avaient réussi à ramper jusqu'à la porte, l'avaient sans doute enduite de résine, avaient entassé des fagots qu'ils avaient enflammés à l'aide d'une torche.

Rapidement, des flammes, des lourdes flammes frangées de

fumée avaient léché la tour. La porte calcinée avait cédé. Le feu s'engouffra dans la cage de l'escalier. Le vernis des marches grésilla et les marches elles-mêmes se mirent à flamber, alimentant l'incendie.

Thompson fit un signe à son assistant. Ils saisirent dans le coffre à outils scies et haches et commencèrent à disjoindre les marches, ces marches qui alimentaient le feu. Les morceaux de celles-ci tombèrent dans le brasier, au milieu d'un jaillissement d'étincelles.

Le ronflement du feu augmenta d'abord, puis diminua. Le péril de l'incendie semblant écarté, les deux hommes remontèrent alors dans la salle de la lanterne où ils se barricadèrent.

Ils ressentirent une courte impression de sécurité. Ils imaginèrent que ces flammes, reflétées par les nuages bas, avaient attiré l'attention des marins et susciteraient l'envoi d'un navire de secours.

Espoir fragile. Espoir bref. Le drame, en fait, changeait de face. Des détonations éclatèrent : les Indiens tiraient sur la galerie. Les flammes mourantes de l'incendie dessinaient leurs cibles: les silhouettes des deux assiégés environnés de fumée.

Il était impossible pour ces derniers de riposter dans cette condition. Thompson et Jack fermèrent la trappe d'accès à la lanterne et se couchèrent sur le plancher. Ils haletaient, oppressés par l'air chaud. Hagards, leurs yeux reflétant la stupéfaction que suscite un destin absurde, ils sentaient approcher la fin.

L'incendie, après une accalmie, reprenait. La chaleur tenaillait les assiégés. Ils se levaient, se déplaçaient pour tenter de trouver un peu de fraîcheur. Les Indiens apercevaient leurs silhouettes, tiraient. Les deux hommes se recouchaient sur le plancher brûlant.

Ils entendaient maintenant un ronflement monter de la base du phare. Le ronflement de l'incendie qui avait repris, sans doute alimenté par les réserves d'huile d'éclairage. A ce ronflement sourd, ce ronflement d'enfer, se mêlaient le crépitement sec des flammes et les cris de guerre des assaillants.

Et soudain, ce fut un autre bruit. Une série de craquements. Les miroirs du système réflecteur de la lanterne venaient de se fendre sous l'action de la chaleur. La lumière du phare devint fragmentée, incertaine.

Les deux hommes, la bouche ouverte, les lèvres sèches, haletaient. L'air brûlait leurs poumons. Leur peau rougie par la chaleur était couverte d'une sueur malsaine.

— Nous allons griller, gémit Jack. Je n'en peux plus.

Il se traîna vers la galerie pour fuir la fournaise. Il s'exposait ainsi aux balles des Indiens, mais mieux valait mourir à l'air libre. Thompson le suivit.

Ils humèrent l'air frais qui les ranima. Ils reprirent conscience, comme s'ils se réveillaient d'un cauchemar.

Ils eurent, pendant un court instant, l'illusion que les Indiens avaient renoncé à leur attaque. Le calme semblait revenu. En mer, luisaient faiblement des feux de navires.

Thompson se leva en titubant. Aussitôt, une balle siffla à ses oreilles. Il ne se plaqua pas tout de suite sur le plancher, moins par défi que par résignation. S'il fallait mourir, autant en finir tout de suite. Il y eut une autre balle. Et une autre encore.

— Couchez-vous ! cria Jack.

Thompson obéit machinalement. Il demeura immobile quelques minutes, puis il se traîna vers la salle de la lanterne. Il avait pris une décision folle, suicidaire peut-être, mais il savait que s'il échappait aux balles des Indiens, il n'échapperait pas aux flammes de l'incendie. Près de ses armes, il y avait un tonnelet de poudre. Il ouvrit la trappe. Avec des gestes d'halluciné, il saisit le tonnelet, y fixa une mèche d'une main tremblante.

Il alluma la mèche et lança le tonnelet à l'intérieur du phare.

Quelques secondes. Si longues qu'on aurait pu penser que la mèche s'était éteinte au cours de la chute du tonnelet. Puis ce fut l'explosion. Une explosion formidable. Dans l'espace clos de la tour, la déflagration était amplifiée. Le souffle, répercuté contre les parois, se multiplia, se renforça, ébranla le phare. Des débris jaillirent de tous côtés. Thompson ressentit une violente douleur à la tête ; il perdit à moitié connaissance.

Il crut entendre de nouveau le ronflement du feu et cela le ranima. Tout plutôt que de périr dans les flammes. Une fois encore, il se traîna vers la galerie. Il se heurta au corps de Jack. Il lui parla. Celui-ci ne répondit pas.

Thompson posa la main sur l'épaule de son assistant.

Jack ne bougea pas.

Il avait été tué par les balles des Indiens pendant l'absence de Thompson.

C'en est trop. Thompson se dresse. Il se penche à la rambarde de la galerie.

Il va l'enjamber.

Il se penche encore.

En bas, du côté de la mer s'étendent les rochers dont il devine la masse dans l'ombre. Une chute, et ce sera la mort, la délivrance.

Thompson se penche toujours.

« Alors, avouera-t-il plus tard, il y a eu une sorte de miracle. Au moment où j'allais sauter dans le vide, j'ai entendu une voix qui me disait d'attendre et de faire confiance au Tout-

Puissant. Et j'ai senti comme une main sur mon épaule. Une main qui me retenait. »

Thompson s'écarte de la rambarde. Sur son corps, la fraîcheur du vent apaise ses brûlures. Un grand calme monte en lui. Un calme dont il comprend la cause : le silence qui l'entoure. Non pas le silence tendu, angoissant des heures qu'il vient de vivre. Plus de cris ni de coups de feu. Seulement le murmure apaisant des vagues déferlant sur la côte.

A l'est, une bande blanche apparut à l'horizon : l'aube. Thompson se tourna vers la mer.

Dans la nuit moins sombre, il vit un bateau s'éloigner. Son propre bateau que les Indiens avaient chargé de leur butin.

Les Indiens partaient !

Ce miracle, Thompson tenta plus tard de l'expliquer. Les Indiens avaient cru que le gardien et son assistant étaient morts. Ils avaient sans doute craint aussi que l'explosion n'eût attiré l'attention des navires et que l'alerte n'eût été donnée. Au jour, la fuite des Indiens aurait été plus difficile. Alors, ils s'étaient entassés dans le bateau de Thompson et ils avaient pris la mer, le cap sur une crique isolée. Ensuite, le bateau abandonné avait été entraîné au large par le courant et avait été recueilli par le *Motto*.

Après le départ des Indiens, Thompson, épuisé, s'était couché sur le parquet de la galerie. Le premier moment de joie passé, le poids du drame qu'il venait de vivre l'écrasa. Maintenant, il ressentait les brûlures de son corps. Il avait la fièvre. Dans son délire, il imaginait que les Indiens n'étaient pas tous partis, qu'ils grimpaient le long de la tour. Il voyait leurs visages grimaçants surgir autour de lui. Il étendit les bras, comme pour se protéger de leurs coups.

La lumière du soleil dissipa ces fantasmes. Thompson ouvrit les yeux. Il vit la lanterne brisée, inutilisable. Il se dit que la tour devait être ébranlée dans ses fondations. C'était un désastre. Il regrettait presque d'être en vie.

Thompson évitait de se tourner à gauche pour ne pas voir le corps pétrifié de son assistant dont le souvenir le poignait. Il pensait que s'il avait éteint le phare, les secours seraient peut-être arrivés à temps pour faire fuir les Indiens et qu'alors Jack ne serait pas mort.

Pourtant, il n'avait ni regret ni remords. Il éprouvait même une sorte de fierté pour avoir résisté à la tentation.

Le soleil était déjà haut. Thompson souffrait de la chaleur et de la soif. Il était trop faible pour se traîner jusqu'à l'habitacle, d'ailleurs à moitié démoli. Il regarda vers la mer d'où devait venir son salut.

Il guettait l'arrivée d'un navire.

Rien n'apparaissait sur les eaux blanches de soleil.

Thompson pensait encore au phare qui avait continué de briller pendant l'attaque des Indiens. Il imaginait qu'en le laissant allumé il avait sans doute sauvé un ou plusieurs navires. Et cette conviction le soutenait, l'aidait à supporter la longue attente.

Il fixait toujours la mer du regard. Et de ses yeux fiévreux il croyait distinguer à l'horizon des voiles, de nombreuses voiles : la flotte de tous les bâtiments que les phares avaient sauvés depuis qu'ils avaient commencé à éclairer les côtes. Et tous ces navires venaient à son secours, au secours de lui, Thompson, qui avait risqué la mort plutôt que d'éteindre le sien. Thompson le martyr, Thompson le héros.

Et ces voiles disparaissaient une à une, puis apparaissaient, tantôt proches, tantôt lointaines. Thompson tentait de se lever, poussait de faibles cris étranglés.

Enfin, il comprit qu'il était victime de mirages. Son visage se crispa de sanglots sans larmes.

Il allait mourir abandonné de tous.

Il perdit encore conscience.

Il était quatre heures lorsqu'il entendit des appels très proches de lui. Il se pencha vers la base du phare et vit les marins du *Motto*. Dans une tension de tous ses muscles, il se leva. Sa silhouette se détacha sur le ciel comme celle d'un échappé de l'enfer.

★

Il y a des phares marqués par le destin. Ainsi celui du cap Florida. Il ne fut pas reconstruit avant 1846, à cause de l'hostilité des Indiens. Et puis les gardiens ne tenaient pas à revivre le drame de Thompson.

Quinze ans après, le nouveau phare fut de nouveau démoli. Il ne fut pas victime, cette fois, des Indiens, mais des belligérants de la guerre de Sécession. Il s'écroula sous les obus des Nordistes.

En 1867, le phare du cap Florida brilla enfin de nouveau. Et il ne s'éteignit plus.

XV

Le drame inconnu d'Eilean Mor

Tous les marins vous le diront. Malgré des années passées à affronter la mer, il leur est arrivé, au moins une fois, d'éprouver devant elle le malaise qu'on éprouve devant l'inconnu et le mystère. C'est de ce malaise-là qu'avoua avoir été victime le capitaine du cargo *Archer* en arrivant au port écossais de Greenock.

Dans la nuit du 15 décembre 1900, il naviguait au large des Hébrides. Son point estimé le situait à quelques milles de la côte. Avant de changer de cap, il voulut contrôler sa position en prenant un relèvement sur le phare d'Eilean Mor, une tour qui s'élevait sur une falaise haute de cent mètres et qui signalait les dangers des parages des îles Flannan.

Et ce phare, il ne le voyait pas.

Le temps était médiocre, bouché par endroits, mais le phare, dont la portée était de vingt-cinq milles, devait percer aisément la boucaille.

Le cargo était-il beaucoup plus éloigné d'Eilean Mor qu'il ne le pensait ? Le capitaine contrôla le cap, la vitesse, la dérive depuis son dernier point. Aucune erreur ou, s'il y en avait une, elle ne devait pas dépasser un ou deux milles.

Le capitaine braqua ses jumelles dans la direction supposée du phare, les déplaçant à droite, à gauche, cherchant à déceler la moindre lueur, le moindre reflet.

Rien.

Rien que l'ombre succédant à l'ombre.

Eilean Mor, le phare d'Eilean Mor semblait s'être dissous dans la nuit.

Sur la passerelle, le lieutenant de quart et l'homme de veille gardaient le silence, saisis du même malaise, d'une sorte d'angoisse. Un seul phare éteint, et la mer retournait à sa solitude millénaire, à son mystère. Elle redevenait le médiéval océan des ténèbres. Pendant un long moment les trois hommes eurent l'impression de naviguer dans des parages inconnus. Puis le capitaine réagit. Il ordonna au timonier de mettre le cap au sud sud-est pour embouquer le détroit de Harris. Jusqu'à l'arrivée à Greenock, le mystère du phare éteint l'obséda. Que s'était-il passé, là-bas, aux îles Flannan ? Une panne ? Celle-ci était prévue ; les gardiens disposaient d'un éclairage de secours. Une explosion qui aurait détruit la lanterne ? Peut-être. Ou encore, quoi ? Une disparition, un drame, un de ces événements surprenants que la raison refuse d'abord d'admettre ?

En arrivant à Greenock, le capitaine avertit le bureau du port de l'extinction d'Eilean Mor.

— C'est étonnant, lui dit-on. Edimbourg ne nous a pas prévenus.

— Sans doute la panne venait-elle de se produire.

— Cette nuit-là, la visibilité était médiocre ?

— Mais suffisante pour qu'on aperçoive le feu dont nous étions à peu près à trois ou quatre milles.

— Vous étiez sûr de votre position ?

— Je l'ai contrôlée.

— Faites-nous un rapport que nous transmettrons au service des phares. Celui-ci doit être d'ailleurs déjà alerté.

Le capitaine rédigea le rapport demandé. Un rapport qui — négligence ou erreur — ne fut jamais transmis à Edimbourg. Les jours s'écoulaient. Le phare restait éteint, enfoui dans sa propre ombre et dans son propre mystère.

★

Eilean Mor...

Une île — un rocher plutôt — de l'archipel des Flannan, à quinze milles à l'ouest de Lewis, la plus grande des Hébrides. Des parages sauvages avec ses tempêtes, des écueils, parages fréquentés pourtant par des caboteurs ou par des navires qui, en provenance d'Amérique, viennent reconnaître les Hébrides avant de mettre le cap sur la Scandinavie.

C'est le domaine des puissances brutales de la mer. Seuls êtres vivants, des oiseaux par milliers, le nuage bruissant de leurs ailes sous le dôme mouvant des nuages et leurs cris qu'emportent les rafales. Des rafales qui s'engouffrent non seulement dans les anfractuosités de l'île, dans les cavernes, mais aussi dans une architecture fantastique de ruines : pans de murs, fenêtres béantes et une sorte de tour tronquée. Une illusion suggéré par des rochers rongés par les embruns, effrités par l'érosion ? Non : les ruines d'une chapelle.

Deux siècles auparavant, cette chapelle avait été bâtie par les fidèles de Flannan, l'évêque de Killaloe qui quitta son ministère pour vivre en ermite à Eilean Mor. Il se nourrissait de poissons, de crustacés, d'algues et buvait l'eau de pluie. Parfois, des pêcheurs lui apportaient quelques provisions.

Flannan eut bientôt la réputation d'un saint, une sorte de phare spirituel dont le rayonnement guidait les âmes et dont les prières conjuraient les périls de ces lieux sauvages.

Quand l'ermite mourut, Eilean Mor retourna à sa solitude. Seules les ruines de la chapelle témoignaient du passage du saint.

Ce fut en 1899 qu'on décida de construire un phare sur l'ancien ermitage. Des ouvriers débarquèrent sur l'îlot qui, avec les ans, était entré dans la légende. Pour faciliter le débarquement du matériel, on aménagea deux anses qui offraient un abri relatif aux bateaux de ravitaillement. A coups de pics, on creusa même un escalier dans le roc jusqu'à la base du phare qui fut terminé au mois de décembre.

★

Longtemps, les gardiens regardèrent l'*Hesperus*, le navire du Service des phares, s'éloigner à l'horizon, ce 3 janvier 1900. Ils étaient les premiers hommes qui allaient vivre à Eilean Mor depuis Flannan.

Ils s'installèrent dans le logement situé à la base de la tour. Les murs dégageaient une odeur familière, rassurante, de peinture fraîche. Un poêle répandait une douce chaleur. Au-delà des vitres, des nuages sombres plombaient le ciel d'hiver. Il allait neiger.

Tout autour du phare, le domaine semblait refuser l'homme. Et pourtant, au crépuscule, dans quelques heures, les 140 000 bougies de la puissante lanterne allaient affirmer la présence de la vie.

En fin de journée, les gardiens s'activèrent autour de la lanterne dont les cuivres, les lentilles luisaient faiblement dans la pénombre. Ils étaient conscients de l'importance de cet événement : la naissance d'un phare. Ils étaient tous d'anciens marins. Bien des fois, ils avaient guetté les feux qui leur annonçaient l'approche d'un danger, d'une côte ou d'un port. Et ils pensaient aux capitaines inconnus qui, cette nuit-là, apercevraient le nouveau phare, le phare d'Eilean Mor.

A l'ouest, derrière les nuages qui se teintaient de brun, on devinait le soleil couchant. La couleur sombre des vagues annonçait le crépuscule. Les gardiens décidèrent d'allumer la lanterne.

La lumière blanche troua la nuit naissante. Par larges touches régulières, elle sondait la mer, sculptant sa surface, soulignant une gerbe d'écume, un creux, révélant la chevauchée des nuages, arrachant un lambeau d'horizon.

Cette lumière régulière, sereine, face à la mer sauvage, fascinait les gardiens et les emplissait de fierté, comme si elle jaillissait d'eux-mêmes. On déboucha une bouteille de whisky pour fêter l'événement, et ce fut dans l'euphorie que se termina la première soirée passée dans le phare.

Le lendemain matin, ce ne fut pas le bruit des rafales qui réveilla les gardiens, mais un silence lourd, minéral, souligné par le lointain grondement du ressac. Ils se levèrent. L'îlot était blanc. Blanc de neige. Le vent était tombé. Et ce calme était oppressant, « avec quelque chose d'étrange dans l'atmosphère », dira l'un d'eux.

A l'exaltation de la veille succédait une sorte de malaise indéfinissable. Comme si la présence de l'homme avait réveillé les vieux fantômes de l'île, fantômes matérialisés par les ruines de la chapelle. Malgré soi, on pensait à Flannan, l'ermite mystérieux d'Eilean Mor, à sa vie au milieu des tempêtes et à son dialogue halluciné avec Dieu.

La routine de la vie dissipa ce malaise et ces pensées. Les gardiens de veille effectuaient les travaux d'entretien, surveillaient l'horizon, notaient le passage des navires. Les autres pêchaient, lisaient, jouaient aux cartes ou aux échecs, parcouraient l'îlot en fumant leurs pipes, faisant des projets pour leur congé.

Tous les quinze jours, l'*Hesperus* devait leur apporter vivres. eau, combustibles et aussi des journaux qui leur donnaient des nouvelles d'un monde à la fois proche et lointain. Il faisait bon alors d'entendre parler les marins de l'*Hesperus*, de plaisanter avec eux, et les gardiens les enviaient secrètement de retrouver le soir même la chaleur d'un foyer, la présence d'une femme, d'enfants, d'amis.

Puis l'*Hesperus* repartait, emmenant les gardiens de repos, et Eilean Mor retrouvait sa solitude.

Les rares jours de beau temps étaient des jours de fête. Le soleil errait dans un ciel bleu-blanc et répandait une lumière mate sur l'eau animée d'une légère houle. On oubliait l'isolement, la vie austère d'Eilean Mor, le fantôme de l'ermite et la légende qui l'entourait. On voulait oublier que, le lendemain peut-être, ce serait de nouveau le confinement dans les pièces étroites, l'épais rideau de pluie sur la mer et l'atmosphère, indéfinissable, qui régnait sur l'îlot.

Avec l'automne arrivaient les grands vents et les vagues écumeuse qui éclataient sur le rocher en nappes d'embruns. Pour oublier les chocs sourds, les hurlements, les détonations, toute la symphonie sinistre de la tempête, chacun se repliait sur soi, perdu dans ses pensées, ses nostalgies, ses espoirs et ses regrets.

★

Le 26 décembre 1900, à 20 h 45, un télégraphiste sonna à la porte de William Murdoch, secrétaire du bureau des phares d'Edimbourg. Le télégraphiste apportait une dépêche urgente, envoyée de l'île de Lewis, dépêche signalant l'extinction du phare d'Eilean Mor.

William Murdoch haussa les épaules. C'était sans doute une avarie qui serait réparée par les hommes de l'*Hesperus* qui, précisément, devait aborder, ce jour-là, à Eilean Mor. Ou, plus simplement, le mauvais temps avait masqué la lumière du phare aux navires qui devaient être trop éloignés de celui-ci. Avant de s'inquiéter, il convenait d'attendre le rapport du capitaine de l'*Hesperus.*

Au moment où Murdoch recevait le télégramme, l'*Hesperus* avait déjà quitté Lewis. Il luttait contre une forte tempête, avait dû prendre cape, s'éloignant des dangereux récifs des îles Flannan. A la première embellie, il louvoya vers Eilean Mor, s'en éloignant parfois sous la violence des rafales.

Dès la première nuit de navigation, l'équipage guetta la lumière du phare. En vain. On ne s'en inquiéta pas trop d'abord, mais, la seconde nuit, le doute ne fut plus permis. L'*Hesperus* était maintenant à une dizaine de milles du phare. La puissance de celui-ci était telle qu'il aurait dû être visible, malgré la boucaille : le phare était donc éteint. Le 26 décembre, dans la matinée, l'intensité du vent diminuant, Jim Harvey, le capitaine de l'*Hesperus*, décida de mettre le cap sur Eilean Mor.

Avec sa longue-vue, il examinait l'îlot, ses deux anses, la petite maison à la base de la tour et la tour elle-même.

Aucun signe de vie.

— Les gardiens doivent pourtant nous attendre avec impatience, dit Harvey. Nous avons trois jours de retard.

Il lança deux coups de sirène qui résonnèrent étrangement, comme des appels angoissés.

On s'attendait à voir là-bas, sur l'îlot, apparaître des silhouettes d'hommes agitant les bras.

Rien.

— Une fusée ! ordonna Harvey.

Il y eut une détonation, un long déchirement de l'air et une lueur bleue qui flotta dans l'air.

— Ils sont peut-être malades, dit quelqu'un, incapables de se lever de leurs lits.

L'hypothèse n'était pas invraisemblable. Ils avaient pu être atteints d'un empoisonnement par de mauvaises conserves, de botulisme ou de quelque maladie infectieuse.

— Nous saurons bien, grommela Harvey.

Cinq hommes embarquèrent dans un canot. L'un d'eux était Joe Moore, un des gardiens à son retour de congé. Ils prirent pied sur l'escalier glissant qui menait à la tour.

La lourde porte d'entrée était fermée. Les marins l'ouvrirent sans difficulté, pénétrèrent dans le corridor qui menait à la cuisine. Sur une table, quelques assiettes, des tasses. Une chaise était renversée. Le fourneau était froid.

— Il y a quelqu'un ?

La question banale, lancée par Joe Moore, aurait suscité le rire en d'autres circonstances. Mais les visages restèrent graves. L'atmosphère suggérait le mystère, le drame.

Un homme avait visité les chambres. Les lits étaient faits. Dans les armoires, les vêtements étaient soigneusement rangés.

— Ils sont sans doute dans la lanterne, dit Moore.

Il y alla.

Ses compagnons l'attendirent en silence. Que trouverait Moore là-haut ? Les traces d'une explosion ou d'un incendie ? Les lentilles brisées ? Les corps des gardiens ?

Moore avait trouvé la lanterne en état de marche, bien entretenue, le système optique nettoyé, les mèches réglées.

Il se pencha à la rambarde et, d'une curieuse voix angoissée, il appela ses compagnons disparus.

— Ducat ! Marshall ! MacArthur !

Au son de la voix, les matelots sortirent du phare. Ils levèrent la tête.

— Alors ? lancèrent-ils.

Moore répondit par un geste las et désespéré. Puis il descendit, accablé, le dos courbé.

— Je ne comprends pas. Tout était en ordre, murmura-t-il.

Harvey, entre-temps, avait lui aussi débarqué sur l'îlot.

— C'est absurde, dit-il. Trois hommes ne disparaissent pas comme cela. Fouillons l'îlot. Nous trouverons bien un indice quelconque, des traces, un commencement d'explication.

Les hommes explorèrent Eilean Mor, marchant à pas lents, presque craintifs. Ils tournaient autour des ruines de l'oratoire, examinant les pans de murs, les colonnes tronquées, rongées par deux siècles de vent, de pluie, d'embruns, comme si ces fantômes de pierre recelaient le secret de l'énigme.

Rien.

Toujours rien.

Ils revinrent vers le phare. Ils constatèrent, une fois encore, que tout était en ordre et cet ordre même les intriguait et soulignait le mystère. Ils auraient souhaité des lits défaits, des vitres brisées, des vêtements épars, des indices de panique, de lutte, de folie même, en bref quelque chose à l'unisson de l'angoisse qui les habitait.

— C'est étrange quand même, dit Moore.

— Quoi donc ? demanda Jim Harvey.

— Ces cirés, ces bottes de mer...

— Ils sont bien rangés dans la penderie. Et alors ?

— Vous vous rappelez le temps épouvantable que nous avons dû subir et qui nous a tant retardés ?

— Evidemment. Où voulez-vous en venir ?

— A ceci. On peut supposer que les gardiens ont été enlevés par une lame.

— Hypothèse, hélas !, plausible, en effet.

— Eh bien, imaginez-vous que les gardiens aient pu sortir par ce temps de chien sans cirés et sans bottes ?

Il y eut un long silence.

— Peut-être, pour un motif inconnu, ont-ils dû quitter le phare sur un bateau, murmura un matelot.

Joe Moore protesta.

— Un gardien ne déserte pas son phare. Il faudrait supposer un accident grave, un incendie, par exemple. Or, vous pouvez le constater, la lanterne est en parfait état de marche.

C'était vrai. Décidément, cette disparition semblait échapper à toute logique.

Pendant plusieurs heures, on parcourut la côte à la recherche de corps, on fouilla les rochers. L'*Hesperus* fit même le tour de l'îlot, sans résultat.

— Je vais en référer à Edimbourg, dit Jim Harvey. On enverra des enquêteurs. On effectuera des recherches. Ici, je ne peux rien faire de plus.

Et l'*Hesperus* quitta Eilean Mor.

★

La nouvelle de la disparition des gardiens d'Eilean Mor se répandit rapidement en Ecosse et dans toute l'Angleterre. En attendant le résultat de l'enquête et les conclusions officielles, on émettait des hypothèses. Un meurtre ? Pour quel motif les hommes se seraient-ils entre-tués ? Sans doute un motif futile à l'origine, une discussion, une contestation à propos d'une partie de cartes, contestation qui aurait dégénéré en bagarre. Dans le milieu confiné d'un phare, le moindre incident peut s'amplifier. La solitude met les nerfs à vif et, l'alcool aidant, le ton monte. Puis viennent les gestes, les coups, les empoignades. On saisit un objet, une arme, et alors...

Une explication acceptable. Toutefois, on n'avait décelé aucune trace de lutte, aucun désordre, à part une chaise renversée. Les fusils étaient à leur râtelier. Et d'ailleurs qu'étaient devenus les corps ? A cette objection, on répondit que le meurtrier les avait immergés. Effrayé par son geste, il s'était ensuite jeté à la mer. De tels drames s'étaient déroulés sur des bateaux qu'on avait retrouvés flottant à la dérive.

Pendant que la presse émettait ces hypothèses, les enquêteurs, eux, étudiaient un document que Jim Harvey avait trouvé dans le phare. Ce document était le journal que les gardiens devaient tenir jour après jour.

On feuilleta le journal. Il mentionnait la direction du vent, le temps, les navires aperçus. Le 12 décembre, c'est-à-dire trois jours avant que le capitaine de l'*Archer* n'eût signalé pour la première fois l'extinction du phare, il était noté qu'une forte tempête de nord-ouest soufflait et que les embruns atteignaient le sommet de la tour. Tout allait bien. Pourtant, on ajoutait cette remarque insolite : « Ducat irascible. »

Curieux... Il n'est pas coutume d'inscrire sur un journal de bord l'humeur des gardiens. Il aurait fallu que l'irascibilité de Ducat eût atteint un degré inquiétant.

Toujours le 12 décembre, on précisait que la tempête continuait de souffler et qu'on avait aperçu les feux de plusieurs navires. Et puis, il était encore question de Ducat : « Ducat tranquille. » Pourquoi, une fois encore, faire état du comportement de ce gardien ? Et on ajoutait, chose plus étrange encore : « MacArthur pleure. »

— Je connais bien MacArthur, dit Joseph Moore qui assistait les enquêteurs. C'est un homme dur, apte à surmonter les coups du sort. Je ne l'ai jamais vu pleurer.

A la date du 13 décembre, on releva une autre inscription bizarre. Après avoir noté que le vent, toujours aussi violent, remontait à l'ouest, le rédacteur — c'était Thomas Marshall — ajoutait que Ducat était toujours tranquille et que MacArthur priait.

Pourquoi priait-il ? Si la tempête avait mis en danger la vie des hommes au point qu'ils eussent demandé le secours de Dieu, ce fait aurait été noté.

Décidément, le journal, au lieu d'éclaircir l'énigme, la rendait plus incompréhensible, et d'autant que le 15 décembre, Marshall avait écrit : « Tempête finie. Dieu est partout. »

Après cette date, le journal ne présentait plus que des pages blanches. Donc, le drame avait dû se dérouler après le 15 décembre. C'était la seule information sûre qu'apportait le journal.

On réfléchissait.

— Il y a un fait encore plus bizarre que ces mentions insolites sur le comportement des gardiens, dit un enquêteur. Du 12 au 14 décembre, une violente tempête aurait soufflé sur Eilean Mor. Or, au cours de cette période, dans les parages des Hébrides, le temps n'était pas mauvais, juste la forte brise et le creux habituels à ces parages à cette saison. A vingt milles de là, la tempête aurait fait sentir ses effets sur les côtes de l'archipel.

On interrogea les capitaines des navires et les pêcheurs qui avaient navigué au large des îles Flannan aux environs du 12 décembre. Aucun d'entre eux ne signala avoir rencontré de gros temps.

Pouvait-on imaginer une sorte de raz de marée, un tsunami, dû peut-être à une secousse tellurique, et qui aurait affecté une zone étroite englobant précisément Eilean Mor ? Bien entendu, en mer, rien n'est impossible, mais le journal était formel : il précisait que la tempête avait soufflé d'abord du nord-ouest, puis de l'ouest. C'était donc bien d'une tempête qu'il s'agissait. Il fallait donc chercher une explication sur l'origine de celle-ci et cette explication, un enquêteur crut la trouver.

— Il est incontestable que la tempête a soufflé, dit-il.

— Et pourtant, les témoignages des capitaines...

— ... Mais qu'elle a soufflé dans la tête du rédacteur du journal, c'est-à-dire Thomas Marshall.

— Vous croyez...

— Qu'il avait perdu la raison, oui.

— Admettons. Mais les deux autres gardiens...

— Ils n'étaient pas fous, eux, mais ils ont pu être victimes de Thomas Marshall. Imaginez que celui-ci ait commencé à donner des signes de démence. Il a quand même gardé d'abord assez de lucidité pour accomplir son travail de routine. Puis il porte ses observations sur le journal, observations qui révèlent déjà son instabilité mentale : il décrit une tempête imaginaire.

Marshall, bien entendu, ne se rend pas compte de son état, état dont s'inquiète Ducat. Marshall, ne comprenant pas les réactions de son camarade, note dans le journal qu' « il est irascible ».

A un moment de la journée, alors que MacArthur est absent, — il a pu sortir ou être occupé à quelque travail à l'intérieur du phare —, Marshall a une nouvelle crise de démence, cette fois furieuse. Il se jette sur Ducat et l'étrangle.

MacArthur revient. Il trouve Thomas Marshall, hébété, à côté du cadavre de Ducat. Sa crise est atténuée. Peut-être ne comprend-il pas pourquoi Ducat gît, mort, à ses pieds. MacArthur, stupéfait par ce drame, ne peut retenir ses larmes. Et le malheureux fou notera que Ducat, « l'irascible », est maintenant « tranquille » et que « MacArthur pleure ».

Quelqu'un objecta.

— Ce même jour, Marshall mentionne que « Ducat prie... ».

— Eh bien, Marshall a étendu Ducat sur son lit et lui a joint les mains, comme on a coutume de le faire pour un mort. Marshall, qui n'a pas compris qu'il a tué son compagnon, remarque ses mains jointes et en conclut qu'il prie.

— Et selon vous, que signifie cette indication, en date du 15 décembre : « Tempête finie » ?

— Pour Marshall, le mot tempête désignait la démence qui l'agitait. Lorsqu'il sentit que sa démence s'apaisait, ou du moins qu'elle avait pris une forme bénigne, il nota que la « tempête » était finie.

— Supposons. Et que signifie : « Dieu est partout » ?

— Lorsque MacArthur voit que Marshall est calme, qu'il a recouvré en partie ses esprits, il lui fait comprendre qu'ils ne peuvent garder le cadavre de Ducat. L'enterrer ? Le roc de l'îlot se prête mal à une inhumation. Le mieux est de l'immerger. Qu'importe l'endroit — terre ou mer — puisque « Dieu est partout ».

C'est en procédant à cette immersion que MacArthur et Ducat sont victimes d'un accident, glissade sur la roche humide ou chute. Ils sont gravement blessés et ne peuvent remonter vers le phare. Et la tempête du 24 décembre emporte leurs corps.

★

Si l'on s'en tient à cette explication, le drame d'Eilean Mor serait donc un drame de la folie, cette folie qui rôde souvent autour des phares.

Le phare, ce n'est ni la mer ni la terre. Un micro-univers hybride. En face de soi, l'obsédante présence des vagues qu'accompagnent l'incessante plainte du vent et le fracas du ressac. Pendant l'hiver, ce sont souvent des tempêtes monstrueuses et la chevauchée des collines liquides qui semblent même noyer le ciel. Résonnent des chocs sourds, sinistres, mystérieux, comme si la mort elle-même cognait contre le phare. Les brames assourdissants des rafales, on les entend même lorsqu'on se bouche les oreilles. Ils empêchent tout sommeil, tout repos, tout oubli.

Le marin lutte contre la tempête. Le gardien de phare, lui, subit. Paradoxalement, bien qu'il ne soit pas en danger, comme il le serait sur un navire, il éprouve un sentiment d'impuissance et ce sentiment engendre la peur. On ne s'évade de cette prison sur la mer que par quelques pauvres distractions — pêche, cartes, lecture —, l'imagination et les souvenirs. Ou encore par l'alcool.

Un jour, minée par cette solitude, la raison cède. Et c'est la folie. Et le drame.

Il y a eu Eilean Mor. Il y eut aussi Bow Head, au nord-ouest des Orcades, à la fin du siècle dernier. Une nuit de tempête, les trois gardiens se serrent autour d'un poêle dans une salle dont les vitres vibrent sous les rafales. Ils sont silencieux, les épaules basses, ruminant de vagues pensées.

Soudain, l'un d'eux se lève. Il s'éloigne quelques instants et revient, l'œil brillant, brandissant une barre de fer au-dessus des deux autres gardiens. Ceux-ci reculent, échappent aux coups, tentent de ceinturer l'agresseur qui se dégage, se dirige de nouveau vers eux, frappe au hasard.

Un quart d'heure de lutte, de cris de douleur, d'injures et enfin le dément est maîtrisé puis ligoté.

Ce fut la fin du drame ? Non pas. Au bruit des rafales et du ressac s'ajoutaient maintenant les hurlements, les gémissements, les menaces, les pleurs du malheureux qu'on avait enfermé dans une chambre. Parfois il monologuait une longue suite de phrases incohérentes ou il lançait des injures, des menaces. A l'entendre, les deux gardiens, au fil des jours, sentaient eux aussi leur raison vaciller. Quand ils portaient de la nourriture au dément, ils détournaient la tête pour ne pas voir son visage convulsé, ses rictus, ses yeux roulant dans les orbites, ses lèvres écumantes.

Les gardiens avaient hissé le pavillon noir de détresse. Ils guettaient un bateau, mais le temps restait mauvais et les parages étaient déserts. Trois fois, un voilier était toutefois apparu à l'horizon. On lança des fusées de détresse, mais les hommes du voilier étaient trop loin pour les apercevoir. Une nuit, pourtant, les gardiens eurent un espoir. Les feux d'un navire brillaient à quelques milles. De nouvelles fusées jaillirent du phare. Dans l'ombre, elles seraient sûrement aperçues.

Les feux restèrent visibles de longues heures.

A l'aube, les gardiens scrutèrent la mer.

Le navire avait disparu.

Dans sa chambre, le dément hurlait toujours.

Cinq jours s'étaient écoulés depuis le drame.

Le navire ravitailleur n'apparaissait toujours pas.

L'attente des gardiens dura dix jours mortels. Quand ils furent enfin délivrés, ils étaient dans un tel état de prostration qu'ils ne purent d'abord raconter ce qui s'était passé.

Un drame semblable — on serait tenté d'écrire un mélodrame — se déroula sur le phare de Longship, au large du cap Land's End. Un des gardiens, au cours d'un accès de démence, s'attaqua non plus à ses compagnons, mais à lui-même : il s'enfonça un coutelas dans la poitrine.

Pourquoi cette démence ? Toujours les mêmes causes : un

sentiment affreux d'isolement, un décor sinistre et les bruits fantastiques de la tempête engendrant fantasmes et hallucinations.

Sur le phare de Tevennec, un rocher au large de la pointe du Raz, un gardien, au milieu des tourmentes de l'hiver, entendait d'étranges rumeurs, des conciliabules de fantômes au-dessus desquels s'élevait une voix hurlant le même mot que le gardien traduisit par « kerscuit, kerscuit », c'est-à-dire, en breton : « va-t'en ».

Il demanda son déplacement. Son successeur ne put résister lui aussi à ces voix et à ces bruits mystérieux. On crut l'îlot hanté et un prêtre l'exorcisa. Les ingénieurs, plus réalistes, firent sauter des rochers dans lesquels s'engouffrait la mer avec un effroyable bruit de succion. Les bruits cessèrent et ne mirent plus en danger l'équilibre mental des gardiens de Tevennec.

XVI

La dame blanche de Bimini

Voici un autre îlot, une autre mer, un autre phare et un autre fantôme. Nous sommes à Great Isaac, au nord de l'archipel de Bimini. Dans ces parages dangereux, parsemés de bancs et de têtes rocheuses, s'élève un pylône blanc de quarante-deux mètres portant un feu blanc que connaissent bien les capitaines des navires embouquant le détroit de Floride.

Ce phare a une histoire. Une histoire dont le mystère ne fut jamais complètement élucidé.

En 1851 se déroulait à Londres, dans Hyde Park, une grande exposition. Une des attractions était le Victoria Light. Sur le gazon s'élevait un échafaudage de fer de trente mètres de haut, échafaudage qui supportait une énorme lanterne de cinq tonnes, celle qui devait briller sur l'îlot de Great Isaac. Cette lanterne était considérée comme une réussite de l'industrie britannique. C'est à ce titre qu'elle figurait à l'exposition.

L'exposition finie, le phare fut démonté et ses éléments furent embarqués sur deux navires, le *Hero* et le *Stanley*, qui mirent le cap sur l'archipel de Bimini.

Le *Hero* mouilla devant Great Isaac, devançant le *Stanley* qui avait appareillé après lui. On l'attendait vingt-quatre heures plus tard. Mais le temps qui avait favorisé la traversée du *Hero* changea brusquement. Des rafales hachèrent la mer en vagues déferlantes.

Deux jours passèrent. L'horizon était toujours vide de navires.

Rien d'inquiétant encore. Devant le gros temps, le *Stanley* avait pu chercher refuge dans un port de Floride, à Miami ou à Fort Lauderdale. Ou encore, il avait pris la cape, et, au large. attendait une embellie, loin des récifs meurtriers de Bimini.

Le temps était toujours médiocre. Le vent se calmait pendant une heure et soufflait de nouveau. Maintenant, une sorte d'angoisse tenaillait les hommes du *Hero.* Le *Stanley* était peut-être en perdition.

Le capitaine du *Hero* hésitait à partir à la recherche du bâtiment disparu. Ne fallait-il pas plutôt demander du secours à Miami ? Le cri d'un guetteur mit fin à ses hésitations. Une voile était en vue.

Le capitaine saisit sa longue-vue.

— C'est le *Stanley,* dit-il.

Son visage que la joie avait d'abord éclairé se rembrunit. C'était bien le *Stanley,* mais un *Stanley* désemparé, donnant une forte gîte, une partie de son gréement arraché. Il ne semblait plus maître de sa manœuvre.

Et c'était grave. Le vent poussait sur les récifs de Great Isaac le bâtiment dont la barre était dans doute brisée. Et le peu de toile que des tronçons de mâts pouvaient encore porter était insuffisant pour redresser la dérive et garder un cap.

Les hommes du *Hero* ne pouvaient rien faire pour sauver le navire en perdition. Absolument rien. Sinon sauver les matelots qui échapperaient au naufrage. Un naufrage qu'on ne voulait pourtant pas admettre encore. On espérait que le *Stanley* pourrait contourner l'île et atteindre l'anse où il serait à l'abri.

— Il mouille ses ancres ! cria quelqu'un.

Il était difficile de s'en rendre compte, mais c'était peut-être vrai. Le *Stanley* faisait maintenant face à la lame et tournait la poupe vers l'île. Il parut s'immobiliser. Son pont était couvert d'énormes paquets de mer.

— Pourront-ils tenir ? murmura le capitaine.

Un long moment s'écoula. Le *Stanley* semblait se rapprocher de la côte. Si ce n'était pas une illusion, c'était grave. Les ancres dérapaient peut-être sur un fond de sable.

Les hommes du *Hero,* pâles et muets, étaient les spectateurs impuissants du drame. Les lames déferlantes empêchaient même de mettre un canot à la mer. Tout au plus pourrait-on, avec des filins, aider les rescapés à atteindre la terre. Et ce serait un double naufrage : celui du navire et celui du phare dont les éléments essentiels étaient enfermés dans les cales.

Le *Stanley* n'était plus qu'à trois encablures des récifs. Il était tombé en travers des lames et se présentait parallèlement à la côte. Sur le pont, des matelots couraient, dégageant les canots hors de leurs portemanteaux. Brusquement, la dérive du *Stanley* s'arrêta. Le bâtiment oscilla dans un long craquement dont le bruit atroce domina le souffle des rafales et le fracas du ressac. Tel quel, le *Stanley* épaulait les lames qui s'acharnaient sur lui. Malgré sa solidité, il ne résisterait pas plus d'une heure ou deux.

— Nous avons une chance, dit le capitaine du *Hero*.

Il fit chercher le fusil lance-amarre. Une détonation sèche retentit, suivie d'un sifflement. Un filin tomba sur le bâtiment échoué, filin que les naufragés halèrent. Après plusieurs essais infructueux, un va-et-vient put être établi. Par chance, au milieu de l'après-midi, le vent tomba. Ceux des rescapés qui n'avaient pas encore atteint la terre par le va-et-vient purent le faire en canot.

Le lendemain, la mer devint maniable. Les éléments de la lanterne furent débarqués de l'épave sur un radeau.

Le phare était sauvé.

★

Un mois avant ce sinistre, des pêcheurs de Bimini, qui longeaient l'îlot de Great Isaac, entendirent un cri étrange. C'était une sorte de hurlement, un hurlement rauque, sonore, qui s'élevait à intervalles réguliers. Il suggérait quelque animal frappé de terreur.

Les pêcheurs se regardèrent. Great Isaac n'était fréquenté que par des oiseaux de mer. Intrigués, ils se rapprochèrent de la côte. L'îlot présentait son aspect habituel : rochers désolés et maigre végétation. On n'y distinguait aucun être vivant.

— On n'a pourtant pas rêvé, dit un des pêcheurs.

Rêvé, non, mais ils avaient pu être victimes d'une hallucination auditive, suscitée par une vague s'engouffrant dans une anfractuosité ou par un bruit de ressac.

Plusieurs minutes s'écoulèrent.

Une nouvelle fois, le cri, le cri étrange avait retenti. Tantôt proche, tantôt lointain, il avait les mêmes accents sauvages.

— C'est incompréhensible, murmura le patron.

— On pourrait peut-être aller voir, dit un des pêcheurs.

Tous acquiescèrent à sa proposition. On mouilla dans une anse et, dans le youyou du bord, on aborda sur l'île. Dans le ciel couraient les nuages d'un ciel maussade. Jamais Great Isaac n'avait semblé plus sauvage, plus inhospitalier. Les pêcheurs avançaient lentement, avec précaution, presque avec crainte, s'attendant à voir derrière un rocher ou dans un creux du terrain quelque animal monstrueux, semblables à ceux qu'imaginaient les découvreurs en abordant sur un continent inconnu.

Soudain, un homme leva un bras. Il désignait une forme mouvante, à trois cents mètres environ, une forme blanche qui se déplaçait rapidement et qui disparut derrière une petite butte.

— Vous avez vu ? cria-t-il.

Tous avaient vu. Mais quoi ?

— On aurait dit un cheval, balbutia quelqu'un.

On haussa les épaules. Un cheval sur cette île déserte ? C'était invraisemblable. Pourtant, à la réflexion, le cri bizarre ressemblait bien à un hennissement de cheval emballé.

Tous les regards se portaient maintenant vers l'endroit où la forme avait disparu. L'être étrange avait-il là-bas son repaire, sa tanière ?

— Allons voir, dit le patron.

Ils n'en eurent pas le temps. La forme avait de nouveau bondi et se rapprochait des hommes. Cette fois, aucune confusion n'était possible. L'animal mystérieux était bien un cheval, un magnifique cheval blanc qui galopait, crinière au vent, en hennissant, en proie à une terreur bizarre, comme s'il était poursuivi par un ennemi invisible.

On percevait maintenant le bruit rythmé de la galopade, un martèlement tragique d'une folle chevauchée qui s'acheva en drame. Le cheval vit le groupe d'hommes, fit un saut sur le côté et fonça vers la mer. Un nouveau hennissement monta, suivi d'un bruit atroce de chute derrière la ligne des rochers.

Les hommes se précipitèrent vers la côte. Le cheval gisait, inerte, le cou brisé, les flancs palpitant des dernières affres de l'agonie. Le corps eut un long soubresaut. Le cheval était mort.

Immobiles, les pêcheurs faisaient cercle autour du cadavre, comme stupéfiés par l'événement étrange dont ils avaient été les témoins et plus encore peut-être par la présence sur l'îlot de ce cheval mystérieux. Puis, toujours en silence, ils longèrent la rive jusqu'à l'anse où était amarré le youyou.

Le jour tombait. Sous la lumière grise, l'île prenait un aspect sinistre, hostile, et chaque rocher évoquait des formes bizarres de monstres.

Parmi ces rochers, les marins identifièrent quelque chose, quelque chose qu'ils connaissaient bien. Comme les fragments d'une coque de voilier couché sur l'eau. Et ce n'était pas une illusion due à l'ombre ou à quelque agencement des rochers. Lorsque les pêcheurs approchèrent de cette coque supposée, ils reconnurent, en effet, l'épave d'un voilier, victime sans doute d'une récente tempête.

— Le cheval devait être à bord, murmura le patron.

— Mais l'équipage ? demanda un des hommes.

— Il a dû être sauvé par un navire, répondit le capitaine.

Non, hélas ! En examinant les rochers, les pêcheurs identifièrent, épars, plusieurs cadavres.

Tous cherchèrent dans la nuit naissante, lançant parfois des appels auxquels répondait seulement le silence.

Cette quête sinistre se poursuivit à la lueur des fanaux qu'on avait été chercher à bord du bateau de pêche.

A l'aube, avant de repartir, les pêcheurs examinèrent une dernière fois la côte. L'un d'eux, qui s'était éloigné de ses camarades, lança un cri en faisant de grands gestes. Près du cadavre d'une jeune femme, gisait un enfant d'un an. Et cet enfant respirait encore !

On l'enveloppa dans un manteau et les pêcheurs reprirent la mer. Ils alertèrent Miami, mais les sauveteurs ne purent faire autre chose que de donner une sépulture décente aux cadavres.

★

C'est au milieu du mois de novembre 1851 que l'édification du phare commença à Great Isaac. Des baraquements avaient été construits pour les ouvriers, maçons et techniciens. Dans un mois au plus, Victoria Light lancerait ses premiers éclats.

Les travaux avançaient rapidement, parfois interrompus par le mauvais temps. Le soir, l'équipe se réunissait dans la salle commune pour boire, bavarder, jouer aux cartes. Cette chaleur, cette camaraderie empêchaient les hommes de penser à la sinistre réputation de Great Isaac. Ils étaient heureux de savoir que, grâce à eux, l'île non seulement ne causerait plus de naufrages, mais assurerait au contraire la sécurité des navires naviguant dans ces parages.

Un soir, un contremaître annonça qu'il avait besoin de prendre l'air avant de s'endormir. Il allait faire une promenade d'un quart d'heure.

Le contremaître ouvrit la porte. Un large pan de ciel apparut, éclairé par la lune. Une brise fraîche entra dans la pièce et balaya la fumée de tabac.

Quelques minutes plus tard, le contremaître revint.

— Quoi ? déjà de retour ? lança une voix.

On attendit une explication qui ne vint pas. Des têtes se tournèrent vers lui.

— Qu'est-ce que tu as ?

Le contremaître restait immobile, la bouche entrouverte, les yeux fixes, le teint pâle.

On insista : « Eh bien, parle ! Es-tu malade ? »

Le contremaître gardait le silence. D'un pas machinal, il avança vers une chaise et s'assit. On lui tendit un verre de whisky qu'il but avidement. Une vague rougeur colora ses joues.

— Si vous saviez... dit-il enfin.

— Quoi ?

Il hocha la tête et répéta : « Si vous saviez ce que j'ai vu... »

Enfin, le contremaître parla, d'une voix lente, entrecoupant ses phrases de longs silences. Et, à mesure qu'il parlait, la stupéfaction grandissait autour de lui. Ce qu'il racontait était tellement étrange...

Il était donc sorti du baraquement et marchait le long de la plage que la lune baignait d'une lumière irréelle, lorsqu'il distingua au milieu des rochers une forme claire.

Cette forme, aux contours indéfinis, se dressait verticalement et se déplaçait lentement. Parfois, elle s'arrêtait, se pliait en deux, s'avançait encore.

Le contremaître fit quelques pas vers la forme. Maintenant il distinguait bien celle-ci. Elle était celle d'une jeune femme. Son visage, à demi voilé par une écharpe, avait une expression de gravité et de tristesse.

La peur qui avait saisi le contremaître devant cette apparition céda devant la curiosité. Qui était cette femme ? Comment était-elle arrivée à Great Isaac ? Et que faisait-elle sur l'îlot ?

Il avança vers elle.

La femme ne s'occupait pas de lui. Elle continuait de se pencher sur les rochers, comme si elle cherchait quelque chose.

Le contremaître n'était plus qu'à quelques mètres de l'inconnue. Il héla cette dernière d'un ton mal assuré.

— Que faites-vous ici ? Avez-vous besoin d'aide ?

Il avait parlé à voix haute. Pourtant le son de la voix était étouffé, comme dans une pièce close.

La femme avait-elle entendu ? Il était difficile de s'en rendre compte. Elle détourna la tête, avança sur le côté.

— C'est alors qu'elle subit une étrange métamorphose. Sa silhouette devint indistincte, floue, et parut se dissoudre dans la lumière lunaire.

Le contremaître s'arrêta brusquement. Une sorte de vertige le saisit.

La femme, la femme inconnue avait disparu !

Il imagina d'abord que celle-ci pouvait être masquée par un des rochers, mais ceux-ci étaient bas, ne dépassant pas un mètre de haut.

Il fallait bien l'admettre : l'inconnue avait disparu sans cause logique, avait disparu comme un fantôme.

Le contremaître s'était tu. Il baissait la tête, tout à la vision extraordinaire dont il avait été victime.

Ses auditeurs se regardèrent.

— Un coup de lune... chuchota l'un d'eux.

— Ou un verre de trop, ajouta un autre.

Ce pouvait être encore une vision suscitée par un jeu de lumière, une ombre, la silhouette d'un rocher.

Le contremaître se leva.

— Repose-toi, dit un de ses camarades. Demain matin, nous en reparlerons.

Le lendemain, on n'en parla pas, au contraire. Le contremaître ne fit plus allusion à sa vision et ses camarades jugèrent plus habile de ne pas évoquer celle-ci.

Ils y pensèrent pourtant et, la nuit suivante, un des ouvriers décida de marcher, lui aussi, le long de la grève.

— Je vous ramènerai la dame blanche, dit-il au milieu des rires.

Cet ouvrier était un homme placide, un peu lourd, sans nerfs et sceptique. Il ne se laisserait sûrement pas abuser par un fantasme ou par une suggestion.

L'homme revint dix minutes plus tard.

— Eh bien ? lui demanda-t-on.

— Elle était là, répondit-il.

On crut d'abord qu'il plaisantait, mais son visage reflétait une sorte d'étonnement, proche de la frayeur. Oui, il avait bien vu, lui aussi, une femme vêtue de clair qui errait parmi les rochers et se penchait parfois, recherchant sans doute quelque chose.

Les hommes l'écoutaient en baissant les épaules. Manifestement, ils se sentaient en présence d'un événement bizarre qui dépassait leur entendement. Ils eurent pourtant une réaction de bon sens. Ils décidèrent d'explorer l'île pour rechercher cette femme mystérieuse ou du moins pour déterminer quel phénomène aurait pu donner naissance à une vision.

Dès le lendemain, ils commencèrent à parcourir l'île, fouillant les criques, la lande. Ils ne décelèrent aucune trace de vie humaine. Ils visitèrent même l'épave du voilier où aurait pu se réfugier la femme inconnue.

Ils renoncèrent à résoudre l'énigme. Au reste, le phare était terminé. Les premiers gardiens étaient arrivés. D'un commun accord, les membres de l'équipe de construction évitèrent de leur parler du fantôme qui hantait l'île. Il était inutile de les effrayer.

Le *Hero* s'éloigna, laissant Great Isaac à sa solitude.

★

Désormais le phare brilla. Grâce à lui, les navires évitaient les dangers de ces parages. Great Isaac, pourtant, gardait le caractère ambigu des sites marqués par le mystère.

Malgré le mutisme que s'étaient imposé les constructeurs du phare au sujet de l'apparition de la femme, quelques indiscrétions avaient filtré et étaient parvenues aux oreilles des gardiens. Ceux-ci aperçurent plusieurs fois la dame blanche des rochers, et toujours par une nuit de lune. Un phénomène de suggestion ? Les informations que nous possédons sur ces dernières apparitions ne nous permettent pas de décider si celles-ci appartiennent au domaine du supranormal ou à celui de la légende. Il semble bien que les gardiens avaient fini par admettre l'existence du fantôme. Et de cette existence, ils n'éprouvaient pas de la peur. Seulement ce vague malaise que suscitent les événements qui nous dépassent.

Les gardiens voulaient ignorer la dame blanche. Elle se manifesta à eux. Une nuit même, elle délaissa le rivage. Elle pénétra dans le phare par une porte restée ouverte, erra de pièce en pièce sous les yeux des gardiens pétrifiés, ressortit et sa silhouette se dissipa dans la nuit.

Ce phénomène intrigua les spécialistes des sciences parapsychiques. Ils en étudièrent la cause. Pourquoi cette jeune femme apparaissait-elle et que cherchait-elle dans les rochers ?

C'est alors qu'on pensa au dernier navire qui fit naufrage à Great Isaac avant la construction du phare, ce voilier dont l'épave était entourée par les corps de son équipage disséminés sur les rochers et, parmi ces corps, celui d'une mère serrant dans ses bras raidis son enfant encore vivant. Y avait-il un rapport entre cette femme et la dame blanche de Great Isaac ?

— C'est un cas classique dans l'histoire des apparitions, expliqua un spirite. Un cas de monoïdéisme. Cette dame blanche, c'est la mère qui revient sur le lieu de sa mort à la recherche de son enfant.

Nous ne déciderons pas s'il s'agit d'une manifestation d'un esprit. Nous nous contentons d'enregistrer les faits et les témoignages. Notons que ces apparitions ne furent pas régulières. Il se passait des mois, voire quelques années sans que la dame blanche réapparût. Sa dernière manifestation eut lieu au mois de décembre 1913.

Il était dix heures du soir. Le gardien-chef venait de terminer l'inspection de la lanterne. Avant de regagner sa chambre, il marcha le long de la mer éclairée par la lune. Alors, ce fut le scénario classique tant de fois renouvelé depuis 1851 : la forme blanche errant sur la grève, se penchant, cherchant quelque chose, reprenant sa marche, la frayeur panique de l'homme rentrant précipitamment dans le phare et observant derrière une vitre l'apparition s'évanouissant dans la nuit.

Depuis soixante-deux ans, la femme-spectre se manifestait. Une longue période à l'échelle humaine, mais non pas pour les fantômes qui se meuvent dans l'éternité. La femme aurait pu continuer à hanter Great Isaac pendant des siècles, si, en décembre 1914, un nouveau gardien-chef n'avait pas décidé d'en finir avec elle. Voici comment :

Il étudia des cas d'apparitions semblables et en conclut que la seule arme à employer contre les esprits était la prière. A la première nuit de pleine lune après son arrivée, à minuit, entouré de son assistant, il lut, à la lueur d'une lanterne, le service des morts. Et c'était une chose étrange que cette cérémonie funèbre sur cet îlot isolé, balayé par le vent de mer. Les voix mal assurées montaient dans l'ombre. Malgré soi, on cherchait la dame blanche, le fantôme de la pauvre noyée pleurant son enfant.

Elle n'apparut pas. Elle n'apparut plus. Les gardiens de Great Isaac ne signalèrent plus désormais la présence de celle qui avait, cette fois, gagné le repos éternel.

Force de la prière, affirmèrent les croyants. Force de la suggestion, insinuèrent les autres. Quoi qu'il en soit, le phare de Great Isaac n'affronta plus dès lors que les puissances naturelles de l'océan.

XVII

Un radar humain au XVIIIe siècle

Un naufrage, c'est la défaite du navire. C'est aussi parfois la défaite de l'homme qui n'a pas pu apercevoir à temps le bas-fond ou la roche sur lesquels se blessera mortellement la coque.

L'invention du radar, qui permet de voir l'invisible, apportera un élément important de sécurité pour les navigateurs. Quelque un siècle et demi plus tôt, un homme avait prétendu posséder un étrange pouvoir. Celui, précisément, de détecter à plus d'une centaine de kilomètres de distance un navire ou une côte.

Voici cet homme sur le pont du vaisseau *Le Fier* allant de Port-Louis de l'île de France (aujourd'hui île Maurice) à Lorient. Un des officiers du *Fier*, le lieutenant Dufour, regarde cet homme avec curiosité. Celui-ci a l'aspect d'un modeste employé ou d'un petit-bourgeois, le visage banal, la quarantaine insignifiante et il représente pourtant à la fois une énigme et un rêve.

Une énigme d'abord parce que ce passager possède un don extraordinaire : il distingue à des dizaines de lieues un navire ou une côte invisibles aux vigies les plus exercées et munies de lunettes d'approche.

Un rêve ensuite. Celui de navires ayant à leur bord des marins doués des mêmes pouvoirs que cet étrange passager. Alors, plus d'échouage sur une côte inconnue ; plus d'abordage dans la brume ; plus de naufrages sur les récifs. Et, sur les vaisseaux de combat, la possibilité de déceler la présence de l'ennemi, de le prendre en chasse, de l'attaquer par surprise.

C'était le 16 mars 1784 que le passager s'était approché de Dufour alors que ce dernier était de quart sur la dunette.

— Vous savez, monsieur, avait dit le passager, que vous êtes à trente lieues de la terre ? Avec ce vent du sud nous risquons, cette nuit, d'être drossés à la côte si nous ne nous en écartons pas ?

Le lieutenant, surpris, s'était retourné vers le passager et lui avait demandé d'un ton narquois :

— Vous êtes marin, monsieur ?

— Je l'ai été pendant quelques années à la Compagnie des Indes.

— Et sur quoi appuyez-vous votre affirmation ?

— Avant de vous répondre, j'aimerais que vous vous assuriez de la véracité de ce que je viens de vous dire.

Intrigué, Dufour était descendu dans la chambre de navigation et s'était penché sur la carte. A partir de son dernier point, il avait tracé la route du navire en tenant compte de sa vitesse et de la dérive estimée. Il avait constaté que *Le Fier* était bien à une trentaine de lieues de la côte d'Afrique, comme l'avait annoncé le passager.

— Vous avez donc une vue à ce point perçante ? avait demandé à ce dernier Dufour stupéfait.

— J'ai une bonne vue, mais elle ne suffirait pas à déceler navire ou côte invisibles.

— Mais alors, comment faites-vous ?

— Je me base sur l'observation de certains phénomènes. Vous voudrez bien m'excuser de ne pas en dire davantage. Je réserve la primeur de ma découverte au ministre de la Marine, M. le maréchal de Castries. C'est même le but de mon voyage en France.

Et le passager tourna les talons.

★

C'est en 1770 qu'Etienne Bottineau était arrivé à Port-Louis de l'île de France. Il avait navigué comme pilotin dès l'âge de quinze ans (des débuts relativement tardifs : beaucoup de marins s'embarquaient comme mousses à huit ou neuf ans !). Bottineau abandonna la navigation pour un poste à terre dans les bureaux du Génie des travaux du Roi. Il ne quittait son travail que pour de longues promenades au bord de la mer. Des promenades toujours solitaires. Il marchait lentement, comme s'il méditait. Parfois, il s'arrêtait, regardait fixement la ligne d'horizon, bien que la mer fût déserte. Il subissait alors une étrange métamorphose. Son visage se crispait, comme sous l'effet d'un malaise, impression qu'accentuait encore la rigidité du corps. On s'attendait à le voir tomber, victime d'une attaque. Puis, après cinq à dix minutes, ses traits se détendaient. Ses lèvres esquissaient un vague sourire et Bottineau rentrait chez lui.

Un jour, il demanda à voir le gouverneur de l'île de France, M. de Souillac, pour une affaire importante. Celui-ci n'avait pas l'habitude de se déranger pour un simple employé. Il le fit recevoir par Foucault, son intendant.

— Je voulais prévenir M. de Souillac, dit Bottineau, qu'une escadre de trois vaisseaux se dirige vers Port-Louis. Si les vents restent favorables, ils seront en vue avant trois jours.

Foucault haussa les sourcils.

— Comment le savez-vous ?

— C'est difficile à vous expliquer en peu de mots, monsieur l'intendant. J'ai senti leur approche d'après certains indices.

Foucault fut sur le pont de demander quels pouvaient être ces indices, mais il ne voulait pas perdre davantage son temps avec un individu au cerveau manifestement dérangé. Il se leva et congédia l'importun.

Trois jours plus tard, en sortant de sa maison, il fut abordé par Etienne Bottineau.

— Encore vous, monsieur ! dit Foucault irrité.

— Juste un mot, s'il vous plaît. Je me permets de vous faire observer que mes prévisions étaient justes. Les trois vaisseaux que je vous avais annoncés sont bien arrivés.

Foucault garda le silence avant de murmurer comme pour lui-même : « Mais... c'est vrai. »

Puis il ajouta, ironique :

— Le hasard a bien fait les choses.

— Je prendrai la liberté de vous faire remettre un billet lorsqu'il me sera donné de faire de nouvelles observations, dit Bottineau, nullement décontenancé.

— Comme vous voudrez, répondit Foucault.

Et il s'éloigna, espérant qu'il ne reverrait plus ce hâbleur.

Son espérance fut déçue. Quinze jours après, il recevait un billet de Bottineau annonçant l'arrivée de quatre bâtiments avant deux jours.

— Le bonhomme veut faire parler de lui, pensa Foucault.

Par curiosité, il demanda aux guetteurs, qui surveillaient le large des collines entourant la ville, s'ils apercevaient des voiles. Les guetteurs scrutèrent la mer avec leurs lunettes d'approche : la mer était déserte.

Elle le resta le lendemain. Mais à l'aube du jour suivant, quatre points noirs apparurent à l'horizon. Au soir, quatre vaisseaux mouillèrent à Port-Louis comme l'avait prévu Bottineau.

Cette fois, Foucault, impressionné, avertit le gouverneur. Le vicomte de Souillac haussa les épaules.

— Ce Bottineau doit avoir des accointances avec des pêcheurs. Ou encore il a pu fabriquer une lunette de son invention, lunette plus puissante que les nôtres. Il faudra s'en assurer.

Ou peut-être le hasard a-t-il joué une seconde fois. Attendons encore.

Souillac attendit une quinzaine de jours. Cette fois, Bottineau prédit l'arrivée d'une frégate bien avant les guetteurs.

— Curieux... dit Souillac.

Il ne tirait encore aucune conclusion des prétendus pouvoirs de Bottineau. L'affaire l'intriguait et l'amusait, comme elle commença à intriguer et amuser les habitants de Port-Louis. On se montrait du doigt le petit homme effacé et silencieux qui ne paraissait guère être ému du bruit qu'il suscitait.

Bottineau devint peu à peu une sorte de célébrité. On lui demandait s'il pouvait prévoir aussi le temps et l'avenir. Bottineau ne se fâchait pas et se contentait de sourire. Imperturbable, il continuait d'envoyer des billets à Souillac qui restait toujours sur la réserve, bien que sa méfiance envers Bottineau s'atténuât. Ce dernier ne paraissait être affecté ni de la méfiance ni de la dérision des habitants de l'île de France. (Il avouera plus tard qu'il avait souffert en fait des sarcasmes dont il avait été l'objet.)

Parfois, un marin ou un soldat l'abordait.

— Des vaisseaux en vue, monsieur Bottineau ?

— Précisément. Trois dans deux jours.

— Un louis qu'ils n'arriveront pas.

Bottineau acceptait le pari. Et il le gagnait. Sauf quand un calme retardait les vaisseaux ou que ceux-ci passaient au large sans relâcher à Port-Louis. « Je pus ainsi gagner une somme d'argent considérable », dira Bottineau.

Peu à peu, il réussit à susciter l'intérêt et à gagner la sympathie de Genu, son supérieur hiérarchique, du procureur du roi Lebras de Villeviderne, du capitaine d'infanterie Trebont. Ces personnes intervinrent auprès du gouverneur. Etienne Bottineau, assuraient-elles, n'était pas un imposteur. Il disposait d'un pouvoir singulier, mais bien réel.

Souillac finit par convoquer Bottineau. Il lui promit d'écrire au maréchal de Castries, le ministre de la Marine. Peut-être celui-ci lui accorderait-il une pension en échange de son secret. Castries répondit que, avant de prendre une décision quelconque au sujet de Bottineau, il demandait à ce dernier de faire une série d'observations sur une période de huit mois, sous le contrôle des autorités. Bottineau accepta à condition de n'être pas espionné et d'avoir toute la liberté de ses mouvements.

★

Le 25 octobre 1781, dans la fumée et le tonnerre des salves d'honneur, une escadre de six vaisseaux mouilla devant Port-Louis. La population se pressait sur la grève et sur les môles pour admirer les pyramides des voiles ruisselantes de blancheur sous le soleil et l'éclat des pavillons multicolores. Le gouverneur de Souillac, dans une embarcation drapée de pourpre, alla saluer sur le *Héros* un marin illustre : Pierre-André de Suffren de Saint-Tropez, le glorieux Suffren, capitaine de vaisseau et bailli de l'ordre de Malte, qui venait de s'illustrer dans la guerre d'indépendance d'Amérique et se rendait dans la mer des Indes pour combattre les Anglais.

Suffren débarqua sous les banderoles de bienvenue et les acclamations de la population. Il remercia Souillac pour son accueil.

— Nous avons pu nous préparer à temps pour vous recevoir avec tous les honneurs que vous méritez, dit Souillac.

— Sans doute quelque corvette que vous avez envoyée en éclaireur ? demanda Suffren.

— Non. C'est grâce à un homme doué d'un pouvoir surprenant. Il annonce l'arrivée des navires plusieurs jours à l'avance.

Suffren s'étonna.

— Plusieurs jours, dites-vous ? L'homme possède donc quelque instrument perfectionné ?

— Non, monsieur le bailli, je m'en suis assuré.

— Une vue bien perçante, alors ?

— Je l'ai d'abord pensé, mais il s'agit d'autre chose. Un homme étrange, vraiment, sur lequel j'aimerais avoir votre sentiment.

On présenta Bottineau à Suffren qui le considéra avec étonnement. Il s'attendait à voir une sorte de sorcier, les yeux brillant dans un visage émacié, un prophète de la mer, un être inspirant à la fois crainte et fascination, et il avait en face de lui un homme rond et terne, à l'allure de modeste fonctionnaire.

— Vous avez, m'a-t-on dit, monsieur, un don que beaucoup de marins pourraient vous envier. Comment faites-vous donc ?

Il y eut un silence. Bottineau s'était toujours refusé à révéler la nature de son pouvoir. Oserait-il garder le même mutisme devant Suffren ?

— J'observe les phénomènes qui entourent les vaisseaux en haute mer, répondit Bottineau.

— Mais encore ?

— Il est difficile de l'expliquer en quelques mots, monsieur le bailli. Ce phénomène est un météore, une enveloppe gazeuse qui entoure la coque et les voiles.

— Et vous voyez ces météores ?

— Je les distingue nettement, oui.

Suffren fronça les sourcils. Cette explication lui paraissait bien vague. Manifestement, ce Bottineau voulait garder son secret ou sans doute cherchait-il à le monnayer. Au reste, peu importait. Suffren imaginait les services qu'un tel homme pourrait rendre sur un navire.

— Je vous prends à mon bord, dit-il brusquement à Bottineau.

Ce dernier sursauta.

— Ce serait un grand honneur pour moi, monsieur le bailli, mais mon âge, mon état de santé...

— Vous pourriez initier des marins à vos méthodes ?

— Je le crois, oui.

— Eh bien, à mon retour en France, j'en parlerai au maréchal de Castries. Nous trouverons bien un arrangement qui conciliera vos intérêts et ceux du roi.

La flotte de Suffren appareilla. Et ce furent la mer des Indes, le chapelet des victoires aux noms sonores : Provedien, Negapatam, Trinquemale, Gondelour, le retour en France et la gloire pour celui que les Indiens avaient surnommé « l'amiral du diable ». Pas plus les fumées des combats que celles de l'encens n'avaient fait oublier à Suffren la silhouette d'un petit homme qui, à l'île de France, apercevait les navires à plusieurs dizaines de lieues de distance. Et Suffren parla de Bottineau au ministère de la Marine. Celui-ci n'était pas un inconnu depuis la lettre du gouverneur de l'île de France. L'intervention de Suffren décida le maréchal de Castries à proposer à Bottineau 10 000 livres d'argent comptant plus une pension de 1 200 livres s'il révélait sa découverte.

Bottineau est heureux ? Il a enfin ce qu'il désire ? Eh bien non. Il reste sur la réserve. Il est très flatté sans doute de la confiance du ministre de la Marine et de l'appui de Suffren, mais il veut aller lui-même en France « pour porter les premiers principes de cette nouvelle science ».

Souillac est surpris de ce qu'il prend d'abord pour une dérobade et, un moment, il doute : Bottineau serait-il une sorte d'escroc et sa fameuse méthode ne serait-elle que le fruit de son imagination ? Pourtant, les faits sont là, patents, irréfutables. Nous possédons à ce sujet une statistique : de 1778 jusqu'au début de 1782, Bottineau annonça l'arrivée de 575 navires deux ou trois jours à l'avance. A la réflexion, Souillac pensa que Bottineau souhaitait une célébrité que seul Paris pourrait lui donner. Il en fut convaincu lorsque celui-ci, mettant son projet à exécution, s'embarqua en février 1784.

Nous avons vu que, sur *Le Fier* qui l'emmenait en France, Bottineau étonna les officiers en prévoyant l'approche de la terre et cet étonnement fut de bon augure pour lui. Il ne douta pas que le succès, la gloire l'attendaient en France.

Il débarqua donc à Lorient et roula vers Paris, plein d'espoir. Il se présenta dès son arrivée au ministère de la Marine, y déposa un mémoire et revint une semaine après pour demander une audience au maréchal de Castries. Il attendit une réponse longtemps, trop longtemps. Enfin, on lui dit que son mémoire était à l'étude et que le ministre le recevrait plus tard.

Bottineau ne comprend pas. Il insiste. Le ministre le connaît ; celui-ci a écrit à son sujet au gouverneur de l'île de France en proposant même une pension pour lui, Bottineau. On a un geste évasif. De nombreux mémoires sont en instance. Il doit attendre son tour.

Bottineau cherche alors à voir Suffren. Le grand marin, qui a été promu vice-amiral et que tout Paris a acclamé quelques mois plus tôt, est en Provence, dans son château de Saint-Cannat.

Bottineau est désemparé. A Port-Louis, il était une sorte de célébrité. A Paris, c'est un anonyme, un inconnu, un quémandeur, un hâbleur qui se vante de voir des navires à des dizaines et des dizaines de lieues. Il s'efforce pourtant de surmonter sa déception, fréquente des publicistes, cherche des appuis.

Et un appui, il croit en avoir trouvé un. On commence à parler d'un naturaliste qui est aussi un écrivain : Bernardin de Saint-Pierre. Il a publié le *Voyage à l'île de France* et, trois ans plus tard, son *Paul et Virginie* lui conférera une définitive notoriété. Or Bottineau a rencontré Bernardin de Saint-Pierre à l'île de France. Il lui rend visite et lui expose la raison de son séjour à Paris : la divulgation d'une nouvelle science qu'il appelle la « nauscopie ».

Bernardin de Saint-Pierre a étudié la vie des oiseaux. Il sait qu'en observant le vol de certaines espèces des Tropiques, on peut annoncer la venue des navires longtemps à l'avance.

Bottineau l'interrompt. Il ne se base pas sur le vol des oiseaux.

— Peut-être un mirage, dit Bernardin de Saint-Pierre.

Et il cite l'aventure de son ami, le peintre Joseph Vernet qui, étudiant le ciel, au cours d'un voyage en Italie, avait vu dans les nuages « une ville renversée avec clochers, tours, maisons ». Vernet s'était hâté d'en faire un croquis, puis il avait découvert, à sept lieues de là, cette même ville dont l'image s'était reflétée sur les nuages.

Bottineau l'interrompt encore. Il ne s'agit pas de mirages. La « nauscopie » consiste à observer les météores que suscitent les navires en mer.

Bernardin de Saint-Pierre l'écoute avec attention, mais il reste circonspect. « Il y a, dit-il prudemment, dans la nature une infinité de choses inconnues aux hommes. Votre découverte peut être du nombre. »

Il sent bien que Bottineau lui demande son appui, mais il ne veut et surtout ne peut s'engager sur une question qui, du reste, n'est pas de sa compétence. Et il congédie courtoisement son visiteur avec de vagues promesses.

Devant cette solitude, cet abandon, Bottineau, un moment découragé, réagit. Les secrets de sa nouvelle science, cette « nauscopie », appelée à bouleverser les méthodes de navigation, il va la révéler au public. Il se décide à faire imprimer, à ses frais, un ouvrage qui, espère-t-il, forcera l'attention des indifférents et convaincra les incrédules. Allait-on enfin connaître le secret de Bottineau ?

Ouvrons le livre. Bottineau raconte d'abord les circonstances de sa découverte et fait le décompte de ses succès. Puis il passe aux explications. « Quand un vaisseau approche de la terre ou d'un autre vaisseau, il se produit un météore d'une nature particulière. » Quel est ce météore ? « Les vapeurs volatiles, renfermées dans le sein de la mer, s'échappent à travers les sillons et s'élèvent en rumée pour composer une vaste enveloppe qui s'avance avec lui. »

Et d'où viennent ces « vapeurs volatiles » ? Ecoutons encore Bottineau : « Le vaste nombre d'animaux, de poissons, d'oiseaux, de productions végétales et minérales, se décomposent au sein de l'eau, produisent une fermentation continuelle de la matière (...) Quand la mer est mise en mouvement par une tempête ou une masse active (un navire par exemple) les vapeurs volatiles s'échappent des profondeurs et s'élèvent comme de la fumée composant une vaste enveloppe autour du bateau. Cette enveloppe avance avec lui et s'accroît à tout moment par de nouvelles émanations. »

Bottineau précisait que ces vapeurs se confondent généralement avec l'atmosphère, mais « dès que le navire atteint une position où il se mêle avec d'autres vapeurs homogènes, telles que celles qui s'échappent de la terre, on perçoit que ce nuage acquiert de la consistance et de la couleur par le mélange des deux colonnes opposées ».

En d'autres termes, le navire est entouré d'une sorte de nuage qui, en rencontrant un autre nuage, deviendrait visible à un observateur exercé.

« Toute ma science, affirme encore Etienne Bottineau, réside dans la capacité de suivre l'apparition de ce météore. (...) Pour ces observations, point n'est besoin de télescope ni d'instruments mathématiques, les yeux suffisent. »

Bottineau espérait que la publication de la *Nauscopie* attirerait l'attention sur lui. Le directeur du *Journal général de la France*, l'abbé de Fontenay, en parla, en effet, mais pour dénigrer Bottineau dont le livre ne suscita chez lui que « mépris et dérision ». Ce n'était pas des navires en mer que Bottineau avait vus, mais « des châteaux dans les nuages ».

C'est le début d'une campagne de dénigrement que supporte mal le malheureux Bottineau déjà déprimé par le silence du maréchal de Castries et la réserve de Bernardin de Saint-Pierre. Il proteste, crie à la persécution. L'abbé de Fontenay continue ses attaques. Bottineau menace de lui faire une procès. La polémique s'envenime autour de cet homme bizarre, venu d'une île lointaine, qui prétend voir des navires derrière l'horizon. Les uns crient à l'imposture. Les autres admettent que la théorie et les expériences de Bottineau peuvent ouvrir de nouvelles perspectives à la science. Parmi ces derniers, un médecin des gardes du corps du comte d'Artois, un médecin qui est aussi physicien. Il vient de publier un traité d'optique dans lequel il critique les théories de Newton sur la lumière. La « nauscopie » l'intrigue. Elle implique sans doute une nouvelle hypothèse de la propagation des rayons lumineux. Le nom de ce médecin ? Jean-Paul Marat, le futur « ami du peuple ».

En outre, Marat s'intéresse aux choses de la navigation. Il suit les travaux d'un de ses rares amis (il a un caractère difficile), Abraham Breguet, né en Suisse comme lui, l'horloger qui va mettre au point un chronomètre de marine. Marat pressent donc l'importance de la « nauscopie » pour les navigateurs.

Il y a une autre raison de l'intérêt et de la sympathie que Marat porte à Bottineau. Celui-ci est une sorte de persécuté. La science officielle et les gens en place considèrent avec indifférence ou mépris la « nauscopie ». Or lui, Marat, souffre lui aussi de l'attitude des membres de l'Académie des sciences à son égard. Il faut dire que le comportement de Marat ne facilite guère les choses. Contre ses détracteurs, il utilise injures, voies de fait et jusqu'aux menaces de duel !

C'est Marat qui conseillera à Bottineau d'intenter un procès à son principal détracteur, l'abbé de Fontenay. C'est encore Marat qui enverra des exemplaires de la *Nauscopie* à quelques personnalités, en Angleterre, notamment, sans résultat apparent, d'ailleurs. C'est peut-être aussi sous son impulsion que Bottineau aurait effectué des expériences en rade de Brest. Bernardin de Saint-Pierre fait allusion à ces expériences dans le récit de son entretien avec Bottineau et affirme que celles-ci auraient échoué.

Il semble finalement que la protection brouillonne de Marat n'ait guère été bénéfique à Bottineau. D'ailleurs, Marat délaissera peu à peu la science pour l'activité politique et l'auteur de la « nauscopie » perdra son dernier protecteur.

Miné par les déceptions et l'incompréhension de ses compatriotes, Etienne Bottineau mourut à une date qu'on peut situer aux environs de 1788. Il emporta le secret de la « nauscopie » dans la tombe.

« Si je dois finir ma vie dans la déception et l'humiliation, avait écrit Bottineau, avant d'avoir pu expliquer ma découverte, le monde sera sans doute privé pendant un certain temps d'un art qui aurait fait honneur au XVIIIe siècle. »

Sur la nature de cet art on s'interroge encore. Le cas d'Etienne Bottineau pose une énigme. On ne peut pas parler d'imposture. Les témoignages de ses visions sont trop nombreux pour qu'on puisse parler d'illusion collective, d'autant que ces témoignages viennent de personnes *a priori* incrédules et nullement suspectes d'indulgence vis-à-vis de Bottineau.

Etait-il doué d'une vue exceptionnelle ? La chronique note qu'un Sicilien était capable, d'un promontoire de Marsala, de distinguer les navires entrant dans le golfe de Tunis, soit à une distance de deux cents kilomètres. Les annales médicales citent quelques cas semblables. Par exemple, celui d'une Anglaise qui vivait dans le Suffolk, au cours des années 1950. Son acuité visuelle était deux fois plus forte que celle d'un individu normal.

En admettant toutefois que Bottineau fût lui aussi doué d'une telle vue, la portée de celle-ci aurait été quand même inférieure à la portée des lunettes d'approche des guetteurs. Or, les témoignages sont formels : Bottineau décelait la présence des navires bien avant ces derniers.

Alors, un mirage ? C'était une des hypothèses de Bernardin de Saint-Pierre et, après lui, de certains écrivains scientifiques. Mais un mirage se produit dans des circonstances fortuites et dans des conditions bien déterminées. En mer, notamment, il faut que l'eau soit plus chaude que l'air. Il est inconcevable que ces conditions aient pu se poursuivre pendant toute la durée des observations de Bottineau — une quinzaine d'années. L'hypothèse du mirage, ou, à la rigueur, celle de l'observation du vol des oiseaux, ne peut être avancée que dans quelques cas précis.

Reste une autre explication, celle de Bottineau lui-même dans sa *Nauscopie*. Soulignons bien qu'il ne prétendait pas voir les navires, mais seulement les météores entourant ceux-ci. Mais que sont exactement ces météores qui ont forme, couleur, consistance ? Il faut avouer que ce que nous en dit Bottineau nous laisse perplexes. A bien lire ses explications, nous n'arriverons pas à comprendre la nature exacte de ces météores. Il faut en conclure que, même si l'acuité visuelle de Bottineau était normale, la rétine de ses yeux était, elle, exceptionnellement sensible à certaines colorations, à certaines structures de l'atmosphère.

Rupert T. Gould, dans ses *Oddities*, suggère qu'on pourrait contrôler l'existence des « météores » en prenant des photographies, avec une émulsion hypersensible, dans un secteur délimité de l'horizon marin, pendant une période déterminée. Ensuite, on ferait les mêmes clichés, dans le même secteur, pendant le passage des navires invisibles à l'œil nu. La comparaison des deux séries de photos pourrait alors mettre en évidence la présence des météores. Cette expérience n'a jamais été réalisée.

Dans *Invisible Horizon,* Vincent Gaddis expose une théorie séduisante quoique fragile. « Les observations de Bottineau, écrit-il, étaient de caractère non pas objectif, mais subjectif. Les " météores " constituent des projections de son propre esprit. » Autrement dit, Bottineau avait des dons de voyance et à cette voyance tout intérieure il donnait inconsciemment une apparence physique.

Le cas de Bottineau reste pour nous, comme pour ses contemporains, une énigme non résolue. Il fait naître cependant un de ces rêves insensés comme en suscite parfois la mer. Le rêve d'hommes à qui la lutte quotidienne avec celle-ci aurait conféré un peu des pouvoirs magiques que nous lui prêtons.

XVIII

Quand les morts suivent le navire

La mer semble parfois confondre le monde de la vie et celui de la mort. « Il y a trois sortes d'hommes, a écrit le philosophe grec Anacharsis : les vivants, les morts et les navigateurs. » Et ce n'est pas seulement une phrase pour le rêve et la méditation. Certains événements de mer lui donnent une résonance mystérieuse.

Dans le Pacifique, au large des côtes mexicaines, le 4 décembre 1924, un pétrolier est stoppé. C'est le *Watertown* de la Cities Service Company. Il n'est pas immobilisé par une quelconque avarie, mais pour une cérémonie heureusement rare. Une cérémonie funèbre : l'immersion de deux cadavres, ceux de deux matelots, James T. Courtney et Michael Meehan, asphyxiés par les vapeurs de mazout au cours du nettoyage d'une citerne.

Comme son bâtiment ne possédait pas de chambre froide pour conserver les corps, le commandant décida de les immerger. Devant l'équipage groupé sur la plage arrière, on lut les prières des morts. Puis les corps, enfermés dans des sacs lestés, plongèrent dans l'eau dans une brève gerbe d'écume. Il y eut un long silence. Après un dernier regard à la mer que la nuit bleuissait, l'équipage se dispersa.

Le *Watertown* reprit sa route.

Le lendemain, 5 décembre, au crépuscule, le lieutenant de quart se tourna vers un matelot. .

— Va me chercher le commandant tout de suite.

Le visage de l'officier était altéré. Ses yeux fixaient l'arrière. Le matelot, intrigué, regarda dans la même direction. La mer était calme et ne présentait rien d'anormal.

D'une voix tendue, l'officier répéta son ordre.

— Eh bien, qu'attends-tu ?

Le matelot s'éloigna. Il revint quelques minutes plus tard avec le commandant.

— Que se passe-t-il ? demanda celui-ci.

— Quelque chose d'étrange, commandant. Là-bas, à l'arrière. Voyez vous-même. A environ une dizaine de mètres de la poupe, un peu à gauche.

Le commandant saisit ses jumelles.

— Je ne vois pas ce qui...

Il n'acheva pas sa phrase. Dans les oculaires des jumelles, il distinguait maintenant, flottant sur l'eau calme, deux visages. Deux visages bien visibles.

— Mon Dieu ! murmura le commandant. On dirait...

— Les malheureux Courtney et Meehan, n'est-ce pas ?

Fascinés, les deux hommes ne pouvaient détacher leurs yeux de ces deux visages remontés des profondeurs.

Après quelques minutes, les visages parurent se dissoudre dans l'ombre naissante.

Le commandant haussa les épaules.

— Impossible, dit-il.

— Peut-être une illusion, suggéra le lieutenant.

C'était l'explication logique. Et pourtant les deux hommes avaient constaté la même apparition sans se consulter, sans pouvoir s'influencer l'un l'autre.

La nuit tomba sur une impression de malaise qui avait saisi tout l'équipage, le matelot de quart qui avait, lui aussi, constaté le phénomène, n'ayant pas manqué d'en parler à ses camarades.

Le lendemain, dès que le jour se leva, chacun, avec une curiosité craintive, regarda vers l'arrière pour tenter de voir les visages des deux morts. De part et d'autre du sillage, aucune tache suspecte ne tachait la mer. La routine du bord se déroula dans une atmosphère lourde. Personne n'oubliait les deux fantômes.

Avec le crépuscule, le malaise s'accrut. Des regards furtifs se tournaient vers la poupe. Et soudain, un cri retentit.

— Là-bas ! Regardez !

Un matelot tendait le bras. Il y eut un bruit de galopade sur le pont. Tous les hommes se précipitèrent à la poupe.

Un peu à gauche de l'écume du sillage, deux taches apparaissaient. Deux taches blanchâtres, oblongues, percées de deux trous noirs figurant les yeux et, plus bas, l'ouverture d'une bouche.

— Ce sont eux ! balbutièrent les matelots.

Dans ces taches qui se dessinaient sur l'eau, on pouvait imaginer deux têtes, les têtes des deux morts immergés la veille, celle de droite surtout qui suggérait bien le visage de Meehan avec son crâne chauve.

Ces têtes restaient visibles une dizaine de secondes, semblaient se dissoudre à la surface de l'eau, apparaissaient, disparaissaient encore sous les yeux effarés de l'équipage. Puis l'ombre les recouvrit comme un rideau de théâtre.

Les hommes du *Watertown* se dispersèrent lentement. Ce qu'ils avaient vu était tellement étrange qu'ils ne trouvaient pas de mots pour en parler. Ils n'éprouvaient pas exactement de la peur. Ils étaient comme écrasés par un événement qui dépassait leur entendement. Une même question les tourmentait : quelle était la cause de ces apparitions et pourquoi se manifestaient-elles à la même heure ?

La nuit tomba. Une nuit lourde, étrange, pleine de rêves bizarres. A l'aube, on se tourna vers le sillage. Il s'allongeait sur une mer calme et limpide.

En fin de journée, le *Watertown* arriva à Panama et s'engagea dans le canal. Chacun en fut soulagé. C'en était fini des fantômes. A moins que, de nouveau, en pleine mer...

Le *Watertown* entra dans le golfe du Mexique et mit le cap sur La Nouvelle-Orléans. Dès le coucher du soleil, on recommença pourtant à examiner la mer. Les vagues se déroulaient, marbrées d'écume, sans la moindre ombre inquiétante.

A La Nouvelle-Orléans, Keith Tracy, le capitaine, déposa un rapport dans lequel étaient mentionnés la mort des deux hommes et le phénomène de leurs apparitions dont la réalité était attestée par plusieurs témoins.

Sur cette apparition, on se montra, bien entendu, sceptique. Pourtant, un des dirigeants de la Cities Service Company, James S. Patton, parut convaincu.

— Vous avez eu raison de mentionner ces apparitions, dit-il à Keith Tracy. Vous ne pouviez d'ailleurs faire autrement. Je m'étonne toutefois que vous n'ayez pas pensé à prendre des photographies.

— J'y ai pensé, mais aucun membre de l'équipage ne possédait d'appareil.

Et il ajouta :

— Pour mon prochain voyage, j'en emporterai un.

James S. Patton haussa les sourcils.

— Vous pensez donc que vos fantômes réapparaîtront ?

— On ne sait jamais. Tout cela est si bizarre.

Le *Watertown* appareilla pour San Pedro, en Californie. Trois semaines après, il était de retour à La Nouvelle-Orléans.

Le capitaine Tracy se présenta aussitôt à James S. Patton.

— J'ai quelque chose pour vous, lui dit-il.

— Quoi donc ?

Keith Tracy lui tendit un rouleau de pellicule.

— Voici de quoi confondre les incrédules.

— Quoi ! Vous avez pris...

— Des photos des fantômes, oui.

Patton sourit. Une plaisanterie sans doute.

— Vous ne me croyez pas ?

— Excusez-moi, mais je croirai en vos photos lorsque je les aurai vues. Dites-moi comment...

Alors Tracy raconta que, après le passage du canal de Panama, les matelots le prévinrent qu'ils voyaient de nouveau les têtes mystérieuses.

— A quel moment de la journée ?

— Au crépuscule, toujours.

— Et alors ?

— Je les ai aperçues ces têtes. J'ai pu prendre six photos avant qu'elles ne disparaissent.

— Bien. Donnez-moi les photos. Je vais les faire développer.

Plusieurs témoins pénétrèrent dans la chambre noire et surveillèrent le travail du photographe afin de prévenir toute supercherie. On tira rapidement des épreuves.

Fébrilement, Tracy s'en empara.

Son visage se rembrunit.

— Vous voyez quelque chose, vous ? demanda Patton d'un ton narquois.

En fait de fantômes, il n'y avait que la masse indistincte de la mer avec, au premier plan, la ligne noire d'une rambarde. On distinguait bien, çà et là, la crête d'une vague et le frémissement du sillage, des points sombres, des taches claires, mais rien qui n'évoquât un spectre.

Les épreuves passaient de main en main au milieu d'un silence déçu. Après tout, on aurait aimé y croire à ces apparitions...

Ce fut le photographe qui, le premier, s'en aperçut. Il posa l'épreuve humide qu'il examinait et alla chercher une loupe.

— Venez voir, dit-il.

Patton et Tracy se penchèrent avec lui sur l'épreuve.

— Là, entre ces haubans...

— Ce sont des batayoles, dit Tracy.

— Entre les batayoles, il me semble distinguer... Mais oui, une, non, deux têtes. Ou peut-être trois. Voyez vous-mêmes.

— Mon Dieu ! dit Tracy. C'est bien cela !

Il les reconnaissait ces taches blanches, oblongues, avec, chacune, trois points noirs figurant les yeux et la bouche. Des têtes... Celles des deux matelots immergés.

— Ce sont Courtney et Meehan... balbutia-t-il.

Les autres assistants n'avaient pas connu les matelots. Ils ne pouvaient donc les identifier. Mais c'était vrai que ces taches blanches suggéraient bien des têtes, des têtes décharnées, sépulcrales, inquiétantes et qui vous laissaient une vague impression de malaise. Comme une ouverture sur un autre monde.

Et ces têtes fascinaient et effrayaient à la fois. On était tenté d'en nier la réalité, d'imaginer un assemblage fortuit de taches, d'ombres, un jeu de lumière, une illusion d'optique. Mais si illusion il y avait, elle était tellement frappante et elle cadrait si bien avec la vision de l'équipage qu'on en était impressionné.

— Alors, êtes-vous convaincu maintenant ? demanda Tracy à Patton.

— Cette photo me semble plus extraordinaire que les apparitions elles-mêmes, répondit-il.

Plus tard, le photographe agrandit le cliché. Cette nouvelle épreuve fit apparaître de nouveaux détails et notamment, à droite, ce qui pouvait suggérer une troisième tête.

— Impossible, dit Tracy. Regardez les orbites. Elles seraient énormes. Elles mangent la moitié du visage. Cette fois, ce sont deux taches ou deux ombres.

La découverte de ce troisième visage supposé suscita les critiques des sceptiques.

— Il s'agit peut-être d'animaux marins, dit-on.

On pensa d'abord à des lamantins, mais les lamantins ne s'éloignent guère du rivage. Ce pouvait être des marsouins plutôt, qui suivent les navires dans l'espoir de happer les déchets lancés par le cuisinier.

On objecta : « Ces marsouins ne seraient apparus qu'au crépuscule, et précisément le soir même de l'immersion des deux corps ? »

A cette objection, on répondit que c'était précisément cette immersion qui avait attiré les marsouins.

— Soit, dit-on encore. Mais comment expliquer les nouvelles apparitions de ces marsouins les jours suivants ?

— Un banc de marsouins suivait le navire, tout simplement. Pendant le jour, on ne les remarquait guère. Le soir, la suggestion aidant, on les prenait pour des fantômes.

Objections comme explications pouvaient être également critiquables. Pourtant, la chronique de la mer cite d'autres cas de morts suivant les navires.

Le 12 avril 1690, une escadre française de six bâtiments fait route vers le Siam.

Alors que cette escadre approche de l'équateur la maladie frappe les hommes et notamment sur l'*Ecueil*, un vaisseau de cinq cents tonneaux de jauge et de deux cents hommes d'équipage. Un matelot nommé Jean Canevette est étendu sur sa couchette. Il est miné par la « fièvre chaude ». Il refuse toute nourriture.

Il délire. Il respire difficilement. Son teint devient terreux. Malgré les potions et les saignées du chirurgien du bord, — ou peut-être à cause d'elles — le malheureux Canevette meurt en trente-six heures.

Après les constatations légales, le corps fut cousu dans de la toile à voile et lesté de deux boulets de canon. Il fut ensuite amené à l'arrière et posé sur une planche. Entouré de l'équipage et des principaux officiers, l'aumônier lut le *De Profundis* et bénit le corps qui fut basculé à la mer.

« Alors, relate un témoin, il se passa une chose inouïe. Qui que ce soit ici n'a jamais entendu dire qu'une pareille chose soit jamais arrivée à la mer. »

Quelle chose ? Nous la connaissons, nous, cette chose. Nous venons d'y assister sur le *Watertown.*

A bord de l'*Ecueil* il se passa ceci. Après la cérémonie funèbre, quelques matelots tardaient à se disperser, contemplant la mer où leur camarade venait d'être immergé. Soudain, l'un d'eux poussa un cri. De la main il désigna un point sur l'eau. Un point blanc qui affleurait la surface. Un point qui était l'extrémité d'une forme blanche qui, peu à peu, montait, verticale, au-dessus de l'eau.

Alors, horrifiés, les hommes de l'*Ecueil* reconnurent le corps enveloppé de toile blanche de Jean Canevette. Et ils étaient d'autant plus horrifiés que ce fantôme, cette lugubre forme blanche suivait le mouvant chemin d'écume du sillage !

Sur le vaisseau, ce fut une sorte de panique. Une panique immobile et muette. Certains étaient persuadés que le mort demandait des prières. Ils suppliaient l'aumônier de célébrer un service pour le repos de l'âme du défunt. D'autres affirmaient que cette apparition était de mauvais présage et que ce mort en réclamait un autre.

Cette hypothèse avait une résonance inquiétante : le commandant de l'*Ecueil,* le capitaine de frégate Hurtain, était malade depuis plusieurs jours. Très faible, il ne quittait plus sa cabine.

Les officiers, pour réagir contre la panique de l'équipage, expliquaient que le corps avait été mal et insuffisamment lesté. En conséquence, il flottait entre deux eaux et était entraîné par les remous du sillage.

Devant cette explication logique, on hochait la tête, mais on n'était pas convaincu.

Le crépuscule tomba.

Dans l'ombre naissante, on distinguait encore le fantôme qui plongeait, disparaissait, remontait à la surface, oscillait, replongeait encore.

La nuit finit par effacer la fantastique apparition. L'équipage n'en fut pas soulagé pour autant et les hommes de quart de l'*Ecueil* ne pouvaient s'empêcher de jeter furtivement des regards craintifs vers l'arrière.

A l'aube, on poussa un soupir de soulagement.

Le fantôme avait disparu.

Dix jours plus tard, le capitaine Hurtain décédait à son tour. La prédiction semblait se justifier : le mort en avait réclamé un autre. Et il l'avait obtenu.

Nous quittons maintenant l'équateur. Nous sommes sur la terre Alexandre-Ier, dans cette partie du continent antarctique qui s'allonge vers l'Amérique du Sud.

Au milieu de l'architecture fantastique d'icebergs immobiles et de la côte couverte de glaces, la silhouette d'un trois-mâts. C'est la *Belgica* de l'explorateur belge Adrien de Gerlache qui, pour la première fois, hiverne dans l'Antarctique.

Un hivernage très dur. Le thermomètre descend à moins quarante-trois degrés. Le froid, le manque de vivres frais minent l'état physique des hommes comme ils affectent leur moral. A la fin de mai 1898, Danco, un des officiers de la *Belgica*, tombe malade. Un affaiblissement général. L'organisme ne résiste pas à la rigueur de l'hivernage. Cook, le médecin de l'expédition, celui qui, dix ans plus tard, prétendra avoir atteint le pôle Nord avant Peary, hoche la tête. A moins d'un miracle...

Autour de la *Belgica* montent, dans la nuit polaire, les craquements de la banquise, craquements auxquels répondent d'autres craquements plus inquiétants, ceux de la *Belgica* elle-même, sa pauvre coque torturée, raclée, pressée par les glaces. Une symphonie sinistre qui semble de mauvais augure pour le pauvre Danco qu'on trouve un matin, sans vie. Une crise cardiaque l'a emporté.

Les hommes furent accablés par cette mort. Gerlache pensa d'abord à creuser une tombe pour son camarade, puis il estima que la présence permanente du mort près du navire aurait un effet déplorable sur le moral de l'équipe. Il décida donc d'immerger le corps.

Il fallut d'abord creuser un trou assez profond pour atteindre l'eau. Un travail long, pénible. Quand il fut achevé, le corps, enfermé dans une toile et lesté d'une gueuse de plomb, fut amené près du trou.

Gerlache, entouré de son équipage, lut les prières des morts. La voix montait, mal assurée, accompagnée par les grondements de la banquise. Puis Gerlache fit un signe. Des hommes dressèrent le cadavre pour l'introduire dans le trou, le lâchèrent pour un dernier salut, un dernier signe de croix.

L'équipage reflua lentement vers la *Belgica*. Un des matelots se retourna une dernière fois vers le trou par lequel Danco avait été immergé.

Il s'arrêta, comme pétrifié, lui aussi, par l'immobilité qui figeait le paysage.

Ses compagnons se retournèrent, surpris. Et une stupéfaction mêlée de terreur se peignit sur les visages.

Ils voyaient quelque chose d'extraordinaire, d'atroce. Le corps de Danco ne descendait pas au fond de l'eau, mais restait dressé au-dessus de la glace, lugubre statue qui, dans la nuit polaire, semblait rayonner d'une lueur de sépulcre.

On entendit des exclamations étouffées, des murmures indistincts. Des yeux se fermèrent devant l'insoutenable vision.

Cook, le premier, réagit.

— C'est le lest qui le maintient ainsi. Il va descendre.

On pouvait l'espérer, en effet. Mais le corps de Danco dominait toujours la glace. Il aurait fallu le dégager, s'assurer qu'aucune aspérité de la banquise ne retenait la gueuse de plomb. Personne n'osait pourtant s'approcher du mort pour accomplir cette lugubre besogne.

Tous regagnèrent la *Belgica*, comme peureusement.

De temps en temps, on jetait un coup d'œil sur le fantôme.

— Je crois qu'il s'enfonce, dit quelqu'un.

Il s'enfonçait, en effet, mais lentement, et cette lenteur était insupportable.

Les heures passaient.

Terrés dans leur poste, serrés autour d'un poêle qui répandait une maigre chaleur, les hommes n'osaient sortir, comme si le mort allait les entraîner, eux aussi, sous la banquise.

Enfin, le corps disparut. Mais pendant plusieurs jours, les compagnons d'Adrien de Gerlache furent hantés par l'image de Danco rôdant sous la coque de la *Belgica*.

Les fantômes de la *Belgica* et de l'*Ecueil* sont des histoires de corps mal lestés ou entraînés par le courant. En revanche, nous restons perplexes devant les fantômes du *Watertown*, les corps des deux matelots étant apparus plusieurs fois et à des intervalles éloignés. Alors ? Une légende ? Nous avons documents et témoins. Une supercherie ? Dans quel but ? Le banc de marsouins ? Oui, s'il faut bien avancer une explication. Une explication qui ne nous satisfait pas pleinement. Il est vrai qu'il est difficile de dégager la vérité sur certains événements de mer qui allient étroitement réel et irréel. Nous allons le voir encore dans cette curieuse histoire de vaisseau fantôme.

XIX

Il apparaît six ans après son naufrage

G.E. Robinson commençait à regretter d'avoir embarqué comme lieutenant à bord du cargo *Khosrou* qui faisait le cabotage le long des côtes de l'Inde. Pourquoi ? Robinson n'aurait pu analyser la sorte de malaise qu'il éprouvait sur ce navire. La coque, la machine étaient en bon état ; l'équipage, sans être composé d' « able seamen », paraissait connaître son métier. Et pourtant Robinson se méfiait du *Khosrou*. Peut-être à cause de son commandant. Un homme bizarre, taciturne, au visage impassible, comme tourné vers l'intérieur de lui-même. Il donnait ses ordres d'une voix brève et sèche, ordres appuyés de mouvements brusques. Il n'avait avec ses officiers que des conversations d'ordre professionel.

Robinson avait pris son poste en avril 1936. Peu à peu, il s'était quand même habitué au *Khosrou* et à ses navigations calmes, sans histoires. On transportait d'un port à l'autre coton, arachides, jute, produits manufacturés.

Et brusquement, il se produisit une série d'incidents qui semblèrent justifier les appréhensions de Robinson. Ce fut d'abord un échouage dans le delta du Gange, en sortant de Calcutta. Le *Khosrou* ralentit sans cause apparente ; la barre devint dure ; autour de la coque, la mer prit une teinte brunâtre. Le cargo venait de heurter un de ces bancs de sable errants que charrie le Gange.

L'échouage fut d'ailleurs sans conséquence. On fit battre la machine en arrière lentement et le *Khosrou* se déséchoua sans peine.

Plus tard, le long de la côte de Coromandel, une nuit, un homme de quart signala, très loin, des lueurs qui ressemblaient à des fusées de détresse. Le *Khosrou* mit le cap vers celles-ci qui continuaient à jaillir dans l'ombre à intervalles irréguliers.

Curieusement, alors que le cargo avançait de toute la puissance de ses machines, c'était toujours à la même distance du bâtiment que les fusées rayaient la nuit. Après plusieurs heures de recherches vaines, le commandant décida de reprendre sa route. Il affirma que ces fusées supposées n'étaient que des éclairs d'un orage lointain.

Le *Khosrou* atteignit Bombay, reprit du fret pour Calcutta d'où il repartit le 17 décembre 1936.

Malgré la mousson du nord-est qui pendant les mois d'hiver balaie le ciel, le temps restait bouché avec des nuages bas et un horizon pluvieux. Par intervalles, apparaissait la masse sombre d'un autre cargo, le *Maimyo*, qui suivait la même route que le *Khosrou*. Les deux navires naviguèrent de conserve pendant un jour.

Le 22 décembre 1936, G.E. Robinson prit son quart à minuit. Le ciel était maintenant dégagé. De temps en temps, il s'approchait du timonier, contrôlait le cap et reprenait sa veille dans un coin de la passerelle.

Il était à peu près 1 heure lorsque Robinson crut apercevoir une faible lueur entre le navire et la côte orientale de Ceylan. Avec ses jumelles, il balaya lentement l'horizon dans la direction de cette lueur qu'il estimait distante de sept à huit milles et qu'il essaya d'identifier. Un phare ? D'après la carte, aucun phare ne brillait dans ces parages. Plutôt les feux d'un navire, mais lointains, à la limite de la visibilité.

Une demi-heure s'écoula.

Robinson observait toujours la lueur.

Si celle-ci émanait d'un navire, ce dernier devait marcher très lentement, car il était maintenant loin sur l'arrière du *Khosrou*. Puis Robinson cessa de s'intéresser à la lueur qui d'ailleurs s'effaça peu à peu. Et le quart reprit son cours monotone.

Il était 2 heures du matin lorsque le lieutenant entendit un bruit de pas précipités. Surpris, il se retourna.

Le commandant était devant lui. La casquette posée sur ses cheveux ébouriffés, sans cravate, la vareuse manifestement boutonnée sur une veste de pyjama, le visage bouffi de sommeil. Il était évident qu'il sortait de sa couchette. Il regarda Robinson d'un air égaré et lui lança :

— Nous risquons de nous échouer ! Sondez !

Robinson, interdit, resta immobile. Pourquoi cet ordre ? Il y avait bien assez d'eau sous la quille. La carte qu'il avait consultée peu de temps auparavant, lorsqu'il s'était assuré qu'aucun feu fixe ne brillait dans les parages, indiquait des fonds de 700 à 800 mètres.

— Eh bien lieutenant, je vous dis de sonder. Qu'attendez-vous ?

Robinson haussa imperceptiblement les épaules. Décidément, ce commandant l'étonnerait toujours. La meilleure façon de faire cesser sa lubie était de lui obéir. Il fit préparer le sondeur Thomson qu'on peut utiliser en pleine marche.

La ligne fut immergée, fila rapidement et, au bout de quelques minutes, s'immobilisa.

— Que se passe-t-il ? demanda Robinson au matelot.

— La sonde a déjà touché le fond.

— Vous êtes sûr que la poulie n'est pas grippée ?

Le matelot vérifia la poulie. Tout était normal.

— Remontez la sonde ! ordonna Robinson.

Le tube indiquait une profondeur de cinquante mètres seulement.

Le *Khosrou* s'était donc écarté de sa route. Il s'était rapproché de la terre et naviguait sur les petits fonds avoisinant les dangereux parages des Grandes Basses, à l'est de la pointe de Galle, l'extrémité méridionale de Ceylan.

Par prudence, Robinson fit diminuer la vitesse et donna au timonier un nouveau cap qui écartait le navire de la terre. Il regarda le commandant qui était resté sur la passerelle. Robinson aurait bien voulu lui demander comment, du fond de sa couchette, il avait deviné que son bâtiment courait un danger. Mais le commandant gardait son mutisme habituel. Ses traits semblaient toutefois altérés par l'inquiétude. Il marchait nerveusement d'un bout à l'autre de la passerelle. Quand il s'arrêtait, il prenait ses jumelles et scrutait la nuit.

A quatre heures, lorsque Robinson quitta son quart, le commandant était toujours sur la passerelle. Perdu dans ses pensées, il remarqua à peine le salut de son lieutenant.

Robinson dormit peu. Dans la matinée, un matelot le réveilla. Le commandant demandait à le voir. Cinq minutes après, celui-ci tendait à son lieutenant un message capté par l'officier radio peu de temps auparavant. Un message qui signalait que le *Maimyo,* le cargo qui avait quitté Calcutta en même temps que le *Khosrou,* s'était échoué à deux heures du matin sur un haut-fond des Grandes Basses.

Le commandant mena Robinson dans la chambre de navigation.

— C'est bien à deux heures du matin, dit-il, que je vous ai demandé de sonder ?

— A deux heures, oui.

— Eh bien, regardez où s'est échoué le *Maimyo,* à deux heures précisément : à quelques milles à peine de notre position à cette heure-là. Nous étions alors dans des parages infestés de récifs.

Et il ajouta avec une nuance d'ironie :

— J'ai bien fait de vous demander de sonder, n'est-ce pas ?

Robinson se rappela les lueurs qu'il avait vues au début de son quart. Ces lueurs étaient bien les feux d'un navire. D'un navire qui était le *Maimyo* égaré parmi les récifs de la Grande Basse.

Le commandant regarda son lieutenant, comme s'il hésitait ou plutôt comme s'il n'osait pas lui dire quelque chose. Il ouvrit la bouche et dit, très vite :

— Vous vous demandez comment j'ai su que nous naviguions sur des petits fonds, à deux heures du matin ?

— J'avoue que...

— Eh bien, je sais que cela peut vous paraître étrange, mais c'est ainsi. J'ai fait un rêve. Un cauchemar plutôt. Je voyais un navire en train de s'échouer, un navire que je ne parvenais pas à identifier, mais qui aurait pu être le mien. Je me suis réveillé. Je me suis rendu sur la passerelle. Et alors...

Comme s'il en avait déjà trop dit, le commandant tourna les talons et sortit de la chambre de navigation. Pendant le reste du voyage, il ne fit plus aucune allusion à l'incident et s'enferma de nouveau dans son mutisme.

Robinson observait parfois à la dérobée son commandant qui, plus que jamais, lui inspirait un sentiment de malaise. Il le revoyait sur la passerelle, le soir de l'échouage du *Maimyo*, avec son air égaré. Il entendait sa voix rauque et tendue. Etait-il sincère ? Etait-il un simulateur ? Souffrait-il d'un dérangement mental ? Etait-il une espèce de médium qui faisait en quelque sorte corps avec son bateau ? Robinson ne pouvait répondre à ces questions. L'atmosphère du bord qui lui était déjà étrange s'en trouva alourdie.

Le *Khosrou* ne resta pas longtemps à Bombay. Dès le 2 janvier, il appareilla pour Calcutta.

Dans ce port, Robinson avait été tenté de quitter le *Khosrou*, ses traversées monotones et son capitaine étrange. Il avait aussi le vague pressentiment que tout pouvait arriver sur ce bateau. Non pas un naufrage, mais quelque chose qu'il ne pouvait définir.

Le cap au sud, le *Khosrou* sillonnait une mer grise, creusée d'une houle malsaine, sous un ciel bas, avec un horizon bouché par une pluie sale, pénétrante, qui absorbait la lumière du jour et enveloppait le navire d'une sorte de crépuscule liquide.

Le 5 janvier 1937, dans l'après-midi, le *Khosrou* approcha de la côte occidentale de Ceylan. Le temps s'était encore aggravé. Le vent était tombé. Une brume dense tombait sur la mer. On était dans les parages fréquentés par les paquebots de la ligne du Japon, les cargos se dirigeant vers Calcutta ou Singapour ou les caboteurs longeant les côtes de l'Inde.

Robinson, qui était de quart, avait fait doubler les hommes de veille. Il était attentif à scruter, au fond de la brume, la moindre ombre suspecte, la masse d'une coque. Et aussi, l'oreille tendue, il guettait la sourde pulsation d'une machine.

Il était 17 heures lorsque le commandant monta sur la passerelle. Robinson l'observa avec une sorte de crainte. Avait-il encore eu une vision ? Allait-il lui demander de sonder ou lui ordonner une manœuvre inattendue, un changement de cap ou...

— Stoppez les machines !

Non, Robinson ne rêvait pas. Il n'était pas victime d'une illusion. C'était bien le commandant, le commandant taciturne, le commandant étrange, le commandant visionnaire qui avait donné cet ordre que rien apparemment ne justifiait. Stopper les machines en pleine mer. Et pourquoi ?

Robinson hésitait à exécuter l'ordre. Il regarda le commandant. Celui-ci, impatienté, marcha vivement vers le chadburn, l'actionna et immobilisa l'aiguille sur *Stop*.

Les machines cessèrent de tourner.

Les hommes de quart, stupéfaits, se lancèrent des regards anxieux. Que signifiait cette nouvelle lubie du commandant ?

Robinson, lui, ne croyait pas à une lubie. Il se souvenait du voyage précédent, de l'irruption hagarde du commandant et de son ordre de sonder, ordre qui, il devait le reconnaître, était justifié. Quel danger menaçait maintenant le *Khosrou ?*

Le *Khosrou* après avoir couru sur son erre s'était immobilisé. Et cette immobilité, cette brume, ce silence suscitaient chez les hommes une angoisse mal définie.

Le commandant ne bougeait pas, les yeux fixés devant lui. Soudain, il se précipita au milieu de la passerelle, là où, près de la barre, pendait la commande de la sirène. Il actionna cette commande. Un long mugissement retentit. Et un autre encore.

Ces mugissements étaient à peine éteints, laissant un silence lourd peser sur la mer, que retentit, comme une réponse, le bruit d'une autre sirène, bruit assourdi par la brume qui le répercutait, le diffusait, le multipliait au point qu'on ne pouvait préciser dans quelle direction il avait été émis.

Le commandant actionna encore la sirène du *Khosrou* et ce fut le dialogue de deux navires aveuglés par la brume, ces appels qui évoquent à la fois supplications ou cris de peur et qui sont parfois le prélude sonore d'un abordage.

Ce dialogue dura longtemps ou du moins on en eut l'impression. On localisait le navire invisible tantôt à tribord, tantôt à bâbord. Robinson observait le commandant. Immobile, le visage tendu, il semblait attendre quelque chose.

— Là-bas !

C'était un matelot qui avait crié. Un peu sur l'avant, à tribord, la brume se fonça. Puis une masse apparut qui sembla immobile. En fait, elle avançait lentement, coupant la route du *Khosrou.*

De cette masse, d'abord, on ne discerna aucun détail. On aurait dit une épave, rasée par la tempête. Puis, autour d'elle, la brume s'effilocha et on distingua des superstructures basses, une courte cheminée. C'était un grand cargo d'une centaine de mètres de long. Il défila à deux ou trois encablures du *Khosrou* qu'il aurait sûrement abordé si celui-ci avait été en marche.

Le commandant avait saisi ses jumelles. Il murmura : « C'est le *Tricolour !* »

Personne d'autre que le commandant n'avait pu voir le nom du cargo dont le pont semblait désert. Il avait cet aspect irréel, fantomal, que la brume donne aux navires. Il n'actionnait plus sa sirène. On n'entendait pas le bruit de ses moteurs. Et ce silence accentuait l'étrangeté de cette apparition sur laquelle la brume se referma comme un rideau.

Sur la passerelle du *Khosrou,* Robinson et les hommes de quart se taisaient, conscients d'avoir frôlé le naufrage. Un ordre bref, celui du commandant, rompit le silence.

— En avant lentement, dit-il.

La sonnerie du chadburn retentit. La machine recommença à battre.

Le *Khosrou* reprit sa route.

La mer se creusa d'une légère houle. Le vent se levait, chassant la brume qui se fragmenta en vastes lambeaux. L'horizon se dégagea. A bâbord apparut une ligne sombre : Ceylan.

Le commandant rectifia le cap et, avant de quitter la passerelle, il s'approcha de Robinson et lui dit très vite, comme s'il regrettait ses paroles : « C'était le *Tricolour.* »

Robinson eut une réponse machinale.

— Oui. Nous l'avons échappé belle.

Le commandant regarda son lieutenant, une flamme bizarre dans les yeux. Puis il tourna brusquement la tête et entra dans sa cabine.

Robinson contrôla si le timonier tenait bien le nouveau cap et fit un tour d'horizon avec ses jumelles.

— C'est incroyable, murmura-t-il.

Sur la mer maintenant bien dégagée, il ne voyait aucun navire. Le cargo qui avait failli aborder le *Khosrou,* le *Tricolour* avait disparu.

★

Il était 15 heures GMT, ce 5 janvier 1931, lorsque s'éleva sur la mer, au large du cap Dondra, sur la côte ouest de Ceylan, une immense colonne de fumée noire.

La mer était calme et les vents faibles. La colonne montait, droite, à une hauteur de deux cents mètres. A sa base, elle s'arrondissait en épaisses volutes qui s'élargissaient sans cesse.

Sur le *Porthos,* paquebot de la ligne Marseille-Yokohama, les officiers observaient le phénomène. Aucun doute, un navire était en feu, un navire chargé certainement de matières inflammables et sur lequel le *Porthos* mit le cap. On espérait que l'équipage avait pu évacuer le bord à temps, ce qui n'était pas sûr si une explosion avait été à l'origine de l'incendie.

On n'était plus qu'à trois milles du navire. La fumée était si épaisse qu'on ne distinguait même pas la coque sinistrée. Autour d'elle, une sorte de brume sombre stagnait sur la mer.

De cette brume se dégagèrent deux points noirs, deux embarcations qui se dirigeaient vers le *Porthos.* Une demi-heure plus tard, elles accostaient le paquebot. Et ce fut le lamentable défilé des naufragés dont les visages reflétaient encore le drame qu'ils venaient de vivre. Ils étaient au nombre de trente-neuf. Manquaient le commandant, le radio, un matelot, un chauffeur et un passager, qui, surpris par la soudaineté de l'incendie, étaient restés prisonniers du navire. On avait entendu des explosions. Aussitôt, de longues flammes avaient envahi le navire qui coula rapidement. Les matelots eurent tout juste le temps de mettre deux embarcations à la mer.

A Singapour, où furent débarqués les rescapés, on procéda à une enquête sur les circonstances du naufrage. D'après les témoignages de l'équipage, les explosions retentirent à des intervalles très courts. Les mécaniciens n'eurent que le temps de quitter la chambre des machines attaquée à la fois par le feu de l'incendie et par l'eau des brèches de la coque. L'enquête n'aboutit pas. Le naufrage de ce cargo norvégien de 6 200 tonneaux resta inexpliqué.

Le nom de ce cargo ? Le *Tricolour.* Vous avez bien lu : le *Tricolour.* Comme vous avez bien lu la date de son naufrage : le 5 janvier 1931. C'est-à-dire six ans, jour pour jour, avant son apparition devant le *Khosrou.* Et ce n'est pas une légende. Ce n'est pas un racontar de matelot, mais un fait authentifié par le lieutenant du *Khosrou,* G.E. Robinson, fait relaté dans les Proceedings of U.S. Naval Institute, en 1958.

Une explication ? Nous allons tenter d'en donner une. Est-ce une hallucination ? Non : tous les hommes du *Khosrou* ont vu le navire. La description qu'ils en ont donnée est identique.

Mais ce navire était-il bien le *Tricolour ?* C'est le commandant du *Khosrou* — et lui seul, semble-t-il — qui a pu lire avec ses jumelles le nom du cargo norvégien durant la courte apparition de celui-ci.

Le commandant s'est-il trompé ? Une confusion est toujours possible, mais pourquoi, précisément, est-ce le nom de *Tricolour* qui lui est venu aux lèvres ?

Pénétrons dans la chambre de navigation du *Khosrou.* Sur la table est étalée la carte portant au crayon la route du bâtiment. Près de cette route, à deux milles environ, est mentionné le gisement d'une épave. En marge de la carte, une main a écrit cette ligne qui identifie l'épave : « M.S. *Tricolour,* 5 juin 1931. »

Donc, le commandant savait que son navire passerait à proximité de l'épave d'un cargo dont il connaissait bien, lui qui naviguait dans la mer des Indes depuis de nombreuses années, et le nom et les circonstances mystérieuses de son naufrage.

Nous connaissons assez maintenant la personnalité du commandant du *Khosrou.* Il semble avoir été de la race de ces capitaines de grands voiliers, attentifs aux signes et aux présages, réceptifs aux forces obscures qui dominent l'homme et même visités par des fantasmes.

Ce commandant sauve son navire de l'échouage et de l'abordage, averti par une prémonition ou par un rêve. Et ce rêve, chez cet être hypersensible et étrange, a pu devenir vision. Ce navire qui avait failli l'aborder devient le *Tricolour,* surgit de sa tombe marine au moment même où le *Khosrou* naviguait au-dessus de celle-ci.

Rien n'est simple dans les aventures de mer. Cette explication, déjà fragile, présente une faille. Après la brève apparition du supposé *Tricolour,* la brume, nous l'avons vu, s'était dissipée rapidement. La zone de visibilité était alors de sept à huit milles. Même s'il avait repris sa vitesse normale, le navire inconnu aurait donc pu être aperçu pendant trois quarts d'heure. Or, selon Robinson, la mer était déserte.

Une solution à ce nouveau mystère ? On peut supposer que de lointains bancs de brume stagnaient encore sur la mer, bancs qui auraient pu masquer le navire.

Reste l'énigme que pose la personnalité de l'étrange capitaine. Il faut s'attendre à tout avec l'homme qui va sur la mer. Placé au cœur de cet élément instable, hors du temps et comme hors du monde, face au ciel auquel il demande sa route, le marin retrouve une sensibilité, une réceptivité que la vie civilisée a émoussées le plus souvent en nous. Il sait déchiffrer les messages du vent ; il voit au-delà de l'horizon des signes prémonitoires.

Le corsaire Duguay-Trouin prétendait connaître « les biens et les maux et jusqu'aux jours et circonstances des événements à venir ». Le capitaine du trois-mâts *Usk* affirma qu'une dame blanche lui avait interdit de franchir le cap Horn, sinon son bâtiment serait détruit par le feu. Il fit demi-tour et, coïncidence étrange, l'*Usk* fut précisément ravagé par un incendie, à Valparaiso, au cours du voyage suivant.

En 1907, le commandant du *Bougainville* entendit une voix l'avertissant qu'il ne pourrait doubler le cap Horn. Il obéit à cette voix, prit la route du Pacifique et arriva à San Francisco alors qu'on croyait le trois-mâts perdu. Des navigateurs solitaires — Hugh Rebell, Franz Romer — furent guidés parmi les récifs d'une côte dangereuse par des voix invisibles.

D'autres marins furent avertis de leur sort par des prémonitions. Un matelot du trois-mâts *Amérique* affirma avant l'appareillage du voilier qu'il ne reviendrait pas. Et l'*Amérique* disparut. Un pilotin de l'*Amélie* confia à un ami avant de s'embarquer qu'il assisterait « à des spectacles qu'aucun homme n'avait encore jamais vus ». Et l'*Amélie* ne donna plus de ses nouvelles.

Des cas semblables abondent dans l'histoire de la mer sans qu'on puisse toujours parler de hasard ou de coïncidence. L'océan est le domaine de l'irrationnel, de l'insolite, du mystère. Certains êtres peuvent appréhender ce domaine-là. L'énigme de leur personnalité et de leurs pouvoirs se confond avec l'énigme même de cet élément qui, depuis des siècles, suscite chez l'homme à la fois crainte et attirance : la mer.

TABLE DES MATIERES